INHALT

DER STEIN DES HEILIGEN BERLITZ

In der Abtei des heiligen Berlitz wurden die Kinder bereits im Alter von fünfzehn Jahren Novizen. In diesem Jahr waren es gerade acht Jünglinge und zehn Mädchen, welche die Einweihung miterleben durften. Sorgenvoll sprach der Abt von einem »geburtenschwachen Jahrgang«. Die meisten der Buben und Mädels waren in der Abtei aufgewachsen, ihre Eltern arbeiteten im Areal des heiligen Berlitz. Da gab es nicht nur Klosterbrüder und -schwestern, sondern auch Beerensucher, Jäger, Handwerker aller Art sowie Geburtshelfer und *Gesundpfleger.* Sie alle verband die wunderbare Pflicht, möglichst viele Menschen zu zeugen und kräftig aufzuziehen. Seit der *großen Vernichtung* gab es weit und breit nur wenige Menschengruppen, und der Abt vermutete sogar, ihre Vorfahren könnten die einzigen sein, welche die *große Vernichtung* überlebt hatten.

Niemand, nicht einmal der hochgelehrte Abt und sein *Rat der Erkenntnis* wußten, was damals geschehen war. Einige vermuteten, die Vormenschen hätten fürchterliche Waffen besessen und sich gegenseitig ausgelöscht. Doch diese Meinung fand im *Rat der Erkenntnis* wenig Anklang. Man konnte sich keine derart grauenvolle Waffe vorstellen. Zudem sagte die Lehrmeinung, die Menschen der

Vorzeit seien glücklich gewesen und hätten in einer Welt des Überflusses gelebt. Weshalb sollten sie sich bekriegen? Das war unlogisch und ergab keinen Sinn. Deshalb hatte man im *Rat der Erkenntnis* die Möglichkeit diskutiert, daß irgendeine rätselhafte Infektion die Menschheit dahingerafft habe. Doch auch diese Theorie wurde verworfen. Sie widersprach den Überlieferungen der ersten Vätergeneration nach der *großen Vernichtung*.

Die drei Urväter und vier Urmütter nach der *großen Vernichtung* hatten ihren Kindern berichtet, die Katastrophe sei an einem friedlichen Abend über die Menschheit hereingebrochen. Diese Überlieferungen waren unantastbar. Sie standen im heiligen *Buch der Patriarchen,* niedergeschrieben von den Söhnen der Urväter. Jedes Kind in der Abtei des heiligen Berlitz kannte das *Lied vom Untergang*, der Abt sang es Jahr für Jahr in der traurigen Nacht der Erinnerung. Es war das einzige Schriftstück, das von einem der Stammväter existierte:

»Ich, Erich Skaja, geboren am 12. Juli 1984 in Basel am Rhein, befand mich mit meiner Frau sowie meinen Freunden Ulrich Dopatka und Johannes Fiebag sowie deren Gattinnen und der Tochter Silvia auf einer Hochgebirgstour im Berner Oberland.

Weil es schon nach sechs Uhr abends war, verkürzten wir unseren Abstieg vom Berg mit dem Namen *Jungfrau* und benützten die Tunnelschächte der Jungfraubahn. Wegen Bauarbeiten auf der Spitze des Berges Jungfrau fuhr zu dieser Stunde keine Bahn mehr ins Tal.

Plötzlich wankte der Boden, und Teile der Granitdecke prasselten auf die Geleise. Wir erschraken sehr, und Johannes, der Geologe, zerrte uns alle in eine Felsnische. Schon glaubten wir, der Spuk sei vorüber, als ein gewaltiges Grollen anhob. Der Boden unter uns schien zu schwimmen, wir vernahmen fürchterliche Donnerschläge, wie wir sie bei keinem Gewitter je gehört hatten. Dreißig Meter vor uns brach die untere Tunnelwand zusammen. Dann wurde es wieder still.

Johannes meinte, entweder tue sich ein Vulkan auf, was für diese Gegend aber sehr unwahrscheinlich sei, oder die Erde bebe. Wir müßten hochklettern, um den oberen Tunnelausgang zu erreichen.

Wenige Meter vor dem Ausgang begann der Lärm. Ich habe keine Worte, um das Tosen der Natur zu beschreiben. Zuerst wirbelte der Wind Schnee und Eisbrocken an der Tunnelöffnung vorbei, dann folgten Bäume, Felsen und die Dächer ganzer Hotels, die unten im Tal standen. Es war ein Krachen und Bersten, wie kein Mensch es vor uns gehört hatte. Der Wind jaulte und tobte, kreischte und brüllte, alles flog durch die Luft, wurde tausend Meter und mehr hochgehoben und herumgeschleudert. Die Erde bebte, die Elemente brüllten. Granitfelswände krachten aufeinander wie Pappkartons. Nur weil wir uns in einem Tunnelstollen befanden, dessen untere Seite verschüttet war, verschonten uns die fürchterlichen Stürme. Gelobt und gepriesen sei Gott, der Allmächtige!

Der Schrecken der Winde hielt siebenunddreißig Stunden an. Wir hatten keinerlei Kraft mehr und lagen apathisch aneinandergeschmiegt und die Arme ineinandergekrallt in unserer Nische. Wir wünschten, der Berg möge über uns zusammenbrechen. Kein Mensch kann ermessen, was wir durchlitten.

Dann kam das Wasser. Mitten im Gejaule und Getöse der Winde hörten wir das Rauschen und Donnern. Es war, als ob der unendliche Ozean ausgekippt würde. Riesige Wasserfontänen brodelten und glucksten, zischten und prasselten an die Felswände. Wie bei Sturmfluten an der Meeresküste türmten sich stets neue Wellenberge auf, kippten übereinander, tosten zu Tal, sammelten sich zu gewaltigen Wirbeln und quirlten die gesamte Fauna in die Tiefe. Alle Wasser der Erde schienen zusammenzufließen. Wir wollten nicht mehr leben und schrien unsere grauenhafte Angst aus den Lungen.

Acht Stunden lang dröhnte das Wasser, dann verebbten die Winde, das Ächzen schwächte sich ab, und es wurde still. Geschlagen von der Tortur, sprachlos vor Schmerz, starrten wir uns in die Augen. Schließlich kroch Johannes auf allen vieren zu der kleinen Öffnung, die am oberen Tunnelausgang noch geblieben war. Ich hörte ihn fürchterlich schluchzen und kämpfte mich mühsam zu ihm vor. Der Anblick verschlug mir die Sprache. Meine innersten Gefühle wurden zerrissen. Dann weinte ich bitterlich. Unsere Welt war nicht mehr.

Die Spitzen aller Berge waren abgesprengt, wie von einer riesigen Feile weggeschabt. Nirgendwo mehr gab es Eis oder Schnee. Auch alles Grüne war verschwunden. Feuchte Felswände schimmerten in einem fahlen, bräunlichen Licht. Die Sonne war nicht auszumachen, und unten im Tal, wo sich der Kurort Grindelwald befunden hatte, wogte jetzt ein See.

Dies geschah im Jahre 2016 christlicher Zeitrechnung. Wir wissen nicht, ob wir die einzigen Überlebenden der *großen Vernichtung* sind. Und wir wissen auch nicht, was sich ereignet hat. Gott der Allmächtige möge uns beistehen!«

Ehrfurchtsvoll lauschten die acht Jünglinge und zehn Mädchen dem *Lied vom Untergang*. Der Abt Ulrich III. hatte es in seiner sonoren und kräftigen Stimme vorgetragen. Nach einer kurzen Denkpause wandte er sich an die Novizen:

»Nun tretet ein in die Halle der Erinnerungen. Betrachtet ehrfurchtsvoll die Reliquien der Urväter. Ihr seid dazu auserwählt, zusammen mit euren Brüdern und Schwestern diese Reliquien zu verehren und zu verstehen.«

Erwartungsvoll betraten die jungen Novizen den langgezogenen, dunklen Holzbau, den sie bislang nur von außen kannten. Klosterschwestern hatten Wachskerzen angezündet, die Reliquien der Urväter schimmerten im Flackerlicht. Da lagen die Schuhe der Heiligen Erich Skaja, Ulrich Dopatka und Johannes Fiebag. Die ihrer Frauen fehlten. Die Schuhe bestanden aus einem seltsamen Material, das sich weich anfühlte wie Leder, aber kein Leder war. Nicht einmal die Mitglieder des *Rates der Erkenntnis* konnten damit etwas anfangen. Geduldig erläuterte ein Klosterbruder, vielleicht habe es in der Vorzeit Tiere gegeben, welche ein derartiges Fell besessen hätten. Durch die *große Vernichtung* seien auch diese Tiere umgekommen.

Christian, mit siebzehn Jahren der Älteste der Novizen, hob langsam den Arm: »Verehrter Bruder«, fragte er bescheiden, »was sagen die Schriftzeichen auf den Schuhen des heiligen Johannes?«

Die Antwort kam mit einem gütigen Lächeln: »Alles, was wir entziffern können, sind am Anfang die Buchstaben *REE* und am Ende der Buchstabe *K*. Es ist uns noch nicht gelungen, die Bedeutung zu erkennen.«

Nochmals hob Christian den Arm: »Verehrter Bruder, gab es denn in der Vorzeit Tiere, auf deren Fell Schriftzüge wuchsen?«

»Du bist ein intelligenter Junge«, erwiderte der Bruder etwas ungehalten, »bei Gott dem Allmächtigen ist alles möglich.«

In einer Nische des halbdunklen Raumes lagen die Überlebensbeutel der Urväter. Geduldig erklärte der Klosterbruder, im heiligen *Buch der Patriarchen* würden diese Beutel als »Rucksäcke« bezeichnet. Das Wort »Sack«

bedeute »Beutel«, doch die Vorsilbe »Ruck« sei unverständlich. Man wisse zwar, daß mit »Ruck« eine schnelle, kurze Bewegung gemeint sei. Doch diese Vorsilbe ergebe keinen vernünftigen Zusammenhang mit dem Begriff »Sack«.

Wieder standen die Novizen vor einem Rätsel, denn die Überlebensbeutel bestanden aus mehrfarbigen Tüchern, die keine Tücher sein konnten. Wie die Schuhe des heiligen Johannes fühlten sich auch die Überlebensbeutel weich und beweglich an, und dennoch waren sie in den vergangenen zweihundertsechsunddreißig Jahren der neuen Zeit nicht kaputtgegangen. In ihrer Freude priesen die Novizen den allmächtigen Gott – lebten sie doch in einer wunderbaren Welt, in der es viel zu enträtseln gab.

Dazu gehörte auch das glitzernde Seil, das man im Überlebensbeutel des heiligen Ulrich Dopatka gefunden hatte. Niemand kannte das geheimnisvolle, elastische und doch rißfeste Material, aus dem das Seil bestand. Doch im heiligen *Buch der Patriarchen* stand, dieses Material heiße »Kunststoff«, offenbar eine Wortschöpfung aus der Vorzeit, deren Sinn nicht einmal die hochgelehrten Brüder vom *Rat der Erkenntnis* verstanden.

Eigenartige Gefühle kamen in den Novizen hoch, als der Klosterbruder ihnen einen Schnitzel jenes »Packpapiers« zeigte. Es war ebenso matt glänzend und braun wie das Zeug, auf das der heilige Erich Skaja das *Lied vom Untergang* gekritzelt hatte. Wie mußten sie gelitten haben, die verehrungswürdigen, heiligen Urväter! Was für wundervolle Kenntnisse und Materialien mußten in der Vorzeit zur Verfügung gestanden haben!

Die erste Besichtigung der Reliquien dauerte eine Stunde. Die Novizen bekamen unbekannte Werkzeuge zu Gesicht, geheimnisvolle Stifte und Gegenstände, die im heiligen *Buch der Patriarchen* »Uhren« genannt wurden, darunter eine zum Teil durchsichtige »Uhr« mit nur einem Zeiger, der stets Richtung Sonnenuntergang wies. Der Klosterbruder demonstrierte es: Wie immer er sich mit dieser »Uhr« in der Hand drehte – der Zeiger pendelte stets schnellstmöglich in Richtung Sonnenuntergang.

Das Fest der Einweihung erreichte seinen Höhepunkt. Die Novizen fieberten dem Moment entgegen, da sie zum erstenmal einen Blick auf den *Stein des heiligen Berlitz* werfen durften. Begleitet von den anschwellenden Chorälen der Klosterbrüder und -schwestern, betraten sie das Allerheiligste. In allen Nischen und auf allen Vorsprüngen brannten Öllampen, die Luft war angereichert mit dem schweren Duft von Tannenöl. Vorne in der Decke des Raumes klaffte ein kreisrundes Loch. Ein Lichterbalken der Sonne erhellte den Altartisch. Und dort, auf einem kleinen Schemel, ruhte der *Stein des heiligen Berlitz*: der größte Schatz, den die Abtei besaß.

Abt Ulrich III. verrichtete ein Dankgebet. Ergriffen und mit gesenkten Köpfen lauschten die Anwesenden. Mit dem Ruf »Heiliger Berlitz, wir danken dir für dieses Geschenk des Himmels!« endete der feierliche Teil des Festes der Einweihung. Jetzt drängten sich die Novizen um ihren Abt. Vorsichtig hob er den *Stein des heiligen Berlitz* vom Schemel und hielt ihn mit einem überglücklichen Lächeln den jungen Leuten entgegen.

Der Stein war etwa so groß wie eine Hand. Schwarz und mit vielen kleinen Knöpfen darauf, auf denen sich, wenn man mit dem Gesicht sehr nahe heranging, vereinzelte Buchstaben erkennen ließen. Der obere Teil des Steins zeigte einen Schlitz und darunter einen matt glänzenden, grauen Untergrund. Gleich daneben prangte deutlich lesbar der Schriftzug »BERLITZ« und darunter in kleineren Buchstaben das Wort »Interpreter 2«.

Mit der Fingerspitze tippte Abt Ulrich III. das Wort

»Liebe« auf die Druckknöpfe. Alsogleich erschienen die Buchstaben »L-i-e-b-e« auf dem grauen Untergrund. Es war gespenstisch, die Novizen trauten sich kaum zu atmen. Dann drückte Ulrich III. einen anderen Knopf, und direkt unter den Buchstaben »L-i-e-b-e« erschienen, geschrieben wie durch Geisterhand, die Buchstaben »l-o-v-e«.

»Halleluja!« rief Abt Ulrich III. und richtete seinen Blick zum Lichterbalken in der Decke.

»Halleluja!« jubelten die Novizen, Brüder und Schwestern im Chor.

»Die Kraft des Steines ist geblieben! Gepriesen seien der heilige Berlitz und seine immerwährende Kraft!«

Wieder drückte Abt Ulrich III. die Knöpfe. Diesmal erschien das Wort »heilig« und kurz darauf die Buchstaben »h-o-l-y«.

»Halleluja!« schrie der Abt zur Decke, und »Halleluja!« echote es aus der Menge. In immer schnellerer Reihenfolge tippte Abt Ulrich III. neue Wörter in den *Stein des heiligen Berlitz*, und jedesmal tauchten fremde Buchstaben unter den Wörtern auf. Es war ein Wunder, unfaßbar für den menschlichen Verstand. Die Novizen blickten sich mit großen, staunenden Augen an. Sie waren sich bewußt, Zeugen dieses eindrucksvollen Wunders zu sein. Es war ein erhabener Augenblick.

Endlich riß sich Ulrich III. vom *Stein des heiligen Berlitz* los und deponierte ihn sorgfältig auf dem Schemel. Andächtig und mit ernster Miene wandte er sich an die Novizen:

»Der *Stein des heiligen Berlitz* ist ein Übersetzerstein. Mit seiner Hilfe läßt sich die Sprache der heiligen Urväter in andere Sprachen der Vorzeit umwandeln. Der Stein ist heilig, weil er die ewige Kraft der Sonne enthält. Drei Stunden Sonnenlicht am Tage genügen, und der Stein spricht zwölf Stunden lang. Nie hat er den *Rat der Erkenntnis* enttäuscht. Er hat uns geholfen, die heiligen Bücher der Patriarchen zu verstehen, und er wird uns helfen, andere Schriftstücke aus der Vorzeit, die bruchstückhaft immer wieder auftauchten, zu entschlüsseln.«

Diesmal war es Valentin, der zweitälteste Novize, der sich zaghaft meldete: »Hochwürdiger Vater Ulrich, woher kommt der *Stein des heiligen Berlitz*?«

»Du bist ein wacher Junge«, antwortete Abt Ulrich III. wohlwollend. »So wisse denn, daß der *Stein des heiligen Berlitz* vom heiligen Urvater Ulrich Dopatka entdeckt wurde. Im *Buch der Patriarchen* ist niedergeschrieben, wie der heilige Ulrich Dopatka den Stein fand. Dies geschah zwei Jahre, elf Monate und neun Tage nach der *großen Vernichtung*. Der heilige Ulrich Dopatka bestieg die Überreste jenes Berges, den sie *Jungfrau* nannten. Einige hundert Meter unterhalb der Bergspitze, die in der Nacht der Vernichtung zerstört worden war, gab es Ruinen. Im *Buch der Patriarchen*, Kapitel 16, Vers 38 ist sogar festgehalten, daß diese Ruinen von einer *wissenschaftlichen Station*« stammten, die einst unterhalb der Bergkuppe existiert habe.«

Der Abt schnaufte einige Male hörbar, ehe er fortfuhr: »Wisse, mein Junge, vermutlich bestieg der heilige Ulrich Dopatka jenen Berg, den sie *Jungfrau* nannten, in der Hoffnung, in ebenjenen Ruinen etwas Brauchbares zu finden. Vielleicht leitete ihn aber auch der Geist des heiligen Berlitz dort hinauf, *damit* er den *Stein des heiligen Berlitz* finde. Gottes Wege sind vielfältig und undurchschaubar!

Morgen beginnt ihr mit der Lektüre des heiligen *Buches der Patriarchen*. Ihr werdet in den kommenden Jahren viel lernen. Seid willig und demütig. Preiset den allmächtigen Gott und die heiligen Urväter!«

Im *Buch der Patriarchen* begann jedes Kapitel mit den Worten: »Mein Vater hat mir erzählt...« Der Urtext des Buches war ursprünglich von den Söhnen der Urväter – den Patriarchen – verfaßt worden und bestand aus insgesamt sechshundertzwölf Seiten. Von den Originaltexten war nur noch ein Viertel vorhanden. Die Schrift war kaum lesbar, so vergilbt und verschmiert war alles. Gott sei Dank hatten die Klosterbrüder und -schwestern früh begonnen, Abschriften anzufertigen.

Eine Ausnahme machten die ersten acht Seiten, denn sie waren noch vom heiligen Erich Skaja auf jenem »Packpapier« niedergeschrieben worden, das die Urväter wohl in ihren Überlebensbeuteln mitgeführt hatten. Die Seiten waren beidseitig mit einer dünnen schwarzen Farbe bekritzelt, deren Zusammensetzung niemand verstand. Sie trugen Daten der christlichen Zeitrechnung.

Dann war über viele Jahre nichts mehr niedergeschrieben worden, bis die ersten Fellschriften auftauchten. Verfasser waren die Patriarchen, die Söhne und Enkel der Urväter. Sie hatten eine neue Zeitrechnung eingeführt und zählten die Jahre ab der *großen Vernichtung*. Fein säuberlich leuchteten die roten Buchstaben auf den dunkelgelben Fellen, wobei es oft vorkam, daß mehrere Felle mit Pflanzenschnüren aneinandergebunden waren. Erst im Jahre 116 nach der *großen Vernichtung* benutzten die Nachfahren der Patriarchen das Kalkpapier. Dazu verwendeten sie eine Unterlage aus kreuzweise ineinandergeflochtenen Pflanzenfasern, auf die ein dünner Kalküberzug geschmiert wurde. Um das Ganze elastisch zu machen, vermischten sie den Kalkbezug mit Fruchtölen.

Das Studium bereitete den Novizen viel Freude. Lehrer waren die älteren Klosterangehörigen, und die ganz speziellen, tiefsinnigen Fragen beantworteten die ehrenwerten Mitglieder des *Rates der Erkenntnis*.

»Ehrenwerter Rat«, fragte eine Novizin schon in der vierten Woche, »warum heiße ich Birgit und mein Nachbar Christian, warum gibt es einen Valentin, einen Markus, einen Willi und eine Gertrude? Woher kommen diese Namen?«

»Es sind die Namen, welche die Urväter ihren Söhnen und Töchtern gaben. Es waren drei Väter: der heilige Erich Skaja, der heilige Ulrich Dopatka und der heilige Johannes Fiebag. Sie hatten insgesamt vier Frauen, von denen wir nur die Vornamen kennen: Silvia, Gertrude, Elisabeth und Jacqueline. Mit ihnen zeugten die Urväter Kinder, in den ersten Jahren nach der *großen Vernichtung* gebar jede Frau jedes Jahr ein Kind. Alle diese Nachkommen erhielten Namen, wie sie die Urväter aus der Vorzeit kannten. Bist du zufrieden?«

Jetzt meldete sich Valentin zu Wort: »Wir haben gestern Kapitel 19 gelesen und konnten uns nicht einigen, was mit den *großen Vögeln* gemeint ist. Ehrenwerter Rat, wirst du es uns erklären?«

Der ehrenwerte Rat zauderte einen Moment, dann lächelte er und schritt bedächtig zur Seitenwand, an der die Kopien des *Buches der Patriarchen* an groben Holzbohlen hingen. Dann löste er das Blatt mit Kapitel 19, legte es vor Valentin und forderte ihn auf, den Text vorzulesen:

»Kapitel 19, Vers 1: Mein Vater hat mir erzählt, sein Vater Erich habe ihm eines Mittags, als ein großer Vogel über das Tal flog, folgendes Gleichnis kundgetan:

Vers 2: Zu meiner Zeit, da gab es Vögel, die waren zweihundertmal größer als jener Vogel. Vers 3: In den Bäuchen der Vögel saßen Menschen, die speisten und tranken. Vers 4: Durch kleine Luken konnten sie die Erde unter sich betrachten. Vers 5: Diese Vögel flogen mit steifen Schwingen und mit Geschwindigkeiten, schneller als alle Winde, über das große Wasser. Vers 6: Jenseits der

Wasser gab es Häuser, die waren so hoch, daß einige von ihnen die Wolken berührten. Deshalb nannte man sie *Wolkenkratzer*. Vers 7: In jenen Städten mit den *Wolkenkratzern* lebten Millionen von Menschen. Vers 8: Wir wissen nicht, was mit ihnen geschehen ist. Gott sei ihren Seelen gnädig.«

»Nun, Valentin, was meinst du zu dem Text?«

Der Angesprochene zuckte die Achseln: »Ich weiß nicht recht. *Große Vögel*, in denen Menschen sitzen und sogar essen konnten, kann ich mir nicht vorstellen.«

»Du bezweifelst also die Aussage im *Buch der Patriarchen*?«

Valentin schwieg. Die aufgeweckte Birgit meldete sich: »Der Text stammt von einem Patriarchen der dritten Generation nach der *großen Vernichtung*. Er betont ja, sein Vater habe ihm erzählt, sein Großvater habe dieses Gleichnis kundgetan. Mit *Gleichnis* kann nur ein Vergleich gemeint sein.«

Der Novize Christian, der neben Birgit saß und ihr eigentlich selten widersprach, weil er sie liebte, fuhr ungewöhnlich heftig dazwischen: »Ich nehme die heiligen Überlieferungen beim Wort, auch dann, wenn ich mir keine gewaltigen Vögel vorstellen kann, in denen Menschen tafelten. Der heilige Erich Skaja hat doch seinen Sohn nicht angelogen, er war lebendiger Zeuge der Vorzeit.«

Die hitzige Diskussion, die daraufhin entbrannte, wurde vom ehrenwerten Rat abgebrochen: »Es reicht jetzt, Novizen! Der *Rat der Erkenntnis* hat schon mehrfach über Kapitel 19 gesprochen. Auch haben wir den *Stein des heiligen Berlitz* befragt. Der Stein kennt keine anderen Wörter zu den *großen Vögeln*. Es kann sie also nicht gegeben haben. Nur zu den sogenannten Wolkenkratzern tauchte das Wort *skyscraper* auf. Irgendwelche großen Häuser oder gar Türme wird es wohl gegeben haben.

Deshalb herrscht heute die Lehrmeinung vor, mit den *großen Vögeln, in denen Menschen saßen,* müsse der heilige Erich Skaja eine Vision der Zukunft verbunden haben. Ihr wißt doch, daß Menschen nicht fliegen können, aber dennoch den Wunsch verspüren, es den Vögeln gleichzutun. Demnach wünschte und erhoffte sich der heilige Erich Skaja eine ferne Zukunft, in der die Menschen wie große Vögel über die Wasser fliegen können, ohne Anstrengung und ohne Schweiß. Vermutlich ist dem jungen Patriarchen, als er den Text niederschrieb, ein Fehler unterlaufen. Er hätte die Verse 2 bis 7 nicht in der Vergangenheitsform, sondern in der Zukunftsform überliefern sollen. Also nicht: Da *gab* es Vögel, die *waren* zweihundertmal größer als jener Vogel..., sondern es *wird* Vögel *geben,* die *werden* zweihundertmal größer *sein* als jener Vogel. Begreift ihr das, Novizen?«

Alle schwiegen. Markus und Christian warfen sich vielsagende Blicke zu. Sie waren mit der Lehrmeinung nicht einverstanden. In seiner Phantasie malte sich Christian bereits große Vögel aus starken Holzbalken aus, auf denen Menschen saßen und nach unten winkten.

Von Monat zu Monat wurde das Studium der Texte schwieriger. Dies lag auch daran, daß viele der Originalquellen unleserlich gewesen waren und deshalb auch in den hervorragenden Abschriften nicht existieren konnten. Zudem fehlten bereits in den Urquellen mehrere Stellen, es gab mitten in den Texten Löcher, so daß die Zusammenhänge unklar blieben. Als besonders verwirrend erwiesen sich die lückenhaften Schriften der ersten Generation. Etwa Kapitel 3, wo von der Ursache für die *große Vernichtung* gesprochen wurde:

»Vers 1: Mein Vater hat mir erzählt, sein Freund Johannes, der Geologe, vermute den Einschlag eines großen

Meteors auf der Erde. Vers 2: Das Risiko, von einem Meteoriten oder gar Kometen getroffen zu werden, sei statistisch alle zehntausend Jahre gegeben. Vers 3: Die Wucht des Einschlages... (unleserlich)... das Zwanzigtausendfache der Hiroshimabombe. Vers 4: (Anfang fehlt im Original)... Asteroiden Geographos, Adonis, Hermes, Apollo und Ikarus streifen die Umlaufbahn der Erde. Vers 5: (Anfang fehlt im Original)... ein Polsprung, der zu einer Veränderung der Erdachse führte. Vers 6: Der Nordpol liege jetzt bei Sonnenuntergang... (unleserlich). Vers 7: Was ehedem Land war, liege jetzt unter den Fluten, nur die Hochgebirge und Hochtäler ragen heraus. Vers 8: Die einstigen Unterwassergebirge müßten jetzt frei von Wasser sein... (Rest fehlt).«

Bereits Vers 1 machte Schwierigkeiten. Das Wort »Geologe« oder »der Geologe« trat immer in Verbindung mit dem heiligen Johannes Fiebag auf. Doch nirgendwo war ersichtlich, was »Geologe« bedeutete. Der *Stein des heiligen Berlitz* vermeldete »geology« – aber was *war* »geology«? Weiter ging es mit dem völlig unverständlichen Wort »Meteor«. Der *Stein des heiligen Berlitz* wußte kein anderes Wort, und auch zu den sieben Buchstaben »K-o-m-e-t-e-n« in Vers 2 vermerkte der *Stein des heiligen Berlitz* nur »comet«.

Völlig hilflos waren die ehrwürdigen Mitglieder des *Rates der Erkenntnis* bei dem Begriff »Hiroshimabombe«. Sie hatten das Wort in alle nur denkbaren Einzelteile zerlegt und dennoch keinen erkennbaren Sinn entdecken können. »Hir« konnte als »jetzt« gelesen werden, »Hiro« war, wenn man das »i« als »e« las, ein »Hero« und bezeichnete gemäß des *Steines des heiligen Berlitz* einen »Helden«. Ja, und »Bombe« wurde im *Stein des heiligen Berlitz* zur »bomb« und meinte etwas »Geworfenes« und »Explodiertes«.

Der mittlere Teil des Wortes »Hiroshimabombe« war überhaupt nicht zu entschlüsseln, obschon einige Ratsmitglieder meinten, vielleicht sei damit jenes ferne Land der Vorzeit gemeint, das an einer anderen Textstelle mit »China« (»shima«) bezeichnet werde. Was also war mit »Hiroshimabombe« gemeint? Am ehesten wohl »das von einem Helden in China Geworfene« oder »hier (oder jetzt) explodierte der Held aus China«. Dieser Auslegung widersprachen andere Ratsmitglieder, weil man ja wußte, daß nur und ausschließlich die drei Urväter und vier Urmütter die *große Vernichtung* überlebt hatten. Woher also kam *der Held aus China*?

Genauso chaotisch blieb die Deutung von Kapitel 4. Dort berichtete der erste Sohn des heiligen Ulrich Dopatka:

»Vers 1: Mein Vater hat mir erzählt, in jenen Tagen hätten sie sehr gehungert, bis sie merkten, daß das Wasser voller Fische war. Vers 2: In den ersten Monaten hätten sie noch gehofft, irgendein Flugzeug würde auftauchen. Vers 3: Doch es sei kein Flugzeug gekommen, sondern ein UFO. Vers 4: Sie alle hätten es lange und ruhig beobachten können, die Frauen und Männer. Vers 5: Das UFO habe mehrmals sanft über die Felsen am unteren Gestade gestrichen. Vers 6: Wenige Monate später habe das gesamte Gestade rings um das Wasser zu grünen begonnen. Vers 7: Unter den Blüten hätten sie viele bekannte Ackerfrüchte gefunden, darunter Kartoffeln, Mais, Korn und überhaupt alles, was Menschen zur Ernährung brauchen. Vers 8: Alle seien sehr glücklich und dankbar gewesen, doch die Außerirdischen hätten sich jahrelang nicht mehr gezeigt, bis zu dem Zeitpunkt, als sie Erich Skaja aufsuchten.«

Die ehrwürdigen Mitglieder des *Rates der Erkenntnis* gaben diesem Kapitel des heiligen *Buches der Patriarchen* den Titel *Das Lied der Hoffnung*. Vers 1 war klar, doch bereits Vers 2 enthielt ein unverständliches Wort: »Flugzeug«. Der *Stein des heiligen Berlitz* vermerkte dazu »aeroplane«, und man wußte aus dem Vergleich dreier Textstellen, daß mit »aero« die »Luft« gemeint war. Aber was bedeutete »plane«? Der *Stein des heiligen Berlitz* übersetzte »plane« mit »flach«. Also war ein »Flugzeug« ein »Luftflach«? Umgekehrt zeigte der Begriff »zeug« im *Stein des heiligen Berlitz* das Wörtchen »stuff«. Es war zum Verzweifeln. Wie immer man es drehte, es kam nichts Sinnvolles heraus: »Flugstuff«, »Luftstuff«, »Luftflach«, »Flachzeug der Luft«, »Luftzeug«. So verwundert es nicht, wenn ein altehrwürdiger Rat versicherte, hier müsse ein winziger Schreibfehler vorliegen. Der Sohn des heiligen Ulrich Dopatka habe ein »e« zuviel geschrieben. Es sollte nicht »Flugzeug« heißen, sondern »Flugzug«. Damit könne nur ein Luftzug gemeint sein, denn der Text in Vers 2 besage schließlich klar und deutlich: In den ersten Monaten hätten sie noch gehofft, irgendein Luftzug würde auftauchen... Nach der *großen Vernichtung*, so dozierte der altehrwürdige Rat, sei die Luft stillgestanden, es sei heiß und schwül geworden. Deshalb hofften die Urväter, irgendein Luftzug möge blasen. Diese überzeugende Argumentation beeindruckte viele Ratsherren.

Doch die Schwierigkeiten in der Auslegung von Kapitel 4 blieben unüberwindlich. Was meinten die Patriarchen mit »UFO«? Es mußte etwas sein, was alle Beteiligten lange und ruhig beobachten konnten. Irgendwie hatte dieses UFO mit den Ackerfrüchten zu tun, die wenige Monate später an den Gestaden sprossen. Das UFO mußte in Verbindung zum allmächtigen Gott gebracht werden, denn die Ackerfrüchte waren bei der *großen Vernichtung* alle kaputtgegangen. Und jetzt waren sie dank dieses UFOs wieder da. Wie war das möglich? Hier konnte nur der ewig gütige Gott gemeint sein, der die geschundenen

Urväter und Urmütter nicht verhungern ließ. Deshalb waren alle – wie Vers 8 wunderbar formulierte – sehr glücklich und dankbar.

Nun kam aber im selben Vers 8 auch noch das Wort »Außerirdische« vor. Und diese »Außerirdischen« hätten zu einem späteren Zeitpunkt den heiligen Erich Skaja aufgesucht.

Die Mitglieder des *Rates der Erkenntnis* kannten das Wörtchen »irdisch«. Es bedeutete »der Erde verhaftet«. Also mußte mit »außerirdisch« etwas gemeint sein, was eindeutig nicht der Erde verhaftet war. Etwas zudem, was von »außen« kam. Dies wiederum konnte nur vom allmächtigen Gott oder einem Abgesandten stammen. Daran gab es keinen Zweifel im *Rat der Erkenntnis*. Der allmächtige Gott mußte den heiligen Erich Skaja ausersehen haben, ihm einen oder mehrere Botschafter zu schicken. Der Satz in Vers 8 ließ keine weiteren Interpretationsmöglichkeiten offen: »... doch die Außerirdischen hätten sich jahrelang nicht mehr gezeigt, bis zu dem Zeitpunkt, als sie Erich Skaja aufsuchten.«

Es konnte nicht ausbleiben, daß die hochsensiblen und intelligenten Klosterbrüder nach dem Sinn dieses Vorganges suchten. Die Antwort kam wie eine Erleuchtung. Der allmächtige Gott hatte es zugelassen, daß die ganze Welt vernichtet würde. Also mußte die *große Vernichtung* eine Strafe gewesen sein, die der Herr über die Menschheit verhängte – eine Reinigung der Erde. Weil der allmächtige Gott in seiner unendlichen Güte aber nicht die endgültige Vernichtung der Menschheit wollte, hatte er wenige reine Menschen auserwählt, die die Vernichtung überleben sollten. Sie sollten zu Stammvätern des neuen Geschlechts werden.

Diese Betrachtung gewann um so mehr Gewicht, als den scharfsinnigen Denkern die Deutung des Namens Erich

Skaja aufging. Der *Stein des heiligen Berlitz* vermeldete zu den Buchstaben »S-k-y« den Begriff »Himmel«. Damit war »Skaja« als »der Himmlische« entlarvt. Und das Wort »Erich« ließ sich in »Er-ich« zerlegen. Mit »Er« mußte die Person gemeint sein, mit »Ich« hingegen das göttliche Prinzip. »Er-Ich« beinhaltete nichts anderes als »Er« ist gleich »Ich« oder »Ich bin in ihm«. Logischerweise konnte sich hinter dem Namen Erich Skaja nichts anderes verbergen als die Botschaft: »Ich bin in ihm und komme vom Himmel (Sky).«

Bruder Johannes, ein Nachfahre des heiligen Johannes Fiebag, dem diese scharfsinnige Auslegung gelang, wurde dafür mit dem Orden der Denker geehrt.

Nach viereinhalb Jahren blieben von den ursprünglichen achtzehn Novizen gerade noch drei dem Studium treu. Die anderen arbeiteten in der Abtei oder auf den Feldern, und die Novizinnen hatten ausnahmslos ihre ersten Kinder zur Welt gebracht.

Markus und Valentin schlossen sich in vielem der herrschenden Lehrmeinung an und hielten geistreiche Vorträge in der Abtei. Christian blieb eher der Zweifler und Grübler. Er hatte sich mehrmals darum bemüht, Einsicht in die *Offenbarung des heiligen Erich Skaja* zu erhalten. Doch diese Offenbarung war ein Geheimnis, das nur der jeweilige Abt einsehen durfte. Christians hellwacher Verstand ließ sich mit Geheimnissen des Glaubens nicht abspeisen. Er beschloß, Abt zu werden.

Der Weg zur Spitze der Abtei war mühsam und nicht selten mit Intrigen gepflastert – ein Balanceakt zwischen dem *Rat der Erkenntnis* und den Gebietsoberen außerhalb der Abtei. Zudem durfte Christian nie die volle Wahrheit sagen, nie seine innersten Gedanken offenbaren. Wie hätte er kundtun sollen, daß es ihm nur darum ging, an die Spitze der Abtei zu gelangen, um an die *Offenbarung des heiligen Erich Skaja* heranzukommen?

Mit den Jahren vereinsamte Christian immer mehr. Er studierte zurückgezogen, wurde stiller und sonderte sich ab. Seine Umgebung glaubte, dies sei auf das innere Feuer zurückzuführen, das in ihm brannte. Sie hatten recht, wußten aber nicht, daß es die Zweifel an der Auslegung der Schriften waren, die dieses Feuer entfachten. Christian wollte wissen – nicht glauben. Das Textstudium mit den unzähligen Kommentaren der Räte war zu einem undurchschaubaren Sammelsurium verkommen. Jeder Rat betrachtete seine eigenen Gedanken als entscheidend und versuchte, seiner persönlichen Auffassung Gewicht zu verleihen. In den neueren Abschriften des *Buches der Patriarchen* wurden immer größere Textstellen weggelassen, weil sie – wie der *Rat der Erkenntnis* formulierte – »nicht sinnvoll waren und nur zur Verwirrung beitrugen«.

Im Kapitel 45 des *Buches der Patriarchen* war niedergeschrieben, schon wenige Tage nach der *großen Vernichtung* sei Holz angeschwemmt worden, die ersten Vögel seien aufgetaucht und nach Wochen habe es da und dort in Felsnischen und -spalten angefangen zu grünen.

Der *Rat der Erkenntnis* machte aus alldem ein Wunder, ein gezieltes Eingreifen Gottes. Christian hielt dagegen. Verschiedene Vögel mochten der *großen Vernichtung* entkommen sein, sich in irgendwelchen Felsspalten verkrochen haben, und Blütenstaub und -pollen waren in die Luft gewirbelt worden und senkten sich später wieder zur Erde. Ähnliches galt für die verschiedenen kleinen Tiere, die nach und nach auftauchten. Der Himmel mochte wissen, wo sie sich während der *großen Vernichtung* verkrochen hatten.

Die endlosen Debatten waren zermürbend. Stand im Originaltext (Kapitel 32, Vers 6): »Gott sei Dank funktionierte das Feuerzeug von Uli noch, und wir konnten die Fische braten...«, so hieß es in der neueren Fassung: »Gott schenkte dem heiligen Ulrich Dopatka ein Feuer, damit die Ureltern ihre Nahrung erwärmen konnten.« Das war eine Verfälschung des Textes! Trotz seines heftig geäußerten Unmuts und der lauen Unterstützung durch Valentin und Markus blieb Christian in der Minderheit. Der Rat beschloß die neue Fassung.

Geradezu absurd wurde die Debatte um Kapitel 44; man nannte es: *Das Zeitalter der Engel.* Im Original las es sich folgendermaßen:

»Vers 1: Mein Vater hat mir erzählt, in der Vorzeit hätten die Menschen Weltraumfahrt betrieben. Vers 2: Mehrere Expeditionen seien zum Mond geschickt worden und auch gesund wieder zur Erde zurückgekehrt. Vers 3: Die Technologie dazu sei sehr aufwendig gewesen, deshalb hätten verschiedene Nationen ihre wissenschaftlichen Botschafter in die Weltraumzentren entsandt. Vers 4: Für das Jahr 2017, ein Jahr nach der *großen Vernichtung,* sei die zweite Expedition zum Mars geplant gewesen. Vers 5: Um Spannungen zu vermeiden, seien alle beteiligten Nationen stets über den aktuellen Stand der Technologie informiert worden. Vers 6: Der Austausch sei über die Botschafter erfolgt.«

Aus den *astronomischen Unterweisungen* (Kapitel 49 bis 51) wußte man, daß mit »Mond« das kleine Nachtlicht gemeint war und mit »Mars« der äußere Nachbarplanet. Die Namen aller Planeten waren bekannt wie auch der Aufbau des Sonnensystems.

Trotz der klaren Überlieferung weigerte sich der *Rat der Erkenntnis*, den Begriff »Weltraumfahrt« als Tatsache zu akzeptieren. Nun meldete der *Stein des heiligen Berlitz* unter »Botschafter« auch das Wort »angel«, und dies wiederum ergab in der Rückkoppelung einen »Engel«. Eindeutig waren mit »Botschafter« »Engel« gemeint, daran konnte es keinen ernsthaften Zweifel geben; dies um so mehr, als gleich neun verschiedene Textstellen einen sinnvollen Zusammenhang mit »Engel« ermöglichten.

Die neue Textfassung von Kapitel 44, versehen mit endlos gescheiten Kommentaren, lautete jetzt:

»Mein Vater hat mir erzählt, in der Vorzeit hätten die Menschen den Weltraum beobachtet. Sie waren von dem Traum beseelt, auf den Mond zu reisen und gesund zurückzukehren. In jener Zeit besuchten Engel die verschiedenen Nationen. Sie warnten die Menschen vor der *großen Vernichtung* und vor der Verehrung des Planeten Mars. Um Spannungen zu vermeiden, wurden alle Nationen über diese Warnungen informiert. Die Informationen überbrachten die Engel.«

Nach Christians Auffassung verfälschte dieser Text den ursprünglichen Sinn. Trotzdem wurde die neue Fassung vom *Rat der Erkenntnis* abgesegnet. Der Rat, so hieß es jetzt, sei »vom Geist inspiriert« und befugt, die unverständlichen Texte in eine sinnvolle und vernünftige Form zu gießen.

Christian war neunundvierzig Jahre alt, als sie ihn zum Abt wählten. In Verehrung des heiligen Erich Skaja legte er sich den Namen »Abt Erich II.« zu.

DIE TEXTVERWIRRUNG

»Wer den Gedanken
nicht angreifen kann,
greift den Denkenden an.«

(Paul Valéry, 1871–1945)

Die Menschheitsüberlieferungen, verfaßt vor Jahrtausenden, enthalten eine Fundgrube von Verrücktheiten. Darin wimmelt es von Geschichten der phantastischen Art, die teils unter *Mythologien,* teils unter *Legenden* eingestuft sind, dann aber auch wieder als »heilige Bücher« gehandelt werden. Viele dieser phantastischen Geschichten erheben Anspruch auf absoluten Wahrheitsgehalt, denn: »... es steht geschrieben«. Die ursprünglichen Fassungen sollen von Gott höchstpersönlich diktiert worden sein, und wenn nicht von Gott, dann zumindest von irgendwelchen Erzengeln, himmlischen Geistern, irdischen Heiligen oder im gnostischen Sinne inspirierten Menschen. (Unter »Gnosis« versteht man im heutigen Sprachgebrauch eine esoterisch durchwirkte Philosophie, Weltanschauung oder Religion. Das Wort »Gnosis« kommt aus dem Griechischen und bedeutet »Erkenntnis«.)

Unbestreitbar enthalten diese Texte viel Humbug und Wunschdenken. Bewunderte Führer sind verklärt und verherrlicht worden, Tagträumer verwandelten Wolkengebilde zu Himmelszeichen, oder alltägliche Ereignisse wie der Tod wurden als Reisen in die Unterwelt beschrieben. Schlimmer noch: Unsere wißbegierigen Vorfahren, beseelt vom wahren Glauben und bemüht, die Inhalte zu verstehen, verfälschten und verfilzten die Texte. Ereignisse, die im Original wohl nie etwas miteinander zu tun hatten, wurden verknüpft. Zum besseren Verständnis kamen Einschübe von fremder Hand, die dann plötzlich – Simsalabim! – als Originale weiter überliefert wurden. Moral, Ethik, Glaube und Stammesgeschichte sind verwoben, fremde Elemente aus anderen Kulturbereichen hinzugemischt und Texte fabriziert worden, deren Ursprung und Ursinn wohl nie mehr entwirrt werden können.

Dieses Verwirrspiel ist verständlich. Schließlich geht es um jahrtausendjährige Abschriften und die schier ununterbrochenen Bemühungen der Vorfahren, aus dem Sinn der Geschichten schlau zu werden. Erst recht verständlich wird das Durcheinander in den alten Texten, wenn man berücksichtigt, daß hierzu keine Jahrtausende notwendig sind. Es geht auch kürzer.

Ein Beispiel: Jeder gläubige Christ ist überzeugt, die Bibel sei und enthalte das *Wort Gottes*. Und was die Evangelien angeht, herrscht der Volksglaube, die Weggefährten des Jesus von Nazareth hätten dessen Reden, Lebensregeln und Weissagungen sozusagen mitgeschrieben. Man meint, die Evangelisten hätten schließlich die Wanderungen und Wunder ihres Meisters erlebt und bald danach in einer Chronik notiert. Dieser »Chronik« wird ein Name verpaßt: »Die Urtexte«.

Urtexte?

Tatsächlich – und jeder Theologe mit einigen Jahren Hochschulbildung weiß dies – stimmt nichts von alledem. Die vielbemühten und in der theologischen Rabulistik so ergiebigen »Urtexte« existieren gar nicht. Was hat man in der Hand? Abschriften, die ausnahmslos zwischen dem vierten und zehnten nachchristlichen Jahrhundert entstanden. Und diese rund 1500 Abschriften sind ihrerseits Abschriften von Abschriften, und nicht eine einzige Abschrift stimmt mit einer anderen überein. Über 80 000 (achtzigtausend!) Abweichungen wurden gezählt. Es gibt nicht eine einzige Seite dieser angeblichen »Urtexte«, auf der nicht Widersprüchlichkeiten auftauchen. Von Abschrift zu Abschrift wurden die Verse von nachempfindenden Autoren anders gefaßt und dem zeitgemäßen Bedarf entsprechend verändert.

Dabei wimmelt es in diesen biblischen »Urtexten« von Abertausenden unschwer nachweisbarer Fehler. Der bekannteste »Urtext«, der Codex Sinaiticus – wie der Codex Vaticanus im vierten Jahrhundert entstanden –, wurde 1844 im Sinaikloster gefunden. Er enthält nicht weniger als 16 000 (sechzehntausend!) Korrekturen, die auf mindestens sieben Korrektoren zurückgehen. Manche Stellen wurden gleich mehrmals geändert und durch einen neuen »Urtext« ersetzt. Professor Dr. Friedrich Delitzsch, ein Fachmann ersten Ranges, fand alleine rund 3000 Abschreibungsfehler im »Urtext«. [1]

Dies alles wird verständlich, wenn man berücksichtigt, daß keiner der Evangelisten ein Zeitgenosse von Jesus war und kein Zeitgenosse einen Augenzeugenbericht verfaßte. Erst nach der Zerstörung Jerusalems durch den römischen Kaiser Titus (39–81 n. Chr.) im Jahre 70 begann irgend jemand, Schriften über Jesus und seine Mannschaft zu verfassen. Der Evangelist Markus, der erste des Neuen Testaments, griffelte seine Fassung frühestens vierzig Jahre nach dem Kreuzigungstod seines Meisters. Und schon die Kirchenväter der ersten nachchristlichen Jahrhunderte waren sich zumindest darin einig, daß die »Urtexte« gefälscht waren. Ganz offen sprachen sie von »einschieben, schänden, vernichten, verbessern, verderben, auslöschen«. Aber das ist lange her, und die Wortklauberei ändert nichts am objektiven Tatbestand. Der Zürcher Spezialist Dr. Robert Kehl vermerkte dazu: [2]

»Es ist oft genug vorgekommen, daß die gleiche Stelle von einem Korrektor im einen und von dem andern gerade wieder im entgegengesetzten Sinne *korrigiert* oder *zurückkorrigiert* worden ist, je nachdem, welche dogmatische Auffassung in der betreffenden Schule vertreten worden ist. Jedenfalls entstand schon durch die vereinzelten, aber noch mehr durch die planmäßigen *Korrekturen* ein völlig unentwirrbares Textchaos.«

Diese harten Aussagen kann jeder, der eine Bibel zu Hause hat, kontrollieren. Ich belege es mit wenigen Beispielen: Schlagen Sie mal das Matthäus-, Lukas- und Markusevangelium auf. Die beiden ersteren behaupten, Jesus sei »zu Bethlehem geboren«. Markus nennt dagegen Nazareth.

Widersprüche am laufenden Band

Das Evangelium des Matthäus beginnt mit der Abstammung Jesu, »des Sohnes Davids, des Sohnes Abrahams«. Da werden Stammväter aufgezählt bis zu Jakob, der den Joseph zeugte. Joseph war der Mann von Maria. Was nützt aber dieser Stammbaum, wenn Jesus doch gar nicht von Joseph gezeugt sein durfte? (Jesus soll unbefleckt empfangen worden sein.) Matthäus nennt zweiundvierzig Vorfahren von Jesus – Lukas hingegen sechsundsiebzig.

Uneinigkeit herrscht unter den Evangelisten auch über die letzten Jesusworte am Kreuz. Nach Markus (15,34) und Matthäus (27,46) rief er mit lauter Stimme: »Mein Gott, mein Gott, warum hast du mich verlassen?«

Nach Lukas (23,46) hingegen rief er: »Vater, in deine Hände befehle ich meinen Geist.«

Bei Johannes (19,30) heißt es: »›Es ist vollbracht‹, und neigte das Haupt und gab den Geist auf.«

Selbst über das eindrucksvollste Ereignis von Jesus – der Himmelfahrt – wird Unterschiedliches vermeldet:

Laut Matthäus (28,16–17) befahl Jesus seinen Jüngern, auf dem Berg in Galiläa zu erscheinen. »Und als sie ihn sahen, warfen sie sich vor ihm nieder; einige jedoch zweifelten.« Immer noch? Matthäus weiß nichts Ergänzendes von einer Himmelfahrt.

Markus (16,19) hat nur einen einzigen Satz für das phänomenale Ereignis: »Der Herr Jesus nun wurde, nachdem er zu ihnen geredet hatte, in den Himmel emporgehoben und setzte sich zur Rechten Gottes.« So einfach war das.

Lukas (24,50–52) wiederum läßt Jesus selbst die Jünger »hinaus bis in die Nähe von Bethanien« führen. »... während er sie segnete, entschwand er ihnen und wurde in den Himmel emporgehoben.«

Johannes, der Lieblingsjünger Jesu, weiß nichts von einer Himmelfahrt.

Dies sind nur einige Beispiele aus Bibeltexten, die jedermann zugänglich sind, wobei die Sätze von Bibel zu Bibel verschieden lauten, je nach Übersetzung und Wunschdenken der jeweiligen Kirche. (Ich hielt mich in meinen Zitaten an die Zürcher Bibel. [3]) Es wäre ja schön, wenn sich wenigstens die Theologen einig wären! Aber die liegen sich, je nach Auffassung ihrer Kirche, in den Haaren. Sie befehden sich heftig, mal verärgert und dann wieder im heiligen Zorn für ihre Auslegung. Dem Laien ist es schier unmöglich, sich durch das Dickicht von Widersprüchen und Verdrehungen hindurchzuwühlen. Bei den Theologen hingegen habe ich oft den Eindruck, sie sind trotz ihres roten Telefons zur höchsten Stelle stets falsch verbunden.

Wenn schon Texte aus einer nachvollziehbaren Epoche – schließlich kennt man die römische Geschichte – derart verstellt und verdreht sind, wie muß es erst in den Überlieferungen aussehen, die viele Jahrtausende zurückliegen? Zu diesen alten Texten – egal, aus welcher geographischen oder religiösen Ecke sie stammen – wird ein gemischter Salat serviert. Man ersäuft in Abertausenden von Seiten mit Kommentaren, fraglos niedergeschrieben und erarbeitet von integeren und sprachgewandten Wissenschaftlern. Bloß einig sind sie sich nicht. Schon gar nicht über die Generationen hinweg.

Angesichts des Kommentarsalates zu den Menschheitsüberlieferungen behaupte ich, die vielgepriesene wissenschaftliche Methode der Recherche, der Analyse und des Vergleichens hat uns trotz der blitzgescheiten Köpfe keinen Deut weitergebracht. Jahrhundertelanges Nachdenken und tiefes Philosophieren von unbestritten hervorragenden Gelehrten erbrachten keine verbindlichen Antworten, geschweige denn Beweise für Gott, die Götter, seine Engel oder die himmlischen Heerscharen. Die Literatur der *Exegese,* der Deutung, füllt Bibliotheken. Aber keiner blickt mehr durch. Die Resultate entsprechen bestenfalls der Lehrmeinung der betreffenden Schule – und ändern sich mit dem Datum. Gestern so, übermorgen anders. Macht ja nichts, die nachfolgenden Generationen wissen ohnehin nicht und wollen es oft auch gar nicht wissen, was Opa dazu meinte.

In seinem Dialog *Phaidros* zitiert der Philosoph Platon eine Überlieferung, die sein Kollege Sokrates anführte: [4]

»Zu Naukratis in Ägypten sei einer von den dortigen alten Göttern gewesen, derselbe, dem auch der Vogel, welcher Ibis heißt, geheiligt war. Des Gottes Name aber habe Theuth geheißen. Dieser habe zuerst die Zahlen und Verhältnisse erfunden, dann die Meßkunst und die Sternkunde, ferner das Brett- und Würfelspiel, und so auch die Buchstaben ...«

Gott Theuth übergab dem damaligen Pharao die Schrift mit den Worten:

»Diese Kunst, o König, wird die Ägypter weiser machen und erinnerungsreicher, denn als ein Mittel für den Verstand und das Gedächtnis ist sie erfunden.«

Der Pharao sah das anders und widersprach dem Gott Theuth:

»Diese Erfindung wird den lernenden Seelen vielmehr Vergessenheit einflößen ..., weil sie im Vertrauen auf die Schrift sich nur von außen vermittelst fremder Zeichen, nicht aber innerlich und unmittelbar, erinnern werden. Nicht also für das Gedächtnis, sondern nur für die Erinnerung hast du ein Mittel erfunden.«

Recht hatte er. Die jahrtausendealten Schriften können uns nur an etwas erinnern, was möglicherweise irgendwann und in irgendeiner Form auch stattfand. Wissen tun wir es nicht.

Wer weiß schon, daß der liebe Gott – wer immer damit gemeint war – lange vor der Erschaffung der Erde andere Welten schuf? Nachzulesen in den *Sagen der Juden von der Urzeit* [5]:

»Tausend Welten hatte der Herr zu Anfang geschaffen; dann schuf er wiederum andere Welten, und alle sind sie nichts gegen ihn. Der Herr schuf Welten und zerstörte sie, er pflanzte Bäume und riß sie heraus, denn sie waren noch wirr, und es befehdete einer den andern. Und er fuhr fort, Welten zu schaffen und Welten zu zerstören, bis er unsere Welt schuf; da sprach er: An der hier habe ich mein Wohlgefallen, jene gefielen mir übel.«

Ein Geschenk vom Himmel

War es der Mensch, dem in einem langwierigen Akt der Intelligenzwerdung schließlich einfiel, Schriftzeichen zu kritzeln? Aber sicher! Sicher? Die Überlieferungen *von der Urzeit* berichten, schon zweitausend Jahre vor der Schöpfung sei die Schrift gemacht worden. Da es damals logischerweise noch keine Pergamentrollen gab und auch kein Vieh, dem man das Fell abziehen konnte, doch auch kein Metall und in Ermangelung der Bäume auch keine Holztafeln, existierte dieses Buch in Form eines geheiligen *Saphirsteins.* Ein Engel namens »Raziel, derselbige, der an dem Strome saß, welcher von Eden ausging«, überreichte dieses seltsame *Buch* unserem Stammvater Adam. Es muß ein eigenartiges Exemplar gewesen sein, denn es enthielt nicht nur alles Wissenswerte, sondern auch noch Voraussagen über die Zukunft. Der Engel Raziel versicherte Adam, aus diesem heiligen Buch würde er erfahren, »was dich treffen wird bis zu dem Tage, da du stirbst«.

Nicht nur Adam sollte aus diesem Wunderbuch schöpfen, sondern auch seine Nachfahren:

»Auch von deinen Kindern, die nach dir kommen werden, bis auf die letzten Geschlechter wird ein jeglicher, der sich des Buches bedienen wird ..., wissen, was Monat für Monat geschehen wird und was zwischen Tag und Nacht sich ereignen wird; jedes Ding wird ihm offen sein ..., ob Unglück, ob Hunger ausbrechen wird, ob des Getreides viel sein wird oder wenig, ob Regen ob Dürre vorherrschen wird.«

Was ist schon ein Lexikon oder gar eine Enzyklopädie gegen ein derartiges Superbuch? Die Autoren des phänomenalen Werkes müssen wir unter den himmlischen Heerscharen suchen, denn nachdem der Engel Raziel unserem

Stammvater Adam das Buch übergeben und ihm sogar daraus vorgelesen hatte, ereignete sich Erstaunliches:

»Und zur Stunde, da Adam das Buch empfing, ging ein Feuer auf am Ufer des Flusses, und der Engel fuhr in der Lohe zum Himmel empor. Da wußte Adam, daß der Bote ein Engel Gottes war und daß das Buch ihm von dem heiligen König gesandt ward. Und er hielt es in Heiligkeit und Reinheit.«

Selbst Einzelheiten über den Inhalt des kuriosen Werkes werden vermerkt. Die Erfindungsgabe der Schreiberlinge, die in irgendeiner grauen Vorzeit lebten, ist kaum zu überbieten:

»Drin in dem Buche waren die oberen Zeichen der heiligen Weisheit eingegraben, und zweiundsiebzig Arten von Wissenschaften waren darin enthalten, welche wiederum in sechshundertsiebzig Zeichen der obersten Geheimnisse sich teilten. Auch tausendfünfhundert Schlüssel, welche den Heiligen der Oberwelt nicht anvertraut sind, waren in dem Buche verborgen.«

Urvater Adam las fleißig in dem Buch, denn nur dank dieses Himmelswerkes war er überhaupt fähig, jedem Ding und jedem Tier einen Namen zu geben. Als Adam aber sündigte, »flog das Buch von ihm weg«. Hokuspokus.

Doch nicht für lange. Adam weinte bitterlich und stieg bis zum Hals in die Fluten eines Flusses. Als sein Leib schließlich schwammig wurde, hatte der Herr ein Erbarmen. Er kommandierte den Erzengel Raphael zu Adam, und dieser brachte ihm den inhaltsreichen *Saphirstein* zurück. Der Menschheit scheint es nicht viel geholfen zu haben.

Adam vererbte das Zauberbuch seinem zehnjährigen Sohn Seth. Der muß wohl ein besonders aufgewecktes Bürschchen gewesen sein. Ausführlich informierte Adam nämlich den Jungen »über die Stärke des Buches«, doch auch, »worin seine Kraft und seine Wunder bestünden. Auch sprach er mit ihm davon, wie er selbst mit dem Buche verfahren sei und daß er es in eine Felskluft getan habe«. Schließlich erhielt Seth auch noch die Gebrauchsanweisung und wie man »mit dem Buche Zwiesprache halte«. Nur in Ehrfurcht und Demut durfte sich Seth dem Buche nähern. Zudem sollte er weder Zwiebel, Knoblauch noch sonstiges Gewürz essen und sich vorher gründlich reinwaschen. Insbesondere hämmerte unser Stammvater seinem Sohn ein, sich dem Buch ja nie »mit Leichtsinn« zu nähern.

Seth hielt sich an die väterlichen Anweisungen, lernte ein Leben lang aus dem heiligen *Saphirstein* und konstruierte schließlich »... eine güldene Lade, tat das Buch darein und versteckte die Lade in einer Höhle der Stadt Henoch.«

Dort blieb es, bis dem Patriarchen Henoch »im Traume der Ort offenbart wurde, darin Adams Buch lag«. Henoch, der Cleverste seiner Zeit, machte sich in aller Herrgottsfrühe auf den Weg, ging zu der besagten Höhle und wartete. »Er stellte es so an, daß die Leute des Ortes nichts merken sollten.« Auf irgendeine parapsychologische oder sonstwie *gnostische* Art wurde ihm kundgetan, wie er mit dem geheimnisvollen Buche umzugehen habe. Und »in der Stunde, da ihm der Sinn des Buches klar war, ging ihm ein Licht auf«.

Es müssen eher ganze Kronleuchter gewesen sein, denn Henoch »... kannte sich nunmehr aus in den Jahreszeiten, in den Planeten und in den Lichtern, welche jeden Monat ihren Dienst verrichten, auch wußte er die Namen jedes Kreislaufs zu nennen und kannte die Engel, die den Dienst verrichten«.

Toll! Der rote Faden, der sich mit dem Adamsbuch durch die Geschlechter zieht, ist nicht etwa auf zwei fortlaufenden Blättern der *Sagen von der Urzeit* enthalten. In verschiedenen Abteilungen finden sich oft bruchstückhaft Fortsetzungen und Ergänzungen. Ich habe zwar kein Wort hinzugefügt, aber immerhin versucht, die Perlen auf die Kette zu bringen. Wohin ist das Buch entschwunden?

Mit Hilfe des Engels Raphael gelangte es in die Hände von Noah. In dieser Runde erklärte Raphael dem Noah, wie er mit dem Buch umzugehen habe. Immer noch war das Buch »auf einem Saphirstein geschrieben«, und Noah, der Stammvater nach der Flut, lernte darin, alle Bahnen der Planeten zu begreifen, auch »die Bahnen des Aldebaran, des Orion und des Sirius«. Aus dem Buch erfuhr Noah »... die Namen jedes einzelnen Himmels ... und welches die Namen der himmlischen Diener sind«.

Mir ist schleierhaft, weshalb sich Noah für die Bahnen des Aldebaran, des Sirius und des Orion interessierte und was er mit den Namen »der himmlischen Diener« anfangen konnte. Nach der Flut – so dachte ich stets – hätten die Überlebenden eigentlich ganz andere Sorgen plagen müssen. Ach ja, Noah legte das Buch »in einen goldenen Schrein und brachte es darin zuallererst in den Kasten«. Gemeint ist die Arche.

»Und auch als Noah aus dem Kasten herauskam, ging er an der Hand des Buches alle Tage seines Lebens. In der Stunde des Sterbens übergab er es Sem. Sem übergab es dem Abraham. Abraham übergab es Isaak, Isaak übergab es Jakob, Jakob übergab es Levi, Levi übergab es Kehat, Kehat übergab es Amrom, Amrom übergab es Moses, Moses übergab es Josua, Josua übergab es den Ältesten, die Ältesten übergaben es den Propheten, die Propheten übergaben es den Weisen, und so ging es von Geschlecht zu Geschlecht bis zu König Salomo. Ihm wurde das Buch der Geheimnisse offenbart, und er ward dadurch überaus weise... Er errichtete Bauten, und es glückte ihm alles durch die Weisheit des heiligen Buches... Wohl dem

Auge, das dies geschaut, und dem Ohr, das dies vernommen, und dem Herzen, das dies begriffen und die Weisheit des Buches erkannt hat.«

Die phantastische Geschichte um dieses Buch des Adam könnte man ohne weiteres unter »frei erfunden« ablegen, wären da nicht einige Kleinigkeiten, die stutzig machen müssen. Ich verstehe den Wunsch, unserem Stammvater Adam ein Buch unterzujubeln, denn irgendwoher mußte der einsame Vorfahre sein Wissen bezogen haben. Dazu ist zwar genaugenommen kein Buch nötig, denn Adam wird schließlich ein aufgeweckter Mensch gewesen sein, der Tag für Tag seine Erfahrungen machte und dazulernte. Ich verstehe auch, daß Chronisten nach dem Verbleib des Buches fragten und so die Geschichte der Nachfahren erdichteten.

Mühe bereitet mir die Idee des *Saphirsteines*. Wer immer der erste Erfinder der Geschichte gewesen sein mag, er konnte sich nur Bücher auf Papier, Pergament, Ton-, Holz- oder Schiefertafeln vorstellen, dazu meinetwegen Fellschriften oder Felsritzungen. Wie um alles in der Welt kam man auf einen *Saphirstein*? Der Gedanke einer Enzyklopädie auf einem Edelstein war vor Jahrhunderten wie vor Jahrtausenden völlig abstrus. Heute nicht mehr. Im Zeitalter der Computer sind Lexika auf Mikrochips möglich. Man befaßt sich auch mit der Idee, Informationen in Kristallen zu speichern. Nun soll Adam mit diesem Buch auf dem *Saphirstein* »Zwiesprache« gehalten haben. Wie? Was mag sich der Urerfinder dieser Story bloß vorgestellt haben? Und wie kommt er dazu, Einzelheiten zu erfinden wie die »zweiundsiebzig Arten von Wissenschaften«, welche das Buch enthalten haben soll, die »sechshundertsiebzig Zeichen der obersten Geheimnisse« und die »tausendfünfhundert Schlüssel«? Das sind präzise Angaben, die man nicht aus dem Handgelenk zaubert und schon gar nicht einem Engel unterschiebt.

Unbestritten waren die Menschen vor Jahrtausenden leichtgläubiger als wir, sie waren aber auch tiefgläubiger. Meinetwegen mögen sie jeden Mist für bare Münze genommen haben, ihr Glaube an die biblische Schöpfung blieb jedenfalls unerschütterlich. Nun galten *Engel* als etwas Übermenschliches, sie waren schließlich das Schwert und die Botschafter des urewigen Gottes. Mit Engeln spaßte man nicht, man fürchtete ihren Zorn. Weshalb nun kommt ein Schreiberling dazu, auch noch Engel in seine Science-fiction-Story des Altertums einzubauen? Der »Engel Raziel« soll Adam das Buch auf dem *Saphirstein* gebracht haben, und Raziel war derselbe, »der an dem Strome saß, welcher von Eden ausging«. Eine freche und erlogene Erfindung? Nicht genug, nach der Sünde wird gleich noch der Erzengel Raphael eingespannt, um Adam das Buch zurückzubringen.

Ich überschätze den Inhalt dieses geheimnisvollen Buches nicht und frage mich trotzdem, weshalb der unbekannte Autor so großen Wert auf bestimmte Sternenkonstellationen legte. Was sollte Adam mitsamt seinen Nachfahren davon haben, die Bahnen des Aldebaran, des Sirius und des Orion zu kennen? Für einen irdischen Kalender gab es einfachere Methoden.

Eva und das UFO

Der Engel Raziel, der das Buch auf dem *Saphirstein* überbrachte, fuhr auch noch »in der Lohe zum Himmel«, allerdings erst nachdem am Ufer des Flusses ein Feuer aufgegangen war. Über Feuer und fliegende Wagen zu Adams Zeiten liest man auch im apokryphen Text *Das Leben Adams und Evas* [6]. Die vorliegende Fassung stammt immerhin aus dem Jahre 730 n. Chr., basiert jedoch auf Handschriften unbekannten Alters.

»Da blickte Eva gegen Himmel und sah einen Lichterwagen kommen, gezogen von vier glänzenden Adlern, deren Herrlichkeit kein vom Mutterleibe Geborener auszusprechen vermochte.« Stammutter Eva als erste Augenzeugin eines UFOs? Derselbe *Herr,* der Adam und Eva erschaffen hatte und von Zeit zu Zeit im Garten Eden lustwandelte, bestieg dieses UFO:

»Und siehe, der Herr, der Starke, stieg ein in den Wagen; vier Winde zogen ihn, die Cherubim lenkten die Winde, und die Engel vom Himmel gingen ihnen voran ...«

Potztausend! Adam soll aus dem Buch in Form eines *Saphirsteines* auch noch die Namen der einzelnen Himmel wie auch die Namen der himmlischen Diener erfahren haben. Von welchen Himmeln reden die überhaupt?

Die altjüdischen *Sagen von der Urzeit* präzisieren dies. Der erste Himmel heißt »Wilon«, aus diesem Himmel werden die Menschen beobachtet. Oberhalb von »Wilon« liegt »Rakia«, dort befinden sich die Sterne und die Planeten. Noch höher oben liegt »Schechakim«, und darüber die Himmel mit den Namen »Gebul«, »Makhon« und »Maon«. Schließlich folgt über dem Himmel »Maon« noch der oberste Himmel; der heißt »Araboth«. Und dort »... weilen die Seraphim, dort sind auch die heiligen Räder und die Cherubim. Aus Feuer und Wasser sind ihre Leiber gemacht, und doch bleiben sie ganz, denn das Wasser verlöscht nicht das Feuer, und das Feuer saugt das Wasser nicht auf. Und die Engel verkünden das Lob des Heiligsten, gebenedeit sei sein Name. Aber fern von der Herrlichkeit des Herrn stehen die Engel; einen Raum von sechsunddreißigtausend Meilen sind sie von ihm entfernt und sehen nicht den Ort, da seine Herrlichkeit weilt.«

Natürlich ist das Wort »Meilen« nicht im Urtext zu finden, es handelt sich um eine Maßangabe, die von einem Übersetzer anstelle einer anderen – unverständlichen – Maßeinheit eingefügt wurde. Die Zahl »sechsunddreißigtausend« ist unverändert. Trotzdem bleibt die Geschichte kurios, denn diese verschiedenen Himmel sind nicht nur mit Maßeinheiten bezeichnet, sondern auch mit Zeiträumen. Zwischen einem Himmel und dem andern gibt es »Leitern«, und dazwischen liegen Epochen von »fünfhundert Jahresreisen«. Liest man diese Angabe durch die moderne Brille, so entspricht sie einer Distanz von zehn Lichtjahren bei einer Geschwindigkeit von zwei Prozent der Lichtgeschwindigkeit.

Die von mir bislang nacherzählten Überlieferungen firmieren alle unter »Sagen und Legenden«, und die wiederum sind durch und durch unglaubwürdig. Nichts als »närrische Fabeln«, wie der Theologe Dr. Eisenmenger schon vor zwei Jahrhunderten spottete. [7] Man macht es sich leicht. Als unwahre Geschichtserzählung steht die Sage im Gegensatz zur Geschichte. Sie ist grotesk und wunderbar, faszinierend und haarsträubend zugleich. Zudem lassen Sagen und Legenden die chronologischen Zeitabläufe völlig unbeachtet und kümmern sich obendrein keinen Deut um historische Tatsachen. Die Legende ist »Volksspekulation und Volksphantasie« [8] und bleibt dennoch ein wertvolles Bindeglied zwischen der Geschichtsforschung und der Wissenschaft. Denn die Legende ergänzt die Geschichte, sie will die Löcher stopfen und das Dunkel aufhellen. Die Legende baut nicht auf dem Nichts, und mögen auch ihre Standpunkte und Querverbindungen mit den historischen Quellen nicht übereinstimmen, so bleibt die Legende dennoch die »religiöse Geschichtsphilosophie eines Volkes«. Schon der griechische Geograph Strabon (um 63 v. Chr. bis 26 n. Chr.), immerhin Verfasser der siebzehnbändigen *Geographika,* vermerkte trocken: [9]

»Es ist nicht homerisch, ohne einen Kern Wahrheit darauf los zu erzählen.«

Nichts als Legenden?

Die Legende vergrößert das Große, verzaubert das Rätselhafte und schmückt ihre Helden mit viel Phantasie. Dennoch ist die Legende keine erfundene Lügenstory. Stets knüpft sie an historische Persönlichkeiten und echte Begebenheiten an. Oft will sie das, was Historiker zerstören, als Wahrheit behalten. Jeder Schweizer – beispielsweise – kennt die Legende von Wilhelm Tell und seinem Apfelschuß. Die Historiker entzauberten diese Legende. Was kümmert's die Volksseele? In irgendeiner Form muß sich die Geschichte mit dem Apfelschuß abgespielt haben. Basta!

Zudem sind Legenden interkontinental, und dies nicht erst seit heute. Sie waren es schon vor Jahrtausenden. (Ich wies an anderer Stelle auf die verblüffenden Querverbindungen zwischen der Bibel und den Überlieferungen der zentralamerikanischen Indios hin. [10]) Auch gibt es bei den jüdischen Legenden zweifellos – und leicht nachzuweisen – Verwandtschaften mit persischen, arabischen, griechischen, indischen und sogar amerikanischen Überlieferungen. Wenn auch mit anderen Namen und Helden, mit fremdartigen Göttern und geheimnisvollen Naturerscheinungen – der Kern der Geschichte bleibt erhalten. Oder möchte mir jemand widersprechen, wenn ich festhalte, die Sintflutlegende ist eine weltweite Überlieferung?

In der Legende ist jede Datierung verworren. Es spielt

keine Rolle, *wann* sich etwas abspielte, Hauptsache, es *hat* sich abgespielt. Nur gilt dies in gleichem Maße für viele heilige Bücher. Als Beispiel nenne ich die biblische Version der Sintflut mit Noah und seiner Arche. An die mußte man so lange *glauben,* bis im Hügel von Kujundschik – dem einstigen Ninive – ein aufsehenerregender Fund gemacht wurde. Da förderten Archäologen zwölf Tontafeln ans Tageslicht, die einst zur Bibliothek des Assyrerkönigs Assurbanipal gehört hatten. Sie erzählen die Geschichte von Gilgamesch, dem König von Uruk, der eine *Mischung aus Gott und Mensch* war und der sich schließlich aufmachte, seinen irdischen Stammvater mit dem Namen »Utnapischtim« zu suchen.

Zu unserer Verblüffung bekommen wir von *Utnapischtim* eine genaue Schilderung der Sintflut; er berichtet, daß die *Götter* ihn vor der kommenden Flut warnten und ihm den Auftrag erteilten, eine Barke zu bauen, auf der er Frauen und Kinder, seine Verwandtschaft und Handwerker jedweder Kunst bergen sollte. Die Beschreibung des Unwetters, der Finsternis, der steigenden Fluten und der Verzweiflung der Menschen, die er nicht mitnehmen konnte, ist von einer heute noch packenden Erzählkraft. Wir lesen auch hier – ähnlich wie in der Bibel im Bericht des Noah – die Geschichte vom Raben und der Taube, die man aufsteigen ließ, und wie schließlich, als die Wasser sanken, die Barke auf einem Berg anlandete.

Die Parallelen zwischen dem Bericht über die Sintflut im Gilgameschepos und dem in der Bibel sind unzweifelhaft, sie werden auch von keinem Forscher bestritten. Faszinierend an dieser Parallelität ist, daß wir es mit anderen Vorzeichen und anderen *Göttern* zu tun haben. Stammt der Sintflutbericht der Bibel aus zweiter Hand, so weist die Ich-Form der Erzählung im Gilgameschepos auf einen Überlebenden, also auf einen Augenzeugenbericht hin.

Wer hat von wem übernommen? In den sechziger Jahren unseres Jahrhunderts kamen noch ältere Fassungen derselben Geschichte zum Vorschein – wo also liegt der Ursprung? Wer soll ihn datieren? Dabei ist in diesem chronologischen Durcheinander sogar das Unmögliche möglich, nämlich daß die biblische Variante dennoch älter ist als die anderen. Wie bitte? Habe ich nicht eben genau das Gegenteil gesagt?

Auch wenn es Theologen und verwandte Wissenschaftler nicht gerne hören: Die Datierung der biblischen Patriarchen bis Noah (und auch darüber hinaus) ist eine einzige Katastrophe, entstanden aus dem frommen Wunsch, sich an die Geschlechterfolge der Bibel zu halten. Historisch belegbar sind die biblischen Datierungen jedenfalls nicht. Sie passen unter keinen auch noch so großen Hut. Damit besteht die theoretische Möglichkeit, daß die biblische Variante der Sintflutgeschichte im *Urkern* älter ist als die akkadische oder sumerische, selbst wenn sie in der zeitlichen Abfolge später niedergeschrieben wurde.

Nur eines hat sich nicht geändert: die Erinnerung der Menschen an uralte Ereignisse. Geschichts- und Lehrbücher vergammeln, verschimmeln, verbrennen – die Legende nicht. Sie hält sich hartnäckig im Bewußtsein der Völker und wird nach jeder Vernichtung, nach jedem Krieg neu niedergeschrieben. Die Legende ist das unscharfe Gedächtnis, das vage Vermächtnis der Vergangenheit an die Zukunft. So bleibe ich denn bei der Legende und versuche, ihren alten Geist mit modernen Mitteln zu beleben.

Folgt man den Menschheitsüberlieferungen – und diesmal meine ich buchstäblich alle auf dem weiten Erdenrund –, so erschuf irgendein *Herr*, ein *Heiligster*, ein *Höchster*, ein *lieber Gott* den ersten Menschen. Dieses Wesen setzt er in den Garten Eden oder sonstwie auf ein wunderprächtiges Stück Natur. Nach altjüdischer Überlieferung existierte dieser Garten Eden längst, bevor die Welt erschaffen wurde, und zwar gleich schlüsselfertig:

»... alle seine Anlagen und seine Pflanzungen, und auch das Gewölbe über ihm wie der Boden unter ihm – alles war schon da, und erst tausenddreihunderteinundsechzig Jahre, drei Stunden und zwei Augenblicke nachher sind Himmel und Erde erschaffen worden.«

Und da fragt man sich noch, weshalb trotz emsiger Suche der Garten Eden nie gefunden wurde! (Über die erfolglose Suche berichtete ich in einem früheren Buch. [11]) Vermutlich ist die Versuchsstation mit dem Experiment Adam und Eva – die BIOSPHAERE ONE – wieder aufgelöst worden. Und hatte ich bislang immer geglaubt, unsere Stammeltern seien die einzigen Menschen in diesem ominösen Garten Eden gewesen, so belehren mich die jüdischen Sagen eines Besseren: »Serah, die Tochter Assers, ist eine von den neun, die lebend in den Garten Eden gekommen sind.« Und wer waren die übrigen sechs?

Der *Höchste* hatte sich in den Kopf gesetzt, einen Menschen zu erschaffen. Vorher aber befragte er seine Engelschar – reine Formsache –, was sie davon hielten. Die waren dagegen. »Da reckte der Herr seinen Finger aus und verbrannte sie alle.« Erneut fragte der *Höchste* andere Engel – das gleiche Resultat. Die dritte Engelgruppe erwiderte, der *Höchste* mache sowieso, was er wolle, also möge er tun, was sein Wille sei. So schuf er den Adam »mit seinen eigenen Händen«.

Das erste Menschenmodell soll den Engeln in mancher Hinsicht überlegen gewesen sein. Insbesondere ärgerte es sie, daß der Mensch Macht über einen ganzen Planeten erlangte und auch noch fruchtbar sein durfte. Die Engel nämlich sind unfruchtbar, sie können sich nicht vermehren. Im Himmel kam es zu Neid und Eifersucht.

»Semael war der größte Fürst unter ihnen im Himmel, denn es hatten die heiligen Tiere und die Seraphim jedes nur sechs Paar Flügel, er aber besaß ihrer zwölf. Und Semael ging hin und verband sich mit allen obersten Heerscharen gegen seinen Herrn, und er versammelte sein Heer um sich und stieg mit ihnen hinab und begann auf Erden einen Genossen zu suchen.«

Eine derartige Meuterei konnte sich der *Höchste* nicht bieten lassen. Es kam, wie es kommen mußte: Der *Höchste* »stürzte den Semael und seine Schar von dem Orte der Heiligkeit und warf sie vom Himmel herunter«. Nach der jüdischen Sage ging es bei der Sünde im Garten Eden auch keineswegs um den berühmten Apfel, sondern derselbe Rädelsführer Semael verführte und schwängerte die Eva. Nach dem Geschlechtsakt »blickte sie in sein Angesicht, und siehe, er glich nicht den Irdischen, sondern den Himmlischen«.

Eine verrückte Geschichte? Durch und durch unglaubwürdig? Nur der Phantasie der Menschen entsprungen? Wohl kaum. Die über Jahrtausende abgeschriebenen und immer wieder neu interpretierten Geschichten enthalten einen gemeinsamen Kern, der bei unzähligen und weit voneinander entfernt lebenden Völkern immer wieder auftaucht: die Verführung des Menschen. Was nur hat sich in jener nebulösen Vergangenheit der Erde abgespielt? Erinnern wir uns: Die ganze christliche Religion ist darauf aufgebaut, daß Jesus kommen mußte, um die Menschen zu erlösen. Erlösen von was? Von der Erbsünde. Die wiederum ereignete sich im Paradies, jenem wunderbaren Garten Eden. Ob Apfel oder Sex oder Eden, das entscheidende Ereignis hat sich *irgendwo* abgespielt. Die Verführung der Urmutter Eva geschah durch eine *Schlange* oder eben durch einen vom Himmel ausgestoßenen *Erzengel*. Moderne Theologen, die unruhig auf ihrem Stuhl herumrutschen, weil ihnen die Felle davonschwimmen, verkünden neuerdings, eine Erbsünde habe es nie gegeben. Damit entziehen sie dem Erlösungsgedanken jeden Boden, doch das ist eigentlich ihr Problem – nicht meines.

Und jetzt stecken wir in einer paradoxen Situation: Nach landläufigem Glauben ist der *Himmel* ein Ort des absoluten Glücks. Der Himmel ist das Ziel nach dem Tode. Jeder möchte in den Himmel kommen: endlich befreit sein vom Jammertal, befreit von den Ängsten, befreit von Eifersucht und Neid, befreit von Unglück und Not. Der Himmel ist der Ort der Sehnsucht, das Traumziel aller Wünsche, die Erfüllung aller Hoffnungen.

Doch halt! Da stimmt etwas nicht. Im Himmel schon gab es Neid und Opposition, Streit und Krach mit tödlichen Folgen, bevor der Mensch erschaffen war. Haben wir also den Begriff »Himmel« mißverstanden? Reden die alten Texte von einem anderen Himmel als dem, in welchem der allmächtige Gott wohnt? Das Dilemma steht selbst dann im Raum, wenn man den altjüdischen Überlieferungen nicht glaubt oder sie mit einem verständnisvollen Lächeln beiseite legt. Evas Verführer war nun mal die Ursache für die alles verändernde Sünde. Selbst wenn diese Sünde niemals geschehen wäre, bleibt sie im christlichen Glauben der Grund für die spätere Erlösung durch Jesus. Legende hin oder her. Hat es die Erbsünde nicht gegeben, entfällt automatisch jeder Grund für die Erlösung. Ob der Verführer »Semael«, »Luzifer« oder »Teufel« genannt wird, es ändert nichts am Tatbestand. Logo?

Wie jedermann aus der Bibel weiß, führte Gott der Allmächtige eine Flut herbei, um das menschliche Geschlecht zu ertränken. Weshalb eigentlich? Er hatte den

Urmenschen doch vorher »mit den eigenen Händen« gemacht und kannte – als zeitloser Gott – die Zukunft. Er mußte von vornherein gewußt haben, was geschehen würde. Oder etwa nicht? Dann wäre mit dem *Höchsten* etwas anderes gemeint als das, was ich und Millionen gläubiger Menschen unter *Gott* verstehen. Die jüdischen Sagen vermelden, nach der Verführung von Eva hätten sich zwei Geschlechterreihen gebildet: jene von Kain und jene von Abel. Die Linie Kains habe sich verhalten wie Tiere:

»Mit aufgedeckter Blöße gingen die Geschlechter Kains, und waren Mann und Weib wie Vieh. Sie gingen nackend auf dem Markt herum…, und es buhlte ein Mann mit seiner Mutter und mit seiner Tochter und seines Bruders Weibe offen in den Straßen.«

Die Bosheit und Hinterlist dieses Geschlechts werden in den Sagen von Sodom und Gomorrha beschrieben. Die Bewohner hielten sich weder an Gesetze noch Moral und taten, wonach sie gerade Lust verspürten. Ein kleines Beispiel, schon wieder zeitgemäß, verdeutlicht dies:

»Die Leute von Sodom und Gomorrha stellten Betten in den Straßen auf. Wer nun in eine Stadt hineinkam, wurde ergriffen und mit Gewalt auf eines ihrer Betten gestreckt. War der Fremde kürzer als das Bett, so zogen drei an seinem Kopfe, und die anderen zogen an seinen Füßen. Der Mensch schrie, und sie achteten nicht darauf. War aber der Ankömmling länger als das Bett, so stellten sich je drei Männer zu beiden Seiten des Bettes und zerrten ihn in die Breite und marterten ihn zu Tode. Schrie da der Fremde, so riefen sie: »So geschieht einem Menschen, der nach Sodom kommt.«

Damit nicht genug. Zum allgemeinen Sittenverfall und zur Lustseuche gesellten sich »gefallene Engel«, die gleich gruppenweise vom Himmel herniederstiegen und sich »menschliche Weiber« nahmen. Diese Sorte Engel können wir wohl kaum unter Unschuldsengel katalogisieren. Die Leibesfrucht dieser *Engelart* wuchs zu Riesen heran:

»Von ihnen kamen dann die Riesen, die gewaltigen Wuchses waren und welche ihre Hand ausstreckten zu Raub und Plünderungen und zu Blutvergießen. Die Riesen zeugten Kinder und vermehrten sich gleich den Kriechenden; je sechse wurden ihnen auf einmal geboren.«

Gegen den Saustall war kein Kraut gewachsen, eine selektive Aussonderung der *Guten* und *Bösen* schien offensichtlich unmöglich. Was blieb dem *Höchsten* schon anderes übrig, als die gesamte Brut ersaufen zu lassen und neu zu beginnen? Womit eigentlich klar ist, daß mit dem *Höchsten* niemals der wahre *Gott* gemeint sein kann, den die Gläubigen aller Religionen verehren.

Riesen sollen sie gezeugt haben, diese »gefallenen Engel«. Über diese Riesen habe ich mich in mehreren Büchern ausgelassen und will mir soweit möglich Wiederholungen ersparen. Nur dies zur Präzision:

Die *Sagen der Juden von der Urzeit* benennen sogar die Geschlechter der Riesen. Da waren die *Emiter* oder die *Schrecklichen*, dann die *Rephaiter* oder *Giganten*, es gab die *Giborim* oder die *Gewaltigen*, die *Samsuniter* oder die *Listigen*, schließlich die *Aviden*, das waren die *Verkehrten*, und dann noch die *Nefilim*, das sollen die *Verderber* gewesen sein.

Eine prächtige Gesellschaft muß sich auf der Erde versammelt haben. In den Apokryphen des Propheten Baruch wird sogar ihre Zahl genannt: [12]

»Es brachte Gott die Sintflut auf die Erde und tilgte alles Fleisch und auch die 4 090 000 Riesen.«

Welcher heilige oder unheilige Geist mag dem Propheten Baruch bloß diese Zahl eingeflüstert haben? Natürlich stimmt auch bezüglich der Riesen die biblische Datierung hinten und vorne nicht. So soll der lange nach der Sintflut

Diese Mischwesen sind auf dem schwarzen Obelisken des Assyrerkönigs Salamasar II. eingraviert. Sie müssen gelebt haben, denn ihre Wärter halten sie an der kurzen Leine (Britisches Museum, London).

lebende David noch gegen Riesen mit sechs Fingern und sechs Zehen gekämpft haben, berichtet das 2. Buch Samuel (21,18–22). Ein chronologisches Unding.

Frankensteins Zoo

Mich verblüffen die *Handlungen,* nicht die Zeiten, denn die sind ohnehin nicht mehr auf die Reihe zu bringen. Die *Sagen der Juden von der Urzeit* berichten von seltsamen Mischwesen, kuriosen Lebensformen also, die keiner Evolution entstammen. Da gab es Wesen, die »nur ein Auge mitten auf der Stirn« hatten, andere, die »den Rumpf eines Pferdes besaßen, aber den Kopf eines Widders«, wiederum andere mit »einem menschlichen Kopf und einem Löwenkörper«, schließlich sogar Menschen ohne Hals mit Augen auf dem Rücken und – noch sonderbarer – »Wesen mit menschlichen Angesichtern und Pferdefüßen«.

Ist diese Menagerie des Absurden nur ein Aberwitz, entstanden in der verrückten Phantasie eines Betrunkenen? Möglich. Dennoch irritiert mich die Duplizität der beschriebenen Ereignisse. Über ähnliche Monster berichtet nämlich auch der Ägypter Manetho. Dieser Manetho war Schreiber und Oberpriester der heiligen Tempel in Ägypten. Beim griechischen Historiker Plutarch wird Manetho als Zeitgenosse des ersten ptolemäischen Königs (304–282 v. Chr.) erwähnt. Manetho lebte in Sebennytos, einer Stadt im Nildelta, und dort verfaßte er auch sein dreibändiges Werk über die Geschichte Ägyptens. Als Augenzeuge hatte er das Ende des dreitausendjährigen Pharaonenreiches miterlebt, als Wissender schrieb er die Chronik seiner Götter und Könige.

Die Urtexte von Manetho sind verschollen, doch übernahmen die Historiker Julius Africanus (gest. 240 n. Chr.) und Eusebius (gest. 339 n. Chr.) wesentliche Passagen aus Manethos Werken. Eusebius ging als Bischof von Cäsarea und als frühchristlicher Chronist in die Kirchengeschichte ein. Nun behauptete Manetho, die *Götter* hätten verschiedene Wesen entstehen lassen, Mischkreaturen und Monstren aller Art. Bei Eusebius liest sich das so: [13]

»... und sie hätten gezeugt Menschen, doppelbeflügelte; dazu auch andere mit vier Flügeln und zwei Gesichtern und einem Leib und zwei Köpfen, Frauen und Männer, und zwei Naturen, männlichen und weiblichen; weiter noch andere Menschen mit Schenkeln von Ziegen und Hörnern am Kopfe; noch andere, pferdefüßige, und andere von Pferdegestalt an der Hinterseite und Menschengestalt an der Vorderseite; erzeugt hätten sie auch Stiere, menschenköpfige, und Hunde, vierleibige, deren Schweife nach Art der Fischschwänze rückseits aus den Hinterteilen hervorliefen; auch Pferde mit Hundeköpfen; und Menschen sowie noch andere Ungeheuer..., dazu weiter auch allerlei drachenförmige Unwesen; ... und eine Menge von Wunderwesen, mannigfaltig geartet und untereinander verschieden geformt, deren Bilder sie im Tempel des Belos eins neben dem anderen darstellten und aufbewahrten.«

Mit den Bildern hatte er recht, Manetho respektive Eusebius. Jedes größere Museum zeigt heute Skulpturen von Mischwesen aus der Antike. Die Legenden der Juden und jene der Ägypter plappern demnach nicht nur hochpeinlichen Blödsinn, sie schildern offenbar einstige Realitäten. Und wenn es sie niemals gab, diese Monster aus Frankensteins Gruselkabinett, bleibt die Frage im Raum, wo die Erfinder dieser Geschichten ihre Ideen klauten, auf welchem Nährboden ihre absonderlichen Kreaturen wuchsen – und auch, woher die Steinmetze und Stukkateure der alten Kulturen ihre Vorlagen bezogen. Wohl nur aus der

Linke Seite und links: Das kleine Wesen, welches von König Salamasar III. abgeführt wird, soll ein »Affe« sein. Weder die Füße noch die ausgestreckten Finger passen dazu.

Unten: Auch diese Fabelwesen werden offensichtlich an der kurzen Leine gehalten (Schminktafel des Königs Narmer. Ägyptisches Museum, Kairo).

Überlieferung. Und die ist mitunter penibel präzise, geradezu ärgerlich genau für dumme Sagen und Legenden.

Die Bibel berichtet über den Bau der Arche im Buch Genesis (6,15 ff.):

»... dreihundert Ellen sei die Länge der Arche, fünfzig Ellen ihre Breite und dreißig Ellen ihre Höhe ...«

Die jüdischen Sagen wissen es genauer:

»Einhundertundfünfzig Kammern soll der rechte Flügel lang sein, einhundertundfünfzig Kammern soll der linke Flügel lang sein; dreiunddreißig Kammern soll er vorne breit sein, dreiunddreißig Kammern soll er hinten breit sein. In der Mitte sollen zehn Räume für Speisevorräte sein, außerdem noch fünf Speicher an der linken Seite des Kastens; darin sollen Leitungen sein, die das Wasser zuführen; die werden geöffnet und werden abgeschlossen. Der Kasten soll drei Geschosse hoch sein; wie das unterste Geschoß aussieht, soll auch das zweite und das dritte Geschoß aussehen; in dem untersten Geschoß sollen das Vieh und die wilden Tiere wohnen, in dem mittleren Geschoß sollen die Vögel nisten, das oberste Geschoß ist für den Menschen und für das Gewürm bestimmt.«

Licht für die Arche

Nachdem die Arche überall mit Pech verpicht und jede Ritze abgedichtet war, müßte in dem vorsintflutlichen Kahn eigentlich schwärzeste Finsternis geherrscht haben. Dem ist nicht so, denn:

»In dem Kasten aber hing eine große Perle, die leuchtete allen Geschöpfen gleich wie ein Licht, das in seiner Kraft erstrahlt.«

Hierzu zwei verblüffende Randbemerkungen: Das

Buch Mormon ist die *Bibel* der *Kirche Jesu Christi der Heiligen der Letzten Tage*, einer in den USA groß gewordenen Religionsgemeinschaft. Dieses Buch soll dem Gründer der Mormonenkirche, dem Propheten Joseph Smith (1805–1844), von einem Engel überreicht worden sein. Das Buch war – folgt man den Mormonen – über Jahrtausende in Form von Metalltafeln in einem Hügel verborgen. Nur dank zweier *Übersetzersteine,* die Joseph Smith vom Engel Moroni erhielt, konnte er die alten Schriftzeichen ins Englische übertragen. Geschildert wird die Geschichte der Jarediten, eines Volkes, das zu Zeiten des Turmbaus zu Babylon seine alte Heimat verließ und mit mehreren Schiffen Südamerika erreichte. Diese Schiffe waren »... dicht wie ein Gefäß, und wenn die Türen verschlossen waren, waren sie dicht wie ein Gefäß« [14].

Dennoch herrschte keine Dunkelheit in den Kähnen, denn der *Herr* schenkte den Jarediten sechzehn leuchtende Steine, zwei für jedes Schiff, und diese Steine spendeten während der dreihundertvierundvierzig Tage dauernden Überfahrt helles Licht. Erste Klasse! Es war wohl die gleiche geheimnisvolle Lichtquelle wie in der Arche Noah. Nach der jüdischen Überlieferung hat der Herr dem Noah höchstpersönlich eine Zeichnung der Arche gemacht: »Und der Herr zeichnete Noah mit dem Finger vor und sprach zu ihm: Siehe, so und so soll der Kasten aussehen.«

Nicht anders bei den Mormonen. Im 1. Buch Nephi (1,6) ist nachzulesen: »Du sollst ein Schiff bauen nach der Weise, die ich dir zeigen werde, damit ich dein Volk über die Wasser führe.«

Haben also die Mormonen aus irgendwelchen jüdischen Legenden abgekupfert? Oder die Juden aus dem sumerischen Gilgamesch- oder dem babylonischen Epos *Enuma elisch*? Dort nämlich ist eine andere Sintflutvariante mit dem Überlebenden *Atra Haris* festgehalten, und – wie könnte es anders sein – der Gott *Enki* verlangt ein wasserdichtes Schiff ohne Öffnungen. Es fehlte weder der Kompaß noch die Lichtquelle.

Die Frage, wer von wem abgeschrieben hat, ist nicht beantwortbar. Zudem ist ein Plagiat nicht nötig, um zu Legenden und heiligen Büchern mit ähnlichen Details zu kommen. Was gibt uns eigentlich das Recht, auszuschließen, daß die Quelle des Buches Mormon tatsächlich auf uralten Metalltafeln eingraviert war? Doch nur unsere christlich-jüdische Rechthaberei. Und daß die Sintflutgeschichte sich in anderen Kulturen unter anderen Namen wiederholt, beweist wiederum nicht, daß die jüdischen Erzähler sie geklaut haben müssen. Schließlich gab es viele Nachkommen der ersten Generation nach der Flut – und die alle verbreiteten *ihre* Version der Geschichte.

Die Autoren der diversen Legenden lebten in verschiedenen Ländern, Kontinenten, Kulturen und Religionen. Nachrichtenträger gab es noch nicht, interkontinentale Reisen waren nicht an der Tagesordnung. Trotzdem kommen Überlieferungen aus allen vier Himmelsrichtungen und aus ungezählten Quellen, die nahezu dasselbe zu berichten wissen. Hockte in den Gehirnen der Schreiberlinge derselbe Geist? Wurden sie alle, schier manisch, von denselben Gedanken gequält? Niemals! Gewisse Dinge lassen sich nicht erfinden. Keine Phantasie kann – vor Jahrtausenden! – derart rund um die Welt am Werk sein. Die schier uniformen Berichte können nur von Tatsachen, also von vorgeschichtlichen Ereignissen, herkommen. Ursprünglich wurde berichtet, was irgend jemand erlebt hatte. Im Laufe der Jahrtausende sind diese Berichte dann phantasievoll ausgestaltet und den eigenen Volkshelden und Propheten angedichtet worden. Im Zentrum aber blieb stets das große Ereignis.

Und damit stecken wir – nach der Erbsünde – im zweiten Dilemma: Die heiligen Bücher verkünden den Menschengeschlechtern, der *liebe Gott* habe die Flut hervorgerufen, um die Bösen zu bestrafen. Diese Flut hat ganz offensichtlich stattgefunden, dies läßt sich inzwischen auch wissenschaftlich untermauern. [15] Zudem will ein internationales Team von Wissenschaftlern die Überreste der Arche Noah am Hang des Berges *Al Judi* lokalisiert haben. *Al Judi* ist exakt derjenige Berg im Araratmassiv, an dem gemäß dem heiligen Koran Noahs Arche gestrandet sein soll. Der Expeditionsleiter, der Geophysiker David Fasold, erklärte den Journalisten, mit Hilfe des Bodenradars hätten sie hervorragende Bilder gewonnen. Diese Bilder seien so scharf, daß man sogar die Bohlen zwischen den Wänden des Rumpfes zählen könne. Und Professor Salih Bayraktutan, der Direktor des geologischen Institutes der Atatürk-Universität von Ankara, sagte Journalisten des Londoner *Observer*: »Es handelt sich um ein von Menschenhand gefügtes Gebilde, das nur Noahs Arche sein kann.« [16]

Hat also wirklich der *liebe Gott* den Bau des Kahns veranlaßt? Auf alle Fälle weiß diese rätselhafte Gestalt sehr genau, was sie tut, denn Gott will ja zumindest einige Menschen vor den Wassermassen retten. Also erteilt er dem oder den Auserwählten – je nach Überlieferung – Anweisungen zum Bau eines Schiffes. Er zeichnet sogar eigenhändig Pläne und/oder diktiert die exakten Konstruktionsmaße. Er verteilt rätselhafte, leuchtende Perlen oder Steine und sogar Kompasse. Dann erst beginnt die *große Vernichtung*.

Warum nur so kompliziert? Wenn Gott – und zum

zweiten Male meine ich den Gott aller Religionen – irgendwelche mißratenen Engel, Riesen und bescheuerte Menschen umbringen will, so tut er es mit einem symbolischen Augenzwinkern. Oder, wie der Koran, das heilige Buch der Muslime, festhält: »Wenn er (Allah) etwas beschließt, so spricht er nur: es werde – und es ist« (Sure 2, Vers 118). Da ist kein Schiff mit Plänen und Maßeinheiten nötig, kein Pech und keine geheimnisvollen Glühbirnen. Die Tatsache des Schiffsbaues aber beweist, daß irgend jemand es entweder so wollte oder nicht anders konnte. Weshalb Technik und kein Wunder? Der wirkliche Gott mußte schließlich wissen, daß die technische Variante – der Schiffsbau – Jahrtausende später nur Zweifel an seiner Allmacht nährte. Als Allwissender wußte er ebenso, daß es dermaleinst über die Sintflut x unterschiedliche Berichte geben würde. Warum also der Schiffsbau und keine eindeutig göttliche Lösung? Wunder entziehen sich bekanntlich dem Kalkül des kritischen Verstandes. Was für eine Art Gott also soll das gewesen sein, der die Flut verursachte und bei der Arche mit Plänen und Maßen mithalf?

Pardon! Und wenn er die Flut *nicht* verursachte, also in gar keiner Weise daran mitwirkte, daß das damalige Menschengeschlecht ertrank, wenn die Flut ein Naturereignis oder eine Naturkatastrophe war – dann war diese Art Gott nicht der Gott der Religionen. In diesem Falle hätten die Menschen einem Gott ein Strafgericht angedichtet, das dieser überhaupt nie verhängte. Da rauscht der Glaube bachab. Wer das Naturereignis vorzieht, muß allerdings erklären, weshalb die Flutberichte *das* Thema der *internationalen* Sagen, Legenden und heiligen Bücher sind.

Und noch etwas: Die Flut als Naturereignis oder als kosmische Katastrophe (Einschlag eines Kometen oder Meteoriten) ändert nichts daran, daß der *Höchste vorher* darüber informiert war. Sonst hätte er seine Schützlinge nicht warnen können, hätte keine Daten zum Bau der Arche diktiert und auch keine Anweisungen erteilt, den Kahn um jeden Preis wasserdicht zu machen.

Eigentlich ist bislang nur eines klar: Mit diesem Gott der Überlieferungen kann niemals der wahre Gott gemeint sein, den die Gläubigen aller Religionen verehren. Wer bleibt noch übrig?

Schüler und Fortgeschrittene

Hier ein Wort in eigener Sache: Jedesmal, wenn ich ein neues Manuskript in den Computer tippe, stecke ich in der gleichen Klemme. Wie erkläre ich meinen Lesern eine Denkrichtung, ohne das Vorangegangene ständig zu wiederholen? Der Lehrer in der Volksschule und der Dozent an der Uni haben es leicht. Beide gehen davon aus, die Schüler und Studenten hätten den Unterbau begriffen, man könne darauf weiterbauen. Wer das Abc nicht beherrscht, rückt nicht in die nächste Klasse vor. Ein Autor steckt in einer ganz anderen Zwickmühle. Er kann sich auf den Standpunkt stellen, seine Leser hätten gefälligst die früheren Werke zu kennen. Dann sind Wiederholungen unnötig und ärgerlich, man wendet sich schließlich an ein Fachpublikum. Mit diesem Standpunkt schließt der Autor neue Leser aus. Er läßt die Neuen vor der Tür und zwingt sie, frühere Werke zu kaufen. Das mag zwar Umsatz bringen, ist aber nicht die feine Art. Entschließt sich der Autor trotzdem, nur für die Stammleser zu schreiben, dann »züchtet« er außerdem ein Leserpublikum von Spezialisten heran, die bald so etwas wie einen *Insiderkreis* bilden. Es sind die Wissenden, die Informierten, und der *Outsider* hat bald keine Chance mehr, dem Stoff zu folgen.

Ich durchschlage diesen Gordischen Knoten, indem ich dort Wiederholungen anbringe, wo sie für den neuen Leser unvermeidlich sind, damit er nicht in der Luft hängenbleibt. Wobei – und dies für den Stammleser – Wiederholungen nicht einfach Wiederholungen sind. Zu jedem einzelnen Indiz gibt es ständig Ergänzungen. Die Forschung bleibt nicht stehen, und ich weiß heute zur Adamlegende oder zum vorsintflutlichen Patriarchen Henoch wieder mehr als vor sieben Jahren. Emsige Bibliothekare schleppen neue Bücher in mein Arbeitszimmer, wohlgesinnte Leser machen mich auf zusätzliche Quellen aufmerksam, Wissenschaftler aus verschiedenen Lagern beliefern mich mit frischen Informationen. So bleibt mir nichts anderes übrig, als hier und dort Altbekanntes aufzuwärmen und zu ergänzen. Der Stammleser kann es überblättern, sich eine Vorlesung ersparen – der »Schüler« wird für die Wiederholung, auch wenn sie knapp ausfallen muß, dankbar sein.

Daß ich die Theorie vertrete, vor vielen Jahrtausenden hätten Außerirdische unsere gute alte Erde besucht, darf ich als bekannt voraussetzen. Darüber habe ich zwanzig Bücher geschrieben und eine fünfundzwanzigteilige Fernsehserie gedreht. [17] Auch über die Gründe und das technische Wie dieses Besuches habe ich mich ausführlich ausgelassen. Dies gehört nicht hierher, genausowenig wie die unzähligen archäologischen Indizien, die auf dem weiten Erdenrund gefunden wurden.

Diesmal geht es um eine PALÄO-SETI-PHILOSOPHIE (PALÄO = *alt, ur* (griechisch *palaios*); SETI = Search for extraterrestrial Intelligence (Suche nach außerirdischer Intelligenz)), um ein Gedankengebäude, das den Sinn oder Unsinn in den bisherigen religiösen Anschauungen erhellt und die Bahn für eine neue Denkrichtung öffnet. Es geht in gar keinem Fall um eine neue Religion oder, wie Kritiker hämisch vermerken, eine »Ersatzreligion«.

Religionen verlangen Glauben – hier muß überhaupt nichts geglaubt werden. Religionen machen Versprechungen, sogar über den Tod hinaus – ich verspreche nicht das geringste. Religionen bauen Kirchen und Tempel, in denen sie ihren Gott und ihre Heilsbringer – Apostel, Heilige, Propheten – verehren. Bei der PALÄO-SETI-PHILOSOPHIE gibt es weder Tempel noch Götterverehrung. Schließlich verlangen Religionen bestimmte ethische Verhaltensnormen – nichts davon bei mir und meinen Mitstreitern. Und letztlich kassieren Religionen ihren jährlichen Obulus. Fühlen Sie sich, verehrter Leser, finanziell ausgenutzt, weil Sie dieses Buch gekauft oder entliehen haben?

Die andere Denkweise

Als das riesige Mutterraumschiff der Außerirdischen in unser Sonnensystem einschwenkte, wußten die ETs über die Beschaffenheit des dritten Planeten längst Bescheid. Nur auf diesem blauen Planeten existierten alle Lebensvoraussetzungen. Die Fremden entdeckten eine Fülle von Leben aller Art, darunter unsere primitiven Vorfahren. Trotz seiner Blödheit stellte er die fortgeschrittenste Lebensform der Erde dar. Sie schnappten sich ein Exemplar und veränderten es genetisch – aus heutiger Sicht kein ernsthaftes Problem mehr.

Irgendwann fand eine Gruppe der Außerirdischen, ihr Experiment mit dem ersten *Homo sapiens* sei geglückt und eigentlich könne man die Erde dem hier angestammten Menschen überlassen. Immerhin war er klüger als alles, was da herumkroch und -flog, zudem verfügte er über die idealen Werkzeuge, um anzupacken, was er nur wollte: die

Hände. Um eine Ausbreitung dieses Wesens zu ermöglichen, war ein weibliches Exemplar vonnöten – die Eva, oder wie immer diese Urmutter geheißen haben mag.

Die ersten intelligenten Menschen kannten keine Sprache – woher auch? Ihre direkten Vorfahren stammten aus dem Affenreich, sie grunzten und röhrten. Also entschlossen sich die Außerirdischen zu einem Schulungsprogramm. Man setzte das Pärchen in einen abgeschirmten *Garten* – BIOSPHAERE ONE – und brachte ihnen die erste Sprache bei, wie das Buch Genesis (11,1) berichtet: »Es hatte aber alle Welt einerlei Sprache und einerlei Worte.« Endlich vermochte Adam alles mit einem Namen zu bezeichnen! Der Unterricht wird auch Moralgesetze beinhaltet haben und praktische Anweisungen für den Ackerbau und die Handwerkskünste.

Eine andere Gruppe der ETs experimentierte mit den auf der Erde vorhandenen Tieren. Wozu sollten sie das tun? Eine Raumfahrercrew in einem gigantischen Weltraumschiff, einem sogenannten Weltraumhabitat, kennt mit Sicherheit noch andere Sonnensysteme und Planeten als nur die Erde. Zumindest ihr eigenes Heimatsystem *muß* ihnen schließlich bekannt sein. Viele dieser Planeten mögen größer oder kleiner sein als unser blauer Planet, sie mögen etwas näher oder weiter entfernt von ihrer Sonne liegen als die Erde. Es mag heißer oder kühler, trockener oder feuchter sein, und auch die Gravitation kann schwächer oder stärker wirken.

Nun wimmelt es bekannterweise auf der Erde von Lebensformen, die sich den unmöglichsten Klimazonen angepaßt haben. Der Eisbär schläft im Eis, was ich einem Löwen nicht empfehlen möchte; ein Känguruh vollführt Riesensprünge, während die Schildkröte dahinkriecht; gewisse Schlangenarten haben sich dem tropischen Klima angepaßt und erfrieren in der Kälte. Was liegt näher, als mit dem auf der Erde vorhandenen genetischen Material zu experimentieren? Man möchte herausfinden, welches Tier sich unter welchen Umweltbedingungen am besten anpaßt, am ehesten zu gebrauchen ist, doch auch, welche Tierart sich als widerstandsfähig erweist. Absurd?

Wir tun und taten doch das gleiche. Allerdings nicht auf genetischem Wege – den betreten wir gerade –, sondern auf dem Wege der Züchtung. Wir haben Schweizer und deutsche Kühe gezüchtet, die heute im tropischen Klima von Kenia grasen; wir haben Ochsenrassen gemischt, um widerstandsfähigere Kühe mit mehr Milchleistung zu erhalten; wir kreuzten Ziegen und Schafe (»Schiegen«); wir züchteten und vermischten Korn-, Raps- oder Ährenformen, um sie einer neuen Umgebung anzupassen; und heute sind wir gerade dabei, Gemüsesorten auf genetischem Wege zu produzieren. Nicht mal der Himmel ahnt, was unseren Wissenschaftlern in diesem Bereich noch alles einfällt und ob wir nicht plötzlich auf genetischem Wege einen Menschen schaffen, der zweihundertvierzig Jahre alt wird.

So entstanden Monstren, Mischwesen, die es ehedem auf dem weiten Erdenrund nicht gegeben hatte. Die Menschen redeten aufgeregt darüber, sie bestaunten und fürchteten die *göttlichen* Kreaturen. Und nachdem sie ausgestorben oder durch die Flut vernichtet waren, wanderten diese Horrorviecher schnurstracks ins Volksgedächtnis. Sie avancierten zur Mythe und Legende, berichteten von einer fernen Zeit, in der die *Götter* Mischwesen schufen.

Bei alledem unterschätze ich die menschliche Phantasie nicht. Der griechische Dichter Homer (um 800 v. Chr.) beschrieb in den Abenteuern des Odysseus die Sirenen, die derart betörend sangen, daß die Seeleute willenlos wurden und ihren Auftrag vergaßen. Obschon Homer das Aussehen dieser Sirenen nirgendwo präzisierte, machte die

Phantasie späterer Autoren daraus geflügelte Frauen mit Vogelfüßen. Oder der Grieche Hesiod (um 700 v. Chr.) erdichtete das Ungeheuer Medusa, aus dessen Kopf Schlangen zuckten und dessen Anblick derart fürchterlich war, daß Menschen zu Stein erstarrten. Sicher hat Hesiod nie ein Ungeheuer Medusa erblickt. Wir alle kennen die Legenden vom fliegenden Pferd Pegasus oder von Phönix, der immer wieder aus der Asche steigt. All dies und viel mehr entsteht aus der menschlichen Phantasie, ohne die kein Märchen auskommt. Doch die Phantasie erwacht nicht aus dem Nichts, sie braucht Ansatzpunkte, durch welche der ganze Zauber in die Vorstellungswelt gerät. Auch wenn sich unser Verstand (noch) sträubt, einen Zoo von Monstren, die einst gelebt haben sollen, ins Kalkül zu ziehen, ändert dieses Widerstreben nichts an zwei unverrückbaren Tatsachen:

1. Antike Schriftsteller und Historiker beschrieben diese Kreaturen und behaupteten obendrein, sie seien von den *Göttern* erschaffen worden.
2. Die Steinmetzen und Stukkateure vor Jahrtausenden verewigten diese Mischwesen.

Die sexhungrigen Engel

Inzwischen war im Mutterraumschiff eine Meuterei ausgebrochen. Ein Teil der höheren Offiziere wollte partout irgend etwas anderes als der Kommandant, der *Höchste*. Ob der Anführer dieser Rädelsgruppe nun *Semael*, Luzifer oder sonstwie hieß, ist belanglos. In der Legende wird er als »der größte Fürst unter den anderen« bezeichnet, in der Science-fiction-Ballade vom *Raumschiff Enterprise* würde er wohl Erster Offizier gerufen. Immerhin scheint *Semael*

◁ *So stellt sich die NASA zukünftige Weltraumhabitate vor, mit denen Lichtjahre überbrückt werden.*

alias XY über mehr Macht verfügt zu haben als der Rest der Crew, denn als einziger besaß er »zwölf Paar Flügel«. *Semael* und seine Abtrünnigen verlieren den Kampf an Bord und werden aus dem *Himmel* geworfen. Zumindest zu Beginn scheint dies die Gruppe nicht allzusehr gestört zu haben. Vermutlich glaubten sie, dank ihres technischen Wissens wieder Oberhand zu gewinnen.

Kaum auf der Erde, gelüstete es die ausgestoßene Mannschaft nach Sex. In der legendarischen Version verführte Anführer *Semael* prompt die Eva: »... und siehe, er glich nicht den Irdischen, sondern den Himmlischen.« Andere Crewmitglieder schnappten sich je nach Gusto hübsche Mädchen und auch Jünglinge. Wenn Gläubige aller Couleur an die Bibel glauben, kommen sie an diesem Satz im Buch Genesis (6,1 f.) nicht vorbei:

»Als aber die Menschen anfingen, sich auf der Erde zu mehren, und ihnen Töchter geboren wurden, sahen die Gottessöhne, daß die Töchter der Menschen schön waren, und sie nahmen sich zu Weibern, welche sie nur wollten.«

Der Gelehrtenstreit, der seit Menschengedenken um dieses Wörtchen »Gottessöhne« tobt und Tausende von Seiten an widersprechenden Kommentaren hervorbrachte, mag dem Insider nur noch ein müdes Lächeln abringen. Mal wird das Wort »Gottessöhne« übersetzt mit »Riesen«, dann heißen sie »Kinder Gottes«, dann wieder »gefallene Engel« oder »abtrünnige Geistwesen«. Es ist zum Schreien! Ein einziges Wörtchen verdreht den Glauben ins Gegenteil! Dabei weiß jeder Fachmann, der Hebräisch studierte und die Schriftzeichen sowie deren Bedeutung kennt, ganz genau, was die betreffenden Silben besagen: »Die Herniedergestiegenen waren menschenähnlich und viel größer als Menschen.« [18]

Nur eben, man darf nicht sagen, was man denkt. Ich sage es. Ohne Wenn und Aber.

Der uralte Einwand. Außerirdische könnten sich niemals mit Irdischen paaren, ist längst vom Tisch. Wiederholungen sind überflüssig. (»Und die Götter schufen die Menschen nach ihrem Ebenbilde…«)

Im Drama der Vorgeschichte besaß der *Höchste,* der Raumschiffskommandant, offensichtlich bessere Karten als seine abtrünnige Crew. Mit Sorge beobachtete er das Treiben und die Entwicklung auf der Erde. Durch die Vermischung der ETs mit Menschen entstanden Kreaturen, die der geplanten Linie des *Homo sapiens* völlig zuwiderliefen. Dies war die *Erbsünde* der Mythologie. Jetzt vererbten Menschen ihre falschen genetischen Botschaften: »Da reute es den Herrn, daß er den Menschen geschaffen hatte, und es bekümmerte ihn tief«, heißt es im Buch Genesis (6,6). Auf irgendeine Art mußte der *Höchste* das Experiment Mensch abbrechen und neu beginnen. Doch wie? Vermutlich verfügten die abtrünnigen *Engel* über gute Waffen, sie konnten sich in Höhlen verstecken und in Gebäuden verschanzen. Es war unmöglich, die *Bösen* einzeln zu jagen.

Ob die Flut absichtlich herbeigeführt wurde oder ob ein großer Meteorit auf der Erde einschlug, ist aus den Legenden und Religionstexten nicht ersichtlich. Eine künstliche Flut ist machbar – wir könnten es heute auch –, und Meteoriten prasseln immer wieder auf unseren Globus. Auf jeden Fall muß der *Höchste* den exakten Zeitpunkt der Überflutung gekannt haben. Nur deshalb war es möglich, eine Menschengruppe der *Guten* zu warnen und sie beim Schiffsbau zu beraten.

Diese Betrachtungsweise, mit der ich die uralten Legenden und Religionen in ein modernes Licht hebe, ist vom Zeitgeist beseelt. *Öffentlich* vertrete ich diese Linie seit 1964. Damals hatte die kanadische Zeitung *Der Nordwesten* als erste den Mut, einen ganzseitigen Artikel aus meiner Feder abzudrucken. [19] Später erst folgten die Bücher, in denen die vielen Einzelfragen behandelt werden konnten. Natürlich bleibt das Gedankengebäude vorerst Theorie, auch wenn es in manchen Bereichen längst aus dem theoretischen Stadium heraus ist. Die PALÄO-SETI-PHILOSOPHIE ist ein Gebäude, das viele bislang völlig unerklärliche Aspekte der Religionsüberlieferung vernünftig abzudecken vermag. Auf jeden Fall macht die zeitgemäße Betrachtung mehr Sinn als die theologischen Klimmzüge, die uns seit Jahrtausenden nicht weiterbrachten und nur wegen des Diktats, daran glauben zu müssen, überlebten.

Vor fünfundachtzig Jahren schrieb der Theologe Professor Dr. Karl Girgensohn [20]:

»Wir leben in einer Zeit, in der sich der Fortschritt in einem Tempo vollzieht wie nie zuvor in der Geschichte. Was im gegebenen Augenblick den meisten Menschen undenkbar zu sein scheint, kann vielleicht schon in der Studierstube oder im Laboratorium in der Stille gedacht und bewiesen sein: Nach einigen Wochen wissen es alle Fachgenossen, nach einigen Jahren ist es zum Gemeingut aller Gebildeten geworden. Nie ist der uralte Streit zwischen Vätern und Söhnen so schroff gewesen wie in unseren Tagen.«

Wissenschaft und Theologie

Diese Sätze sind im Jahre 1910 formuliert worden. Herr Professor Girgensohn erlebte bestenfalls die Morgendämmerung der Utopie. Inzwischen stecken wir mitten in der utopischen Realität. Für meinen Teil sehe ich ohnehin schwarz für eine Theologie im bisherigen Sinn. Theologen mögen an Offenbarungen glauben, doch wird es ihnen nie gelingen, etwas rational zu machen, was nicht rational ist. Dabei will ich den wissenschaftlichen Charakter der systematischen Theologie nicht bestreiten. Da werden Texte mit historischen Tatsachen verglichen, Handschriften ediert, oder man versucht, durch vergleichende Analysen mehrere Aussagen zu bewerten. Beispiel: Welche Propheten haben wann und wo Aussagen zur Messiasgestalt gemacht? Welche dieser Aussagen ist unmißverständlich, welcher muß weniger Gewicht beigemessen werden, welcher Spruch ist allgemein gehalten, mit welcher anderen Aussage deckt sich das Prophetenwort von XY? Würden die Theologen nur dafür den Namen »Wissenschaft« beanspruchen, wäre nichts einzuwenden – abgesehen von dem Terminus »Theologie«. Schließlich beinhaltet er *theos* (= Gott) und *logos* (= Wort): das Wort Gottes. Und exakt dies ist es *nicht,* womit sich die *Theologie* auseinandersetzt. Zwar sind alle Theologen zutiefst davon überzeugt, sich mit dem *Wort Gottes* zu beschäftigen – sonst hätten sie ihre Fachrichtung nie gewählt –, doch genau diese Überzeugung *ist* bereits *Glaube.* Man *glaubt,* die heiligen und weniger heiligen Schriften stammten aus Gottes Munde, er habe sie diktiert oder auserwählten Menschen offenbart. Was bleibt an den Texten, wenn der Glaube weg ist?

Die Texte. Sie haben nur ihre Heiligkeit verloren. Ehrwürdig mögen sie bleiben, weil sie alt sind, respektvoll mag man sie behandeln, weil sie Begebenheiten aus einer historisch nicht faßbaren Zeit schildern, wissenschaftlich soll man sie analysieren, weil sie hochinteressantes Material enthalten. Sowie der Glaube an die Heiligkeit der Texte fehlt, kann sachlich diskutiert werden. Es ist unsere Vorstellung von der Heiligkeit dieser Schriften, die eine zeitgemäße Analyse blockiert.

Andererseits ist die PALÄO-SETI-PHILOSOPHIE

genauso eine Ansichtssache, eine Meinung also, die zwar hervorragend untermauert, aber noch nicht bewiesen werden kann. Geht es der Theologie anders? Wo sind die exakten *wissenschaftlichen Beweise* für ihre Ansichten? Nun gibt es bekannterweise kaum etwas Subjektiveres als den Geschmack, und über den sollte man nicht streiten. Man streitet dennoch, weil der Generationenwechsel, gekoppelt mit dem Zeitgeist, die Menschen in inneren Aufruhr versetzt. Die einen wollen ihre feste Burg des Glaubens, die anderen möchten Aufklärung. »Wissenschaft« kommt von »Wissen-Schaffen«.

Im Sinne der exakten Wissenschaft sind die Erkenntnisse der Theologie unbrauchbar. Sie stecken voller Widersprüche und bleiben schließlich Glaubens- und Gefühlssache der betreffenden Schule. Dasselbe gilt für die PALÄO-SETI-PHILOSOPHIE. Nur zeigt letztere eine klare Linie, die das Unverständliche verständlich macht und der Vernunft entgegenkommt. Die PALÄO-SETI-PHILOSOPHIE bringt Sinn in den vorgestrigen Unsinn. Etliche Okkultisten könnten eigentlich ihre Lampen löschen und die Männer geheimer Bruderschaften ihre Kutten ausziehen. Jahrtausendelang hervorragend verkaufte *Glaubensware* wird immer schwerer an den Mann zu bringen sein. Erst durch das Wissen der Gegenwart wird eine verständliche Interpretation der Vergangenheit möglich. Und dies ist nicht irgendein dummer Zufall, sondern es liegt in der Natur der Sache. Äpfel fallen bekanntlich, wenn sie reif sind. So hätte mein Urgroßvater gar nicht auf die Gedanken kommen *können,* die ich heute vertrete. Weltraumfahrt war für ihn nicht existent, von Genen und Genmanipulationen wußte er nichts, und Engel waren für ihn die unantastbaren Botschafter Gottes. Ein Hologramm müßte er als Vision ansehen und einen Fernseher als sprechendes Glas. Gepriesen sei der *Stein des heiligen Berlitz!*

Die Schleier heben sich auch nicht deshalb, weil das Jahrtausend zu Ende geht, sondern weil die Wissenschaft und die Technik die Torflügel öffneten. Hätten die Menschen erst im Jahre 2100 über die Möglichkeit der Weltraumfahrt diskutiert, erst dann Computer erfunden und erst dann den genetischen Code entschlüsselt, hätten wir die Fragen, die wir heute aufwerfen, auch erst dann stellen können. Nehmen wir an, meinem Urgroßvater wäre vor zweihundert Jahren ein prächtiger Fund gelungen. In einer einsamen Höhle entdeckte er Schrifttafeln, und diese wären von gelehrten Männern entziffert worden. Heraus kommen Texte, die über eine Fahrt von einer fernen Welt zur Erde berichten. Hier, so steht geschrieben, seien die Reisenden von der Erdbevölkerung unfreundlich und ungastlich aufgenommen worden. Was könnte mein Urgroßvater, was müßten die Gelehrten vor nur zweihundert Jahren mit derartigen Schriften anfangen? Man würde den unbekannten Autoren eine »erstaunliche Phantasie« zubilligen, man würde von Allegorien (= Gleichnissen) sprechen. Gemeint sei wohl der Ratschlag: Seid freundlich zu Fremden, auch wenn ihr nicht wißt, woher sie kommen. Die Gelehrten vor zweihundert Jahren würden die Schrifttafeln zum Epos erküren, bloß der zündende Gedanke wäre in Anbetracht ihres Zeithorizonts unmöglich: Die Tatsache einer zukünftigen Raumfahrt könnte nicht durchschaut werden. Vor zweihundert Jahren war sie für vernünftige Menschen nicht ernsthaft zu diskutieren.

Es geht nicht um die Borniertheit der Andersdenkenden – obschon auch diese Sorte ganz selbstherrlich in ihrem Elfenbeinturm lebt. Es geht um die zeitgemäße Betrachtung von uralten Menschheitsfragen. Dabei müßte diese heute viel leichter geworden sein als zu Urgroßvaters Zeiten. Es gibt keine Bannbulle mehr, die Hexenverfolgung ist abgeschafft, und die modernen Kommunikationsmittel ermöglichen die rasche Vervielfältigung neuer Theorien. Ich verstehe sogar die Gardesoldaten, die mit einer gläubigen Sturheit versuchen, eine neue geistige Flut einzudämmen. Sie mögen Verzögerungen bewirken, wie dies bei jeder Theorie geschah, doch vermag keine Macht, die Erkenntnisse der Zukunft abzublocken. Was in einem Land unter der Kuratel einer Religion oder Ideologie verboten wird, entwickelt sich in einem anderen Land desto ungehemmter.

Immer wieder werde ich von Kritikern gefragt, was um alles in der Welt mich denn so sicher mache, auf dem richtigen Weg zu sein. Mein Gedankengebäude sei letztlich nichts anderes als eine fixe Idee, durch nichts zu beweisen. Zudem würde ich sehr selektiv vorgehen, ich klaubte mir diejenigen Passagen aus den Überlieferungen heraus, die meine Theorie stützen, den Rest ließe ich unbeachtet.

Die richtige Auswahl

Weshalb eigentlich lastet man mir an, was alle Welt wegen der Fülle des Materials tun muß? Jedes Buch, das ich lese, ist eine Selektion dessen, was der Autor untermauern möchte. Der Einwand, in der Wissenschaftsliteratur sei dies gerade nicht der Fall, ist eine schöne Mär, an die bestenfalls noch ungeküßte Studenten glauben. Ich konsumierte in den vergangenen vier Jahren etwa dreihundert theologische Werke – und jedesmal kam am Ende das heraus, was der Autor zu erarbeiten wünschte. Die unzähligen Hinweise auf Querverbindungen, insbesondere bei Doktorarbeiten, werden gerade als Beispiele herangezogen, daß der Kontrahent in diesem oder jenem Punkt falsch liege. Die Literaturflut in jedem Fachbereich ist so immens geworden, daß kein Autor der Welt mehr den Durchblick hat. Und keiner vermag die Werke aller Vorgänger zu verarbeiten oder in seine eigene Arbeit einzubauen. Es *muß* selektioniert werden, der Ballast fliegt stillschweigend über Bord. Schließlich kennt der Fachmann die andere Meinung, die gegenteilige Literatur – und dem Laien ist sie nicht zuzumuten. Den Verlegern und Buchhändlern noch weniger. Das Bewertungskriterium angesichts solcherart erzwungener Selektion sollte die ehrliche Aussage sein, daß der Autor sagt, was er will und was er sucht und weshalb alles andere unter den Tisch fällt.

Religiöse Texte sind durchzogen von Moral und Ethik – die interessieren mich überhaupt nicht. Demnach erspare ich mir die Hunderte von Seiten von Prophetenworten mit Warnungen, Drohungen, Voraussagen und Vorschriften. Es gehört nicht zu meiner Arbeit, den Leser darüber aufzuklären, weshalb man kein Schweinefleisch essen dürfe und unter welchen Umständen man seine Frau verstoßen müsse. Dies um so mehr, als jeder Fachmann weiß, daß Prophetenworte in sehr vielen Fällen keine Originale sind. Spätere Generationen haben ergänzt, eingefügt, hinzugedichtet und den alten Text schmackhaft angepaßt. Kriterium eins fällt unter den Tisch. Die zweite Grobauslese betrifft die religiösen Datierungen. Was helfen Sätze wie »... Tarah zeugte den Abraham, Abraham zeugte den Isaak...«, wenn es Abraham vermutlich nie gegeben hat?

Wie bitte? Es existieren doch Texte über Abraham, Geschichten sind über ihn geschrieben worden, und Erlebnisse in der Apokalypse des Abraham schildern sogar detaillierte Einzelheiten. Richtig. Derartige Texte gibt es, und sie sind auch für meine Arbeit äußerst wertvoll. Dennoch ist nicht zu beweisen, daß es sich hierbei um Originale aus Abrahams Hand oder seiner nächsten Umgebung handelt. In der *Chronik des Jerahmeel* [21], die auf noch älteren Quellen basiert, wird behauptet, Abraham sei der größte Magier und Astrologe gewesen. Sein Wissen habe er direkt von den *Engeln* bezogen. Uns Christenmenschen ist eingebleut worden, Abraham sei der Stammvater der Menschheit; in Wahrheit sind sich die Fachgelehrten überhaupt nicht sicher, ob es ihn je gegeben hat und was sein Name bedeutete.

Franz M. Böhl, Professor an der Universität Leiden, konstatierte: [22]

»Der Name Ab-ram, der außer in Gen. 11,26–17,5 nirgends vorkommt, bedeutet *der erhabene Vater* oder *der Vater ist erhaben.* Man kann das Wort *Patriarch* somit als eine Übersetzung dieses Namens auffassen. ... am wahrscheinlichsten handelt es sich bei Abr-aham nur um eine dialektische Variante (= Zerdehnung) des häufigeren Namens Ab-ram.«

Diese Feststellung stammt aus dem Jahr 1930, doch spätere Gelehrte kamen zu einem ähnlichen Schluß. Bereits fünf Jahre nach Professor Böhl vermerkte das *Journal of Biblical Literature* lapidar: [23]

»Ursprünglich war Abraham kein persönlicher Name, sondern der Name einer Gottheit.«

Seither sind sechzig Jahre Abrahamforschung vergangen, doch Klarheit hat sie nicht gebracht. In einer Publikation der Yale-Universität lese ich den bemerkenswerten Satz: [24]

»Wir werden vermutlich nie in der Lage sein, zu beweisen, daß Abraham wirklich existierte.«

Wie also soll ich angesichts dieses theologischen Wirrwarrs in meiner Arbeit auf die *Datierungen* irgendwelcher Prophetenworte Rücksicht nehmen? Insbesondere, da sich das gleiche Theater auch bei anderen Propheten abspielt? Hesekiel, einer der Kronzeugen für die PALÄO-

SETI-PHILOSOPHIE [25], mußte im Laufe der Jahrhunderte unsägliche Wandlungen über sich ergehen lassen. In einer 1981 erschienenen Arbeit werden nicht weniger als zweihundertsiebzig Abhandlungen über den Propheten verarbeitet. [26] Sage und schreibe zweihundertzweiundsiebzig Gelehrtenköpfe widmeten Jahre ihres Lebens der Hesekielforschung. Man ließ der Gestalt des Propheten verblüffende Wandlungen angedeihen. Ursprünglich war sein Wort nicht anzutasten, dann entstand der »Visionär«, schließlich der »Träumer« und »Phantast«, und in neuester Zeit machte man aus Hesekiel sogar einen »Kataleptiker«. (Das ist ein Schizophrener mit Krämpfen.) Auch die Hesekieltexte wurden theologisch seziert. Semantiker stellten fest, daß Stil und Wortwahl auf mehr als einen Autoren schließen lassen. Man erklärte den armen Propheten zum »Pseudohesekiel«, dessen Buch erst um 200 v. Chr. aus diversen anderen Texten zusammengefügt worden sei. [27]

Noch vor hundert Jahren schrieb der Theologieprofessor Rudolf Smend: [28]

»Daß die Schilderung auf einem visionären Erlebnis beruht und die Vision keineswegs nur Form der schriftstellerischen Darstellung ist, wird nicht bezweifelt werden dürfen.«

Und heute? Inzwischen ist eine breite Mehrheit der Theologen der Meinung, das Buch Hesekiel sei das Werk von mehreren Redakteuren – plus Texte vom Propheten selbst –, vermischt mit zeitgebundenen Zusätzen.

Wer will mir einen ernsthaften Vorwurf machen, wenn ich aus diesem gemischten Salat die frischen Blätter herauspicke? Zudem enthält dieser Salat Zutaten, die ihn geradezu ungenießbar machen. Da kommen in den heiligen Büchern Namen und Daten vor, die sowenig in den Salat passen wie geschnetzelte Schuhsohlen, zu lesen beispielsweise im Buch Genesis (15,13 und 16):

»Da sprach Gott zu Abram: Du sollst wissen, daß dein Geschlecht als Fremdling weilen wird in einem Lande, das nicht sein ist; und sie werden daselbst Sklaven sein, und man wird sie drücken, *vierhundert Jahre lang* ... erst das *vierte Geschlecht* wird hierher zurückkehren ...«

Die britische Archäologin Kathleen M. Kenyon vermerkte dazu bissig: [29]

»Die Chronologie widerspricht sich selbst. Eine Zeitspanne von vierhundert Jahren auf den Aufenthalt anzunehmen und gleichzeitig festzustellen, daß schon die vierte Generation nach dem Einzug in Ägypten am Exodus beteiligt war, sind zwei so offensichtlich miteinander unvereinbare Behauptungen, daß man die sich daraus ergebende Bedeutung als nichthistorisch einstufen muß.«

Die theologischen Ansichten sind nicht nur undurchschaubar, sie ändern sich auch noch von Professor zu Professor und von Jahrzehnt zu Jahrzehnt. Was bleibt übrig? Die rätselhaften Berichte. Diejenige Sorte von Geschichten, in denen der Autor in der ersten Person schreibt, also in der Ich-Form einen Erlebnisbericht wiedergibt. Wie bei der Sage und der Legende bleibt auch im religiösen Literaturgut der Kern der Überlieferung erhalten. Es ist jenes Geheimnisvolle, das auch spätere Redakteure kaum veränderten. Und weshalb nicht? Zum einen, weil sie es selbst nicht verstanden. An den Worten der Propheten klebte das Mysterium. Dies sollte unverändert an die nächsten Generationen weitergegeben werden. Zum zweiten, weil sie es nicht wagten, ihre eigenen Gedanken einem altehrwürdigen Propheten unterzuschieben. Dann hätten sie nämlich in der Ich-Form lügen müssen. Nur aus der unfaßbaren, nebulösen Zeit kam der ursprüngliche Erlebnisbericht: »Ich sah ... Ich hörte ... Der Höchste sprach zu mir ...« Die späteren Redakteure wirkten bloß noch als Einschieber und Ummodler, versuchten, das Unverständliche verständlich zu machen. Und weil sie es selbst nicht begriffen, ist das heutige Chaos perfekt. Oh, hätten sie doch nur stur die alten Texte abgeschrieben, unverändert und ohne Zutaten! Doch das schafft der denkende Mensch nicht. Wir können es selbst heute nicht. Schon existieren Fassungen des Neuen Testaments in Form von Comics und anderen, noch grauenhafteren Variationen. Angeblich, um die Heilige Schrift »der Zeit anzupassen« oder für die Jugendlichen verständlich zu machen, doch: »Mit unsauberen Mitteln entsteht ein unsauberes Ergebnis« (Mahatma Gandhi, 1869–1948).

Selektionieren – aber richtig!

Der Rechen meiner Selektion läßt auch alles durchgehen, was für die Gegenwart völlig unverständlich ist. Dies schließt nicht aus, daß wir es in zwanzig Jahren mit einer neuen Lupe analysieren. Und wer hier argumentiert, ein derartiges Vorgehen sei »unwissenschaftlich« und das könnte man doch nicht tun, den möchte ich auf die jüdischen Gelehrten verweisen, die vor Jahrhunderten und Jahrtausenden exakt vor demselben Problem standen. Auch sie wußten nicht, was in den alten Texten eigentlich gemeint war, und so wurde jedes Wort, jeder Satz zehnmal gedreht und gewendet, neu gedeutet und in der nächsten Generation wieder anders formuliert. Schriftliche Belege dafür liefern die vielen *Midraschbücher.* Die unter dem Namen *Midraschim* bekannten Literaturwerke enthalten die Schriftforschungen der hervorragendsten jüdischen Weisen vieler Jahrhunderte. »Midrasch« ist das Werk der »Auslegung«, der Suche nach dem Sinn. Ich will meinen Lesern nicht zumuten, sich die *Midraschim* zu besorgen, und demonstriere es deshalb an wenigen Beispielen. Das nachfolgende Zitat stammt aus dem *Midrasch Bereschit Rabba,* der aus vollen einhundert Kapiteln besteht: [30]

»Gott sprach: Lasset uns den Menschen machen. Mit wem hat sich Gott beraten? Nach Rabbi Josua im Namen des Rabbi Levi: Mit dem Werke des Himmels und der Erde. Gleich einem König, welcher zwei Ratgeber hatte und nichts ohne ihre Zustimmung tat. Nach Rabbi Samuel bar Nachman beriet sich Gott mit dem Werke jedes einzelnen Tages. Gleich einem König, welcher einen Gerichtsrat hatte und nichts ohne sein Wissen vornahm. Nach Rabbi Ami beriet sich Gott mit seinem Herzen. Gleich einem König, welcher einen Palast durch einen Baumeister ausführen ließ; als er den Palast sah, mißfiel er ihm, über wen wird er wohl unwillig sein? Doch wohl über den Baumeister. Ebenso war Gott unwillig gegen sein eigenes Herz.«

Das ist Ansichtssache, entstanden aus dem frommen Wunsch, die Rätsel aus den Überlieferungen plausibel zu machen. Verstanden hat der Mensch diese Rätsel bis auf den heutigen Tag nicht. So wird in den *Midraschim* Satz für Satz der heiligen Schriften besprochen und gewägt. Die gläubigen Gelehrten waren von diesen Texten beseelt, sie *mußten* einen Sinn haben – also wurde gesucht und gedehnt, verglichen und verdrängt. Zum besseren Verständnis noch ein Beispiel aus dem *Midrasch Schemot Rabba.* Er besteht aus zweiundfünfzig Kapiteln und behandelt den Text des Buches Exodus: [31]

»Da sprach Gott zu Moses. Nach Rabbi bar Mamal sprach Gott zu ihm. Meinen Namen willst du kennen lernen, ich werde nach meinen Taten genannt, zuweilen heiße ich Gott der Allmächtige, zuweilen Zebaoth, zuweilen Elohim, wenn ich Krieg gegen die Frevler führe, heiße ich Zebaoth, wenn ich über die Sünden der Menschen Strafen verhänge, heiße ich Gott der Allmächtige, und wenn ich mich der Welt erbarme, heiße ich Jehova, denn dieser Name drückt nichts anderes als die Eigenschaft der Barmherzigkeit aus . . .«

Dies geht so weiter, seitenlang. Neue Namen, neue Auslegungen. Und alles zusammen belegt nur die Tatsache, daß bereits die hervorragenden jüdischen Gelehrten die ursprünglichen Texte nicht mehr begriffen.

Wie also selektioniere ich? Wie gehe ich vor? Wie will ich gegen die Gelehrten der Vergangenheit und der Gegenwart herausfiltern, welche Textpassagen irgendwann und irgendwo *original* waren und welche nicht?

Wenn über das Leben Abrahams [32] geschrieben wird, bei seiner Geburt seien Engel vom Himmel gestiegen, sein Vater sei Götzendiener gewesen und Abraham habe dem König Nimrod von Babylon Paroli geboten – dann kann ich dies als frommes Wunschdenken späterer Redakteure betrachten. Man war halt bemüht, einen Stammvater Abraham aufzubauen und ihm eine entsprechende Herkunft unterzujubeln. Kommt hingegen Abraham – oder wer immer es im Urtext war, der Name ist bedeutungslos – in der Ich-Form zu Wort, erzählt er also ein Erlebnis, das ihm (oder dem Urautor) widerfuhr, dann werde ich hellhörig. Derartige Texte kommen für meine Betrachtungen in die engere Wahl, dies um so mehr, wenn das Erlebnis eine verblüffende Episode aus dem Weltraum beinhaltet, die kein späterer Redakteur erfinden konnte. Weshalb nicht? Weil das Wissen um die Einzelheiten fehlte.

Im Text, den die Theologen »Apokalypse des Abraham« nennen, schildert der Urautor XY, wie zwei »himmlische Wesen« zur Erde herniederfuhren. [33] Die beiden *Himmlischen* trugen den Abraham (ich bleibe mal bei dem Namen) hinauf, denn der *Höchste* wollte mit ihm sprechen. Abraham präzisiert, die beiden seien keine Menschen gewesen – »nicht eines Menschen Atem« – und er habe sich sehr gefürchtet. Abraham attestiert den beiden *Himmlischen* einen glitzernden Leib »gleich einem Saphir«. Schließlich entfaltete sich Rauch, dann Feuer, und »dann stiegen wir hinauf, so wie mit vielen Winden«. Abraham sieht »in der Luft, in jener Höhe, die wir bestiegen, ein mächtiges Licht, nicht zu beschreiben«, und schließlich große Gestalten, die sich Worte zuriefen, »die ich nicht verstehe«. Und für diejenigen, die's immer noch nicht begriffen haben, stellt Abraham lapidar und unzweideutig fest, wo er sich aufhält:

»Ich aber wünschte, auf die Erde niederwärts zu fallen; der hohe Ort, worauf wir standen, bald stand er aufrecht, bald aber drehte er sich abwärts.«

Da berichtet uns irgendwer aus uralten Zeiten in der Ich-Form, er habe gewünscht, *»auf die Erde niederwärts zu fallen«*, folglich muß er sich, wenn wir noch einen Rest von Vernunft im Hinterkopf aufbringen, *außerhalb* der Erde aufhalten. Und weshalb soll kein späterer Redakteur den Text erfunden haben? Weil keiner wissen konnte, daß sich riesige Weltraumschiffe – so wird es auch bei zukünftigen Raumstationen sein – stets um die eigene Achse drehen. Denn nur über die Zentrifugalkraft, die bei der Eigenrotation entsteht, wirkt eine künstliche Schwerkraft. Und was vermeldet die Apokalypse des Abraham? *»... der hohe Ort, worauf wir standen, bald stand er aufrecht, bald aber drehte er sich abwärts ...«* Alles Zufall? Nichts als dumme Phantasie? Weshalb besteht denn Abraham vor seinem Raumflug darauf, die beiden *Himmlischen* hätten »nicht eines Menschen Atem« gehabt? Ihr Anzug habe geglitzert »gleich einem Saphir«?

Nee, Freunde von der anderen Fakultät! Derartige Texte sind aus heutigem Verständnis heraus sternenklar. Da ist nichts mehr herumzudeuteln und vorbeizureden, und kein Hauch eines Geistes von vorgestern kann diese Aufklärung stoppen. Die Texte sind da, und die Zeit ist reif. Der moderne Mensch hat es allmählich satt, an religiös verbrämte Märchen glauben zu müssen, während eine neue Betrachtung der alten Überlieferungen den Sinn der umstrittenen Texte schlagartig aufhellt.

Bevor ich ein völlig neues Kapitel aufschlage, will ich – einmal noch – ein altes Feuer entfachen, das im Laufe der Jahre immer wieder hochschlug. In kaum einem meiner früheren Bücher ließ ich den Propheten Henoch aus, und in *Beweise* [34] behandelte ich ihn sogar ausführlich. Dies soll hier nicht geschehen. Doch möchte ich einige Pflöcke in den Boden rammen, an denen keine moderne Exegese vorbeikommt. Man kann mir nicht einerseits vorwerfen, in meiner Auswahl würde ich nur diejenigen Texte benutzen, die mir dienlich seien, während andererseits die Gegenpartei über Henoch recht peinlich schweigt.

Und nochmals Henoch

Wer war dieser Henoch?

In den *Sagen der Juden von der Urzeit* [35] ist Henoch »ein König über die Menschen«, der genau »zweihundertdreiundvierzig Jahre herrschte«. Er war voll von Weisheit, und alle Welt ließ sich von ihm beraten.

Bei den alten Ägyptern war Henoch der Erbauer der großen Pyramide, so der Geograph und Historiker Taki ad-Din Ahmad ben 'Ali ben 'Abd al-Kadir ben Muhammad al-Makrizi (1364–1442) in seinem Werk *Hitat.* Dabei vermerkt er, *Henoch* sei bei den Völkern unter vier verschiedenen Namen bekannt: als *Saurid, Hermes, Idris* und *Henoch.* Hier die Passage aus dem *Hitat,* Kapitel 33: [36]

»... der erste Hermes, welcher der *Dreifache* in seiner Eigenschaft als Prophet, König und Weiser genannt wurde (es ist der, den die Hebräer Henoch, den Sohn des Jared, des Sohnes des Mahalalel, des Sohnes des Kenan, des Sohnes des Enos, des Sohnes Seths, des Sohnes Adams – über ihn sei Heil – nennen, und das ist Idris), der las in den Sternen, daß die Sintflut kommen würde. Da ließ er die Pyramiden bauen und in ihnen Schätze, gelehrte Schriften und alles, worum er sich sorgte, daß es verlorengehen und verschwinden könnte, bergen, um die Dinge zu schützen und wohl zu bewahren.«

Für die Araber ist »Idris« gleichbedeutend mit »der Urweise« oder »der Stammvater«, und für die jüdische wie die christliche Theologie ist Henoch der siebte der insgesamt zehn Urväter, einer der Patriarchen vor der Flut. Henoch war der Vater des Methusalem, der es immerhin zum biblischen Alter von neunhundertneunundsechzig Jahren gebracht haben soll.

Im Alten Testament im Buch Genesis wird Henoch in ganzen fünf Sätzen erwähnt (5,21–24). Dort liest man auch: »Henoch wandelte mit Gott, und auf einmal war er nicht mehr da; denn Gott hatte ihn hinweggenommen.«

Einfach so – schwups und weg ist er! Im Hebräischen bedeutet das Wort »Henoch« »der Eingeweihte, »der Einsichtige«, »der Kundige«, und dieser Eingeweihte sorgte Gott sei Dank dafür, daß sein Wissen nicht spurlos verschwand, sehr zum Verdruß der Vorgestrigen, die Henoch am liebsten in Luft aufgelöst sähen, denn dieser Henoch war ein fleißiger Schreiber. Und damit beginnt schon der Ärger.

Es gibt nämlich zwei Bücher, die zwar nicht Bestandteil des Alten Testamentes sind, doch immerhin zu den apokryphen Texten zählen. Die Kirchenväter, welche unsere Bibel zusammenschusterten, konnten nämlich mit den

Henochtexten, die auch ihnen vorlagen, nichts anfangen. Sie begriffen sie nicht, deshalb schloß man sie von der Bibel aus. Bloß ignorierte die äthiopische Kirche die Befehle der Kirchenväter, und prompt landete das Buch Henoch im Kanon der abessinischen Kirche. Zudem tauchte auch noch eine slawische Variante desselben Buches auf. Hochakademische Textvergleiche ergaben schließlich, daß die Urschrift beider Bücher auf einen einzigen Autor zurückgehen müsse, und der hieß Henoch. Seit dem achtzehnten Jahrhundert, seit das Buch Henoch in Europa bekannt wurde, herrscht in Theologenkreisen der ermüdende Streit, wer um alles in der Welt dieses Buch Henoch verfaßt haben könnte. Zumindest mußte es jemand sein, der einige Jahrhunderte vor Christus lebte, denn so alt war nun mal in unbestreitbarer Weise das äthiopische Buch Henoch. Wer also war der Autor?

Ich bin immer wieder baff über die einseitige Gläubigkeit der verschiedenen Exegeten. Paßt ein Text in die Glaubensrichtung, so wird er als »echt« eingestuft. Paßt er nicht, so muß es eine Fälschung sein. Es ist zum Verrücktwerden! Das Buch Henoch ist nicht nur in der ersten Person, der Ich-Form abgefaßt, sondern der Autor wiederholt auch im Text gleich mehrmals seine Autorenschaft, als ob er befürchtet hätte, die Geister der Zukunft seien zu beschränkt, um es zu begreifen. Anhand zweier Textbeispiele möchte ich die klaren Hinweise auf die Autorenschaft Henochs in Kursivschrift hervorheben.

»Im ersten Monat des 365. Lebensjahres, am ersten Tag des ersten Monats, *war ich, Henoch, in meinem Hause allein . . .*, und es erschienen *mir* zwei überaus große Männer, wie *ich* solche niemals auf der Erde gesehen hatte . . .« [37]

»Dies ist *die von Henoch, dem Schreiber, verfaßte* vollständige Lehre der Weisheit . . . Und nun, *mein Sohn Methusalem,* erzähle *ich* dir alles und schreibe es für dich auf. *Ich habe dir* alles enthüllt und dir die Bücher, die alle diese Dinge betreffen, übergeben. Bewahre, *mein Sohn Methusalem,* die Bücher *von deines Vaters Hand* und übergib sie den kommenden Generationen der Welt.« [38]

Klarer geht's nun wirklich nicht mehr. Das Uroriginal des Buches Henoch, die Essenz, stammt vom vorsintflutlichen Henoch, sonst könnte er schließlich seinen Sohn nicht als Methusalem bezeichnen. Zu unterstellen, das alles sei eine vorchristliche Fälschung, bedeutet, den Autor der ununterbrochenen Lüge zu bezichtigen. Diese Schiebung kann nicht aufgehen, weil – wie im Beispiel der Apokalypse des Abraham – der Autor des Buches Henoch Dinge über das Weltall und über die »gefallenen Engel« sagte, die keiner nach ihm wissen konnte, ganz abgesehen davon, daß Henoch wiederholt, die *Engel* hätten ihm dieses oder jenes gesagt, erklärt, gezeigt.

Die Autorschaft des Buches Henoch dem vorsintflutlichen Henoch abzusprechen ist eine Schande für die Exegese. Es ist auch ein haarsträubendes Beispiel für die Manipulation der Gläubigen. Die sollen gefälligst schlukken, was andere vorkauen. Natürlich wird auch noch versucht, den peinlichen Henochtext als Vision zu verkaufen. Unter dem Stichwort »Vision« wird alles verdaut, was über den Verstand geht. Verschwiegen wird von den Visionsanhängern, daß Henoch ausdrücklich festhält, er sei wach. Zudem gibt er seiner Familie auch noch exakte Anweisungen, was während seiner Abwesenheit zu geschehen habe. Und eine »Todesvision« kann der schreibkundige Henoch schon gar nicht erlitten haben, denn nach seinen Gesprächen mit den *Engeln* kehrt er putzfidel zu seinen Angehörigen zurück, um erst viel später in einem feurigen Wagen endgültig in den Wolken zu entschwinden.

Was steht denn so Brisantes in diesem Buch Henoch? Im Grunde die Bestätigung der PALÄO-SETI-PHILOSOPHIE. Wie im Alten Testament berichtet auch Henoch, was passiert, wenn Engel meutern.

Wenn Engel meutern

Im Buch Henoch (6,1–6) steht geschrieben: [39] »Als sich die Menschenkinder vermehrten, wurden ihnen damals schöne und liebliche Töchter geboren. Als die Engel, die Himmelssöhne, sie erblickten, gelüstete es sie nach ihnen, und sie sprachen zueinander: Wir wollen uns Weiber aus den Menschenkindern wählen und uns Kinder zeugen. Da sprach ihr Anführer Semiaza zu ihnen: Ich fürchte, daß ihr dies nicht ausführen wollet, und dann müßte ich alleine die Strafe für eine große Sünde bezahlen. Da antworteten ihm alle: Wir wollen alle einen Eid schwören und uns durch gegenseitige Verwünschungen verpflichten, diesen Plan nicht aufzugeben, sondern ihn auszuführen. Da schworen alle zusammen und verpflichteten sich dazu durch gegenseitige Verwünschungen. Es waren in allem zweihundert, die in Jareds Tagen zum Gipfel des Hermonberges herabstiegen.«

Wenn hier keine Meuterei der »Himmelssöhne« beschrieben wird, was war es dann? Eine Liebeserklärung mit gegenseitigen Verwünschungen? Der Fall ist klar, denn (7,1–6):

»Alle andern bei ihnen nahmen sich Weiber, und jeder von ihnen wählte sich eine aus. Dann begannen sie, zu ihnen zu gehen und sich an ihnen zu verunreinigen. Und sie lehrten sie Zaubermittel, Beschwörungen und Wurzelschneiden und machten sie mit Pflanzen bekannt. Sie wurden nun schwanger und gebaren Riesen, die 3000 Ellen groß waren. Diese verzehrten alle Vorräte der anderen Menschen. Als aber die Leute ihnen nichts mehr geben konnten, wandten sich die Riesen gegen sie und fraßen sie auf. Und sie begannen, sich an den Vögeln, wilden Tieren, Kriechtieren und Fischen zu vergreifen, das Fleisch voneinander aufzufressen und das Blut zu trinken. Da klagte die Erde wider die Unholde.«

Die Szenerie vor der Flut wird realistisch beschrieben, auch wenn sie uns heute unglaubwürdig vorkommen mag. Tatsächlich beobachten auch die *guten Engel,* jene, die sich nicht an der Meuterei beteiligt hatten, von oben das Geschehen auf der Erde. Sie berichteten dem *Höchsten* darüber, und der entschied kategorisch:

»Die ganze Erde wird untergehen, eine Wasserflut kommt über die ganze Erde und vernichtet alles darauf.«

Geradezu phänomenal im Buch Henoch sind viele Einzelheiten, die bislang in keiner anderen Überlieferung nachzulesen sind. Im Kapitel 69 zählt Henoch nämlich die Namen der Anführer jener Meuterer auf und erklärt auch noch ihre Funktionen!

Weil ich aus der Korrespondenz mit meinen Lesern weiß, daß sie in ihren Dorf- und Stadtbibliotheken kein Exemplar des Buches Henoch finden oder daß ihnen die Zeit fehlt, ein Exemplar aufzustöbern, sei der Text hier wiedergegeben. Henoch wünschte, daß er viel Verbreitung finde. Ich auch!

»Und dies sind ihre Namen:
Der erste von ihnen ist Semjasa,
der zweite Artakisa,
der dritte Armen,
der vierte Kokabel,
der fünfte Tuarel,
der sechste Rumjal,
der siebte Danjal,
der achte Rekael,
der neunte Barakel,
der zehnte Azazael,
der elfte Armaros,
der zwölfte Batarjal,
der dreizehnte Busasejal,
der vierzehnte Hananel,
der fünfzehnte Turel,
der sechzehnte Simapesiel,
der siebzehnte Jetrel,
der achtzehnte Tumael,
der neunzehnte Tarel,
der zwanzigste Rumael,
der einundzwanzigste Jseseel.

Und dies sind die Namen ihrer Anführer über hundert, fünfzig und zehn.

Der Name des ersten ist Jegun, das ist der, welcher alle Kinder der Engel verführte, sie auf das Festland herabbrachte und durch die Menschentöchter verführte.

Der zweite heißt Asbeel; dieser erteilte den Kindern der Engel böse Ratschläge, daß sie ihre Leiber durch die Menschentöchter verderbten.

Der dritte heißt Gadreel; das ist der, der den Menschenkindern allerhand todbringende Schläge zeigte. Auch zeigte er den Menschen die Mordinstrumente, den Panzer, den Schild, das Schlachtschwert und überhaupt allerhand Mordinstrumente. Von seiner Hand haben sie die Waffen zu den Bewohnern des Festlandes ausgebreitet bis in alle Zeiten.

Der vierte heißt Penemue; dieser hat den Menschenkindern das Unterscheiden von bitter und süß gezeigt und ihnen alle Geheimnisse ihrer Weisheit kundgetan. Er hat die Menschen das Schreiben mit Tinte und Papier gelehrt...

Der fünfte heißt Kasdeja; dieser hat die Menschenkinder allerlei böse Schläge der Geister und Dämonen gelehrt, ebenso die Schläge gegen die Frucht im Mutterleib zum Abgehen, ferner die Schläge gegen die Seele, den Schlangenbiß, die Hitzschläge und den Sohn der Schlange, der Tabat?« (Ist in jeder Übersetzung mit Fragezeichen versehen. Die Schreibweisen der Namen variieren in den verschiedenen Übersetzungen.)

Einen Kommentar zu diesem Text möchte ich mir ersparen. Man kann ja lesen.

Was ist aus diesem Henoch geworden? Wo liegen seine Gebeine? Wo befindet sich der Tempel oder die Kathedrale, die zu seinen Ehren errichtet wurde?

Himmelfahrt mit Hindernissen

Nicht auf dieser Erde. Das Alte Testament läßt den Henoch spurlos verschwinden – der *Herr* soll ihn zu sich genommen haben. Dann wieder liest man – je nach Bibelversion –, Henoch sei mit einem feurigen Wagen in die Wolken gefahren. Etwas genauer schildern die altjüdischen Sagen Henochs Abreise. [40]

Die *Engel*, so heißt es, hätten Henoch versprochen, ihn mit hinaufzunehmen, doch das Abreisedatum war scheinbar noch nicht festgelegt: »Ein Ruf ging an mich, daß ich in den Himmel fahre, doch weiß ich nicht den Tag, da ich von euch gehen werde.« Also saßen die Menschen um Henoch herum, und der unterrichtete sie über alles, was er bislang von den *Engeln* gehört hatte. Insbesondere schärfte er ihnen auch ein, seine Bücher nicht geheimzuhalten, sondern den zukünftigen Geschlechtern dieser Erde zugänglich zu machen – ich folge diesem Ruf. Nach einigen Tagen der Belehrung wurde es spannend:

»Aber es geschah zu selbiger Zeit, als die Menschen um Henoch saßen und Henoch zu ihnen sprach. Da erhoben die Menschen ihre Augen und sahen die Gestalt eines Rosses vom Himmel heruntersteigen, und das Roß fuhr im Sturm zur Erde hernieder. Da sagten es die Leute Henoch, was sie sahen, und Henoch sprach zu ihnen: ›Um meinetwillen ist dieses Roß herabgestiegen. Die Zeit ist gekommen und der Tag, da ich von euch gehe und euch nimmer wiedersehe.‹ Da war auch schon das Roß da, und alle Menschenkinder sahen es deutlich.«

Offenbar war Henoch von den *Himmlischen* darüber informiert worden, daß der Start für die Umstehenden lebensgefährlich sei. Deshalb versuchte Henoch, seine Anhänger zurückzuhalten. Mehrmals warnte er die Gaffer, ihm nicht mehr zu folgen, »damit ihr nicht sterbet«. Einige zögerten, blieben zurück, doch die hartnäckigsten Zuschauer wollten unbedingt Henochs Himmelsreise miterleben:

»Sie sprachen: ›Mit dir gehen wir nach dem Ort, da du hingehst, nur der Tod wird zwischen uns und dir scheiden.‹ Da sie nun darauf beharrten, mit ihm zu gehen, da redete er nicht mehr auf sie ein, und sie folgten ihm und kehrten auch nicht mehr um. Und da geschah es, daß Henoch im

Wetter in den Himmel fuhr auf feurigen Rossen in feurigem Wagen.«

Dieser Ritt in die Wolken endete für alle Begleiter tödlich. Anderntags wurde nämlich nach den Menschen gesucht, die Henoch nachgelaufen waren.

»Und sie suchten an dem Ort, an welchem Henoch zum Himmel gefahren war. Und als sie zu dem Platz kamen, fanden sie die ganze Erde voll Schnee an diesem Ort, und auf dem Schnee waren große Steine von der Art der Schneesteine. Da sprach einer zu dem andern: Wohlauf, lasset uns den Schnee wegscharren, wir wollen sehen, ob nicht die Menschen, welche mit Henoch mitgegangen waren, unter dem Schnee liegen. Und sie scharrten den Schnee weg und fanden die Menschen, die mit Henoch mitgegangen waren, tot daliegen. Sie suchten auch nach Henoch, fanden ihn aber nicht, denn er war in den Himmel gefahren... Dies geschah im Jahre einhundertunddreizehn des Lebens Lamechs, des Sohnes Methusalems, als Henoch in den Himmel fuhr.«

Nach der Erbsünde und der Sintflut stehen wir vor der dritten Unmöglichkeit – eigentlich nichts Aufregendes mehr, denn die bisherige Interpretation der Texte strotzt vor Unmöglichkeiten. Jetzt soll der gütige *liebe Gott* auch noch tatenlos zugeschaut haben, wie Hunderte oder vielleicht Tausende von Gaffern verbrannten, während ihr Lehrer Henoch in den Himmel fuhr? Was hatten diese Menschen verbrochen? Sie hörten auf ihren weisen Henoch, sie verehrten ihn, sie hingen an ihm, und sie begleiteten ihn schließlich bis zum Startplatz. Henoch fährt »im Wetter« und auf »feurigen Rossen in feurigen Wagen« in den Himmel – doch am Boden verglühen Mann und Maus, und selbst die Steine werden weiß vor Hitze und zerbröseln zu weißem Staub, der wie Schnee aussieht. (Verschiedene Kalksteinarten werden unter großem Hitzeeinfluß schneeweiß.) Das soll ein *lieber Gott* sein, der die unschuldigen Begleiter Henochs verdampfen läßt? Verfügte er nicht über die Macht, den Henoch auf unschädliche Art und Weise zu sich zu holen? Weshalb der dramatische und qualvolle Verbrennungstod von vielen Menschen, nur damit Henoch in die Wolken fahren kann?

Dies alles – *Erbsünde, Sintflut, Henochs Himmelfahrt,* doch auch die *Raumfahrt Abrahams* – passen keineswegs zu der Vorstellung eines *lieben Gottes.* Warum nur sollte ein allgegenwärtiger Gott den Abraham zu sich bitten, um mit ihm zu reden? Gott muß schließlich wissen, was Abraham denkt und fühlt und wessen Geistes Kind er ist. Warum überhaupt braucht der *liebe Gott* ein Raumschiff, das über der Erde steht und sich um seine eigene Achse dreht: Weshalb muß Gott zuerst zwei Gestalten losschikken, um Abraham zu holen? Warum benötigt er »feurige Pferde« für Henochs Himmelsreise?

Die Antworten sind stets dieselben: Mit dem beschriebenen *Gott* oder *Höchsten* kann nie und nimmer der allgegenwärtige Schöpfer gemeint sein, den die Religionen (und auch ich) verehren. Ich empfinde es nachgerade als Beleidigung des wahren Gottes, ihm derartige Fehler und Greueltaten zuzuschreiben. Setzen wir an die Stelle von *Gott* oder dem *Höchsten* aber *außerirdische Raumfahrer,* so werden alle Handlungen, Fehler und Paradoxien verständlich. Man versteht plötzlich, wer die »gefallenen Engel« waren und warum sie auch noch ihre sexuelle Lust befriedigten. Man versteht die Gründe für eine Flut, versteht den Wunsch des *Höchsten*, sich mit einzelnen Menschen zu unterhalten, und begreift, warum viele Menschen starben, die nicht auf Henochs Warnungen hören wollten.

Nun wird auch die Angst der Menschen vor dem *Jüngsten Tag* verständlich, die latente Furcht vor dem Weltgericht, denn der *Höchste* hatte versprochen wiederzukehren.

GIPFELTREFFEN

Der Heilige Vater, Oberhaupt alle Katholiken dieser Erde und Bischof von Rom, starrte verblüfft auf den Fremden, der ihm schweigend auf der anderen Seite des dunkelglänzenden Schreibtisches gegenüberstand.

»Wer hat Sie hereingelassen?« fragte er etwas unsicher.

»Niemand«, antwortete der Fremde selbstsicher, und um seine Mundwinkel zuckte ein feines Lächeln.

»Sie lügen«, erwiderte der Heilige Vater ungewöhnlich hart, während seine rechte Hand langsam zur Alarmtaste wanderte.

»Möchten Sie nicht zuerst erfahren, was ich Ihnen anzubieten habe?« grinste der Fremde. Von seinen tiefschwarzen Augen ging etwas seltsam Freundliches und doch wieder Zwingendes aus. Der Papst zögerte.

»Was haben Sie anzubieten?« antwortete er schließlich und gab sich Mühe, sanft zu wirken. Seine Finger lagen jetzt über dem Alarmknopf. Er konnte ihn blitzartig drükken.

»Die Zeitmaschine«, erwiderte der Fremde gelassen. Er schien in keiner Weise ängstlich zu sein und wirkte eher erheitert.

»Das ist wohl das Dümmste, was Ihnen einfallen konnte«, konstatierte der Papst amüsiert. »Zeitmaschinen sind Erfindungen von überspannten Gehirnen.« Und dann, nach einigen Sekunden des Nachdenkens: »Na ja, in der Heiligen Schrift werden Zeitverschiebungseffekte beschrieben. Etwa beim Propheten Jeremia und seinem jungen Freund Abimelech. Doch dort werden die Zeitverschiebungen vom allmächtigen Gott verursacht. So, wie ich Sie ansehe, scheinen Sie aber kein Engel zu sein.« Fast mitleidig blickte er zum Fremden hinüber.

Wahrlich eine seltsame Erscheinung. Der Fremde war von schwarzer Hautfarbe, etwa fünfundzwanzigjährig, ein Meter neunzig groß, hatte krauses Haar, wie es allen Schwarzen gut steht. Er mochte etwa aus dem Senegal stammen, denn seine Hautfarbe glänzte dunkel wie Ruß. Am seltsamsten wirkte seine Bekleidung. Er trug schwarze Schuhe, schwarze Socken, schwarze Hosen, ein schwarzes Hemd und einen elegant geschnittenen schwarzen Sakko mit breitem Revers. Ein Schwarzer in Schwarz. In seinem sehr sympathischen Gesicht blitzten weiße Zähne wie eine exotische Perlenkette.

»Würden Sie mir glauben«, sagte der Fremde mit einem zuvorkommenden Lächeln, »wenn ich mich vor Ihren Augen in Luft auflöse und fünfzehn Sekunden später wieder materialisiere?«

Der Heilige Vater schnaufte tief. Seine Nierenschmerzen machten sich wieder bemerkbar. »Fünfzehn Sekunden«, wiederholte er spöttisch, »die gebe ich Ihnen.«

Ohne Hast ergriff der Fremde in seine äußere linke Jackettasche und zog einen flachen, glitzernden Gegenstand heraus. Das Objekt war nicht größer als eine Brieftasche, schien aber aus Keramik oder Metall zu bestehen.

»Die Zeitmaschine«, lächelte der Fremde versöhnlich. »Blicken Sie genau auf mich. Wenn ich verschwunden bin, achten Sie auf den Sekundenzeiger auf Ihrer Armbanduhr.«

Dann drückte er den mattschimmernden Gegenstand auf seine rechte Stirnhälfte – und weg war er. Das Oberhaupt der katholischen Kirche kam vor Verblüffung nicht dazu, auf seine Armbanduhr zu blicken. Völlig verdattert erhob er sich, schritt um seinen riesigen Schreibtisch herum und starrte in alle Winkel seines Arbeitszimmers.

»Hallo – da bin ich wieder!« rief der Fremde fröhlich und ließ den flachen Gegenstand wieder in der Westentasche verschwinden. Jetzt stand er hinter dem Schreibtisch, direkt neben dem Sessel des Heiligen Vaters.

Der stützte sich schwer atmend mit den Händen auf die Tischfläche, ein lateinisches Gebet murmelnd: »Das ist ein Trick«, keuchte er dann. »Sie haben mich hypnotisiert.«

»Nicht doch!« lachte der Fremde und schüttelte vorwurfsvoll sein schwarzes Haupt. »Sie werden sich als Religionsführer wohl auf Ihre eigenen Sinne verlassen müssen, auch wenn sie noch so schwach sind.«

Der Papst versuchte, seine Gedanken zu ordnen. Wenn das Ganze kein Trick war, konnte nur der Teufel dahinterstecken – oder der Fremde war ein Bote, ein Engel des lieben Gottes. Engel waren schließlich auch bei Abraham aufgetaucht, beim Stammvater Noah und der heiligen Jungfrau Maria.

»Wer schickt Sie? Kommen Sie von Gott dem Allmächtigen oder seinem Gegenspieler?«

»Ich bin weder Engel noch Teufel, sondern ein Mensch wie Sie«, antwortete der Fremde sanft. »Ich komme aus der Zukunft.«

Der Papst hatte Mühe, seine Fassung zu wahren. Schließlich sagte er: »Ich habe Gesundheitsprobleme, wissen Sie. Darf ich …?« Er deutete auf die Sprechtaste auf dem kleinen Tischchen neben dem Schreibtisch.

»Aber sicher!« lachte der Fremde und vollführte eine einladende Bewegung.

Der Heilige Vater drückte die Taste und bat, man möge ihm seine Medizin bringen. Dann lud er den Fremden ein, etwas mitzutrinken, und setzte sich an den gewaltigen, dunklen Eichentisch, der in einer Ecke des weiträumigen Arbeitszimmers stand.

Eine ältere Klosterfrau trat ein, blickte verblüfft auf den Fremden, wagte aber nicht, Fragen zu stellen. Nachdem der Tee serviert war und der Papst eine rote Brühe geschlürft hatte, erwiderte er erleichtert: »Jetzt fühle ich mich schon besser. Wissen Sie, seit dem Attentat bin ich mißtrauisch. Wie soll ich Ihnen trauen, einem Wesen, das es fertigbringt, an allen Schweizern vorbei hier einzudringen? Ihnen ist doch klar, daß Sie nach unserem Gespräch verhaftet werden, wenn ich mich nicht für Sie verwende?«

Der Schwarze wiegte seinen Kopf, lächelte milde. »Dazu wird es nicht kommen. Sie haben doch vorhin beobachtet, wie ich verschwand. Überzeugend, nicht?«

»Das war ein Trick, den Sie nicht wiederholen können«, erwiderte der Heilige Vater gütig.

Eher mitleidig blickte der Fremde zum Papst hinüber. Schließlich antwortete er bedächtig, jedoch mit einer gewissen Eindringlichkeit: »Wir sind die erste Generation, welche die Zwei-Weg-Zeitmaschine beherrscht. Unser bester Kopf in der Dimensionsforschung, Professor Clarke, ließ sich vor einigen Jahren in die Zukunft beamen. Wir glaubten alle, er würde nie mehr zurückkommen. Dann tauchte er wieder auf – mit so einem Ding.«

Der Fremde legte ein rechteckiges, glitzerndes Objekt auf den Tisch. »Die Bedienung ist kinderleicht«, fuhr er in genüßlichem Ton fort. »Sehen Sie diese sechs winzigen Löcher? Mit einem spitzen Metallstift können Sie von links nach rechts die Jahre, Monate, Tage, Stunden, Minuten und Sekunden einstellen. Nur kurz drücken – die Programmierung ist oben ablesbar.«

Der Fremde drückte rasch hintereinander einen kleinen Stift in die Öffnungen. Am oberen Rand des seltsamen Gegenstandes tauchten die Zahlen 112, 8, 14, 3, 6, 14 auf. »Das ist die Zeit, aus der ich komme: 112 Jahre, 8 Monate, 14 Tage, 3 Stunden, 6 Minuten und 14 Sekunden.«

Der Fremde schwieg, und der Papst dachte nach. Dann meinte er bedächtig: »Ich muß wohl davon ausgehen, daß Sie der Agent irgendeiner Macht sind. Von Ihrer Technik verstehe ich nichts. Die unangemeldete Audienz ist damit beendet.« Rasch drückte der Heilige Vater den Alarmknopf und erhob sich.

»Eine Kleinigkeit noch«, bemerkte der Fremde mit einem überlegenen Lächeln. »Um die Zeitmaschine zu aktivieren, müssen Sie den Gegenstand an Ihre rechte Schläfe drücken. Es sind die Gehirnströme, die den Startimpuls auslösen. Die Koordinaten sind bereits gespeichert.«

Noch während er sprach, hatte er in die innere Westentasche gegriffen und einen zweiten glitzernden Gegenstand hervorgeholt. Eine Sekunde bevor vier Schweizergardisten hereinstürmten, drückte er ihn kurz an die rechte Schläfe – und löste sich auf.

Der Heilige Vater stand reichlich verstört neben seinem Schreibtisch. Schweißperlen tropften von seinen Stirnrunzeln. Die vier Gardisten blickten ratlos im Raum herum, zerzausten schließlich die schweren Veloursvorhänge und stocherten unter das Mobiliar. Schließlich entschuldigte sich der Papst bei den Wachen und meinte, er müsse irrtümlich an den Alarmknopf geraten sein.

Als die Gardisten den Raum verließen, rief der Heilige Vater den jungen Offizier zurück. Dann griff er zu dem glitzernden Objekt, das immer noch auf der Tischplatte lag, und bat: »Würden Sie bitte diesen Gegenstand an Ihre Schläfe halten?«

Verdutzt folgte der Offizier dem Wunsch seines Gebieters. Dann blickte er ratlos auf und zuckte die Schultern. »Ich höre nichts«, sagte er lapidar.

»Geben Sie her!« bat der Papst mit müder Stimme. Schließlich, einem spontanen Impuls folgend, drückte er den Gegenstand an seine rechte Schläfe. Das letzte, was er wahrnahm, waren die entsetzten Augen und die herunterhängende Kinnlade des Schweizergardisten.

In der Jerusalemer Innenstadt, wo das Zentrum der jüdischen Weltreligion liegt, ereignete sich an diesem Tag fast dasselbe. Obschon das Judentum keine eigentliche Kirchenbehörde kennt, gilt der Oberrabbiner von Jerusalem doch als große Autorität in der jüdischen Weltgemeinde. Niemand war anwesend, als er sich in Luft auflöste.

Ganz anders in Mekka in Saudi-Arabien. Der Imam aus dem Stamme der Koraisch, höchste Glaubensinstanz für Abermillionen von Muslimen und eigentlicher Stellvertreter (Kalif) des Gesetzgebers Mohammed, verschwand vor den Augen von vier Mullahs und einem hohen königlichen Beamten. Der Schock für den Imam war kurz. Für einige Sekunden erschien es ihm, als ob er durch einen endlosen Schacht fiele, um gleich von einem übermächtigen Staubsauger eingesogen zu werden. Dann spürte er Boden unter den Füßen, rings um ihn war helles Licht, doch irgendwo krachte und hämmerte etwas. Der erste Gedanke des Imams galt dem Tod. Er mußte einen Infarkt oder Hirnschlag erlitten haben. Doch rasch begriff er, daß er lebte. Er stand in einem kleinen, fensterlosen Raum, die Lichtquelle war nicht auszumachen. Verdattert kniff sich der Imam in die Hände und Arme, tastete nach seinem Gesicht. Wo war er? Hatte Allah ihn zu sich gerufen? Oder – er mochte den Gedanken nicht weiterspinnen – war er in eine Falle von Satan gestürzt?

Plötzlich verschwanden die Wände des Raumes, als ob sie sich auflösten. Unsicher blickte der Imam sich um. Er befand sich in einem größeren Saal. Mittendrin stand ein dreieckiger Tisch von milchiger Farbe und an jeder Tischkante ein blauer Sessel. Der Tisch war für drei Personen gedeckt, und darauf standen vier Flaschen mit unterschiedlichen Getränken. Neben dem Tisch drehte sich ein riesiger Globus träge um die eigene Achse. Die Temperatur war angenehm, die Luft roch schwach nach Ozon.

Zögernd vollführte der Imam einige Schritte, da vernahm er das Krachen und Schlagen wieder, das ihm bereits bei der Ankunft an die Ohren gedrungen war. Es mußte von einem Nebenraum kommen.

»Hallo, ist da wer?« rief der Imam mutig. Abrupt hörte der Lärm auf, und in der gleichen Sekunde – man konnte der Bewegung kaum folgen – öffnete sich ein Schlitz in der Wand. Dahinter stand mit aufgerollten Hemdsärmeln und offenem Kragen ein schwitzender älterer Her. »Den kenne ich doch«, schoß es dem Imam durch den Kopf, und trotzdem wollte er nicht wahrhaben, was seine Gedanken signalisierten. Er kannte Bilder vom Papst in vollem Ornat – der Hemdsärmlige glich verblüffend dem Papst, nur sah er eher wie ein Arbeiter aus.

Die beiden starrten sich an, und bevor der Imam zu einer arabischen Wortkaskade ansetzen konnte, wischte sich der andere den Schweiß vom Gesicht und meinte auf englisch: »Wir benutzen wohl besser eine gemeinsame Sprache.«

»Sind Sie der, für den ich Sie halte?« fragte der Imam mit gefaßter Stimme.

»Yes. Ich bin das Oberhaupt der römisch-katholischen Kirche. Mit wem habe ich die Ehre?«

Der Imam faßte sich erstaunlich schnell: »Ich bin das Oberhaupt des Islam, Imam Ali Muhammed Yussuf ben Ibrahim – ach, lassen wir das – aus Mekka. Wo sind wir?«

»Keine Ahnung!« erwiderte der Papst. »Ich bin selbst das Opfer irgendeiner technischen Manipulation.« Er schritt auf den Imam zu und hielt ihm die Hand entgegen.

Der zögerte: »Sie und Ihre Orden haben nichts mit dieser, wie soll ich es nennen, *Versetzung* zu tun?«

Müde lächelnd schüttelte das Oberhaupt der katholischen Kirche sein Haupt. »Wenn ich wüßte, wie ich hierhergekommen bin, hätte ich wohl nicht versucht, ein Loch in die Wand zu schlagen.«

»Wie lange sind Sie schon da?«

»Eine gute Stunde, schätze ich. Das Gebäude ist wie ein Gefängnis. Es gibt keine Fenster und keine Türen, es sei denn, sie öffnen sich auf geisterhafte Weise. Ich habe überall herumgehackt. Zuerst mit den Fäusten, dann mit einem Schuh. Nichts zu machen.«

»Unfaßbar! Unglaublich!« murmelte der Imam in seinen spitzen Bart und fügte noch einige arabische Worte hinzu. Dann ergriff er die Hand des Papstes. »Wir werden wohl zusammenarbeiten müssen!«

»Sie sagen es, aber hier ist für drei Personen aufgedeckt. Erwarten Sie noch jemanden?«

Etwas reserviert setzten sich die beiden ungleichen Religionsfürsten an den Tisch. Jeder hing seinen Gedanken nach. Plötzlich begann der hintere Teil des Raumes zu flimmern, und eine bärtige Gestalt mit einem schwarzen Käppchen auf dem Hinterkopf materialisierte. Mit einer Hand hielt die Gestalt die Augen bedeckt, als ob sie nichts sehen wollte.

»Willkommen!« nickten der Papst und der Imam fast gleichzeitig. »Wir haben uns bereits auf die englische Sprache geeinigt. Dürfen wir Sie zu Tisch bitten?«

Der Bärtige nahm die Hand von den Augen. Seiner Reaktion war anzumerken, daß er die Tischgenossen augenblicklich erkannte. »Nein! Nein!« rief er, schüttelte dauernd den Kopf und bedeckte mit den Händen immer wieder die Augen. »Ist das der Himmel oder die Hölle?«

Der Imam hüstelte: »Die Hölle wird's nicht sein. Jemand hat uns zum Dinner eingeladen! Setzen Sie sich, und akzeptieren Sie die Realität. Ihr Juden seid doch sonst auch nicht so schwer von Begriff!«

Tief schnaufend nahm der Bärtige Platz. »Sie sind der oberste Imam von Mekka, richtig? Und Sie der Papst von Rom, richtig? Ich bin der Oberrabbiner von Jerusalem.«

»Eine prächtige Gesellschaft«, brummte der Papst. »Jetzt müssen wir nur noch herausfinden, wer unser Gastgeber ist.«

»Ich möchte wissen«, begann der Oberrabbiner, »wer von euch diese ... äh ... Zusammenkunft organisiert hat. Ich wurde inmitten einer wichtigen Arbeit aus meinem Büro entführt. Meine Mitarbeiter werden längst Alarm geschlagen haben.«

»Ach ja?« spottete der Imam. »Und mich hat man inmitten von fünf hellwachen Menschen verschwinden lassen. Was meinen Sie, was im Palast von Mekka inzwischen los ist? Das muß Konsequenzen haben!« Der Imam und der Oberrabbiner blickten erwartungsvoll zum Papst.

»Bitte, meine Herren, ich habe nicht das geringste damit zu tun. Bei mir tauchte ein Schwarzer auf. Schwärzer als schwarz. Er redete etwas von einer Zeitmaschine, und ich schwacher Mensch habe sie benutzt, ohne weiter zu denken.«

Im Laufe des Gespräches stellte sich heraus, daß derselbe Schwarze auch beim Oberrabbiner gewesen war. Und der Imam meinte, ihm sei es so vorgekommen, als ob eine dunkle Gestalt aus dem Nichts aufgetaucht wäre und ihm etwas an die Stirn gehalten hätte. Noch während die ungleichen Männer redeten, begann es über der Tischplatte zu flimmern, und unversehens materialisierten drei dampfende Platten, darauf verschiedene Gemüse, Kartoffeln und drei Sorten Fleisch. Für jeden Geschmack das Richtige, zubereitet in der jeweiligen Landessitte. Schweigend bedienten sich die Männer, dann senkte der Heilige Vater das Haupt und begann, lateinische Sätze vor sich hinzumurmeln.

»Zu welchem Gott haben Sie gebetet?« fragte der Imam und wagte es zögernd, seine Hand auf den Unterarm des Papstes zu legen.

»Zu ...«, er schaute in die Runde, »zu *unserem* Gott. Meinen wir nicht alle denselben?«

»Nicht ganz«, fuhr der Oberrabbiner dazwischen. »Wir sind das auserwählte Volk.«

»Die alte Leier«, bemerkte der Imam bissig. »Merkt ihr eigentlich nie, daß viele Menschen euch nur deshalb nicht leiden können, weil ihr euch für was Besseres ausgebt?«

»Ho! Ho!« polterte der Oberrabbiner unwirsch. »*Ihr* betreibt doch diese aggressive Politik und züchtet Religionsfanatiker. *Ihr* seid es doch, die dem Rest der Welt ihren Glauben aufzwingen wollen!«

»Tatsache ist doch«, dozierte der Imam kühl und blickte seinem Gegenüber direkt in die Augen, »daß Mohammed – gepriesen sei er! – der letzte Prophet war, den Allah schickte. Also beachten wir Muslime den neuesten Stand von Allahs Willen ...«

Er kam nicht dazu weiterzusprechen, denn plötzlich entstanden große dreidimensionale Farbbilder im Raum. Da war die Erdkugel, und darum herum schwebten gigantische Gebilde: mehrstöckige Raumschiffe mit bizarren Aufbauten und bedrohlich anzuschauenden Mulden und Höckern. Insektengleich dockten kleinere Objekte an die großen an, verschwanden in hellerleuchteten Korridoren oder gruppierten sich zu neuen Formationen.

Eine Kamera schwebte ins Innere einer Weltraumsiedlung. Die drei Religionsfürsten bestaunten Menschen unterschiedlicher Hautfarbe, die in einem großen Bassin um die Wette rannten. Ihre Füße bewegten sich auf einer undefinierbaren Flüssigkeit, die weich zu sein schien und doch ein Einsinken verhinderte. Es mußte sich um eine Sportart handeln. Von Zeit zu Zeit peitschten Wellen die Flüssigkeit auf, die Rennläufer kamen von ihren Bahnen ab, torkelten und rafften sich wieder hoch.

Eine andere Kamera zeigte das Innere eines hohen Turms, in dem Menschen mit ausgebreiteten Armen schwebten. Offensichtlich wirkten in dem Turm verschiedene Gravitationsfelder, denn einzelne Menschen tänzelten mit graziösen Bewegungen in der Luft, andere sausten senkrecht nach unten, fingen sich wieder auf und tanzten nach oben.

Dann entstand ein einziges, riesiges Bild, das den halben Raum ausfüllte. Eine Menge von Tausenden und Abertausenden von Menschen kniete wie auf ein geheimes Kommando auf den Boden. Die Rennläufer knieten auf ihrer Flüssigkeit, die Turmflieger senkten ihre Köpfe, die Zuschauer knieten, wo sie gerade waren, und auch die Mannschaften großer und kleinerer Gebilde wurden eingeblendet, jeder kniete an seinem Platz und faltete die Hände.

Sekunden später wallte die Musik auf. Sie kam aus allen Wänden, erst sanft, dann immer lauter, anschwellend zu einem einzigen Choral. Alle Instrumente, welche die Erde je hervorgebracht hatte, schienen an diesem Werk beteiligt. Die knienden Menschen begannen zu singen, und auch wenn keiner der drei Religionsführer die Sprache verstand, so wurden sie doch in ihrem tiefsten Innern erfaßt. Die Schwingung der Musik und des Gesangs erfüllte den Raum, sie vibrierte in nie gehörten Intervallen und Tonlagen, durchwühlte jede einzelne Zelle, erfaßte das Gehirn mit einem unsagbar ehrfürchtigen Gefühl.

Als ob es abgesprochen gewesen wäre, erhoben sich die drei Religionsführer von ihren Stühlen. Es war kein Zwang, keine Hypnose, die sie dazu veranlaßte, sondern ausschließlich die innere Ergriffenheit. Die Kameras schwenkten auf die Gesichter einzelner Menschen, dann hinaus ins Weltall, wo ein diffuses geometrisches Muster auftauchte. Der römische Papst kniete am Boden und hielt seine Hände zum Gebet umkrampft, der Imam von Mekka lag bäuchlings auf dem Kunststoff, die Handflächen nach oben gerichtet, und der Oberrabbiner von Jerusalem hielt die Arme vor der Brust gekreuzt und den Oberkörper tief nach unten gebeugt. Ehrfürchtig und tief ergriffen betete jeder zu seinem Gott. Als die Menschen auf der dreidimensionalen Projektion sich wieder erhoben und ihrer Arbeit oder ihrem Sport nachgingen, erhoben sich auch die drei Religionsführer. Dann, als wäre es eine vereinbarte Zeremonie, legten sie stumm ihre Arme und Hände ineinander und merkten anfänglich nicht, daß eine vierte Person im Raume stand: der Schwarze.

»Was meinen Sie, meine Herren, wie die Angehörigen Ihrer Religionen reagieren, wenn wir die Bilder Ihres gemeinsamen Gebets und Ihres freundschaftlichen tiefen Händedrucks veröffentlichen?«

Zögernd lösten die drei Religionsführer ihre ineinander verknoteten Hände. Der Imam faßte sich als erster: »Was haben Sie davon?«

»Ich nichts, aber die Menschheit alles!« lächelte der Schwarze.

»Ich protestiere energisch gegen diese Entführung«, giftete der Oberrabbiner. »Ich verlange, daß Sie uns augenblicklich wieder zurückbringen!«

»Das wird geschehen«, erwiderte der Schwarze freundlich. »Und protestieren können Sie bei niemandem, denn niemand wird Ihre Abwesenheit bemerkt haben. Wir bringen Sie in dieselbe Zehntelsekunde zurück, aus der wir Sie geholt haben. Zufrieden?«

»Ich vermute«, mischte sich der Papst ruhig und beherrscht ins Gespräch, »mit unserer Zusammenführung verfolgen Sie einen bestimmten Zweck.«

»So ist es«, antwortete der Schwarze mit einem liebenswürdigen Lächeln. »Sie leben im Jahre 1995. Wir aus der Zukunft wissen, daß in den kommenden Jahren Beweise für ein intelligentes außerirdisches Leben auftauchen. Und noch ein paar Jahre später wird ein Kontakt mit Außerirdischen hergestellt. Bald darauf wird es im Erdorbit von fremden Raumschiffen wimmeln. Sie haben es auf unserer dreidimensionalen Holographie erlebt. Das waren, meine Herren, Livebilder, übermittelt vor wenigen Minuten.«

»Ich beginne zu verstehen«, meinte der Papst. »Wir müssen uns auf eine globale Religion einigen...«

»Auf Allah!« unterbrach der Imam.

»Nein, Jahwe!« übertönte ihn der Oberrabbiner.

»Aber bitte, meine Herren«, beruhigte der Schwarze mit einem friedlichen Lächeln. »Ob Allah, Jahwe oder Gottvater, gemeint ist immer dasselbe: der grandiose Geist der ewigen Schöpfung. Zu ihm beten die Menschen der Zukunft, ihn verehren sie inbrünstig und dankbar. Ihr habt es doch in der dreidimensionalen Projektion mit eigenen Augen erlebt und sogar mitgebetet. Ihr müßt zusammenfinden, es gibt keine andere Wahl. Tut ihr es nicht, so bedeutet dies den sicheren Untergang für die Religionsgemeinschaft, die ihr vertretet.«

So unerwartet, wie er entschwunden war, tauchte der Heilige Vater wieder in seinem Arbeitszimmer auf. Der Schweizergardist blinzelte verblüfft, schüttelte den Kopf und griff sich an die Stirn.

»Ist Ihnen nicht gut?« lächelte der Papst.

»Entweder hatte ich eben eine Halluzination, oder mit meinen Augen stimmt etwas nicht.«

»Sie sind überanstrengt. Ich würde vorschlagen, Sie nehmen einige Tage Urlaub und fahren in die Berge«, antwortete der Papst und lächelte gütig.

Als der Schweizergardist den Raum verlassen hatte, lehnte sich der Heilige Vater schwer atmend in seinem Ledersessel zurück. Litt *er* an Halluzinationen? Die Begegnung mit dem Imam und dem Oberrabbiner – das konnte doch nicht real gewesen sein! Er wischte sich über die Augen und starrte auf die Papiere auf der Pultplatte. Erst jetzt bemerkte er einen Gegenstand, der nicht auf seinen Schreibtisch gehörte. Zögernd griff der Papst danach. Es war ein silbrig glänzender Bilderrahmen, ganz ähnlich, wie man ihn für Fotografien verwendete, nur etwas dicker. Erst mit offenem Mund, dann mit einem verständnisvollen Lächeln starrte das Oberhaupt der römisch-katholischen Kirche auf das Bild. Es war ein Hologramm in leuchtenden Farben, darauf die drei Kirchenführer in ihrer freundschaftlichen Umarmung.

Als das Telefon klingelte, ahnte der Papst instinktiv, wer anrief.

»It's me«, sagte eine sonore Stimme mit arabischem Akzent. »Haben Sie auch ein dreidimensionales Hologramm auf Ihrem Schreibtisch?«

Kurz darauf fragte der Oberrabbiner von Jerusalem dasselbe.

DIE RÜCKKEHR DER GÖTTER

»Man wird nie betrogen,
man betrügt sich selbst.«

(Johann Wolfgang von Goethe, 1749–1832)

Seit der *Homo sapiens* denkt, fürchtet er sich vor dem Tod. Er erlebt das Sterben in der Natur und die Wiedergeburt im Frühling. Er sieht die Gestirne verblassen – und wird Zeuge ihres Aufleuchtens in der nächsten Nacht. Was liegt zwischen Tod und Leben? Irgendeine rätselhafte Ebene, ein Zustand der Erwartung auf die kommende Wiedergeburt. Die Zuversicht auf ein Weiterleben nach dem Tod gibt dem Menschen die Kraft, dem Tod gefaßt entgegenzusehen. Dennoch ist die Furcht vor dem Tod nicht weggewischt, denn wie die eigenen Lebenserfahrungen beweisen, bleibt jede Hoffnung nicht mehr als ein Schimmer.

Die Furcht des einzelnen ist auch der Schrecken der Masse. Völker fürchten sich vor dem Krieg, vor dem Blitz der Atombombe, vor dem Wüten fremder Soldaten, vor dem Zusammenbruch der Umwelt. Mit Beklemmung denken sie an das fürchterliche Ereignis, das ihnen in den heiligen Büchern angedroht wird: an den *Jüngsten Tag*. Im Neuen Testament verkündet es zum Beispiel der Evangelist Markus (13,24f.):

»Aber in jenen Tagen, nach ihrer Drangsal, wird die Sonne sich verfinstern, und der Mond wird seinen Schein nicht geben. Und die Sterne werden vom Himmel fallen, und die Kräfte in den Himmeln werden erschüttert werden.«

Sein Kollege Lukas wird noch etwas präziser, er nennt sogar die Vorzeichen, die den *Jüngsten Tag* ankündigen (21,10ff.):

»... Erheben wird sich Volk wider Volk und Reich wider Reich, und große Erdbeben werden kommen und da und dort Hungersnöte und Seuchen, und Schrecknisse und große Zeichen vom Himmel her werden kommen ... Und es werden Zeichen eintreten an Sonne und Mond und Sternen und auf Erden Angst der Völker, so daß sie sich nicht zu raten wissen vor dem Tosen und Wogen des Meeres; Menschen werden den Geist aufgeben vor Furcht und Erwartung der Dinge, die über den Erdkreis kommen werden; denn die Kräfte des Himmels werden erschüttert werden.«

Nicht weniger dramatisch schildert der Koran das Weltgericht in gleich mehreren Suren: [41]

»Im Namen Allahs, des Allbarmherzigen: Wenn die Sonne zusammengefaltet wird und die Sterne herabfallen und die Berge sich fortbewegen, und die schon zehn Monate trächtige Kamelstute der Milch entbehrt und die wilden Tiere zusammenlaufen, und die Meere in Flammen aufgehen ...« (Sure 81). »Im Namen Allahs, des Allbarmherzigen: Wenn die Himmel die Zerspaltung zeigen, die Sterne sich zerstreuen, die Meere sich vermischen, auch die Gräber sich leerend umkehren, dann wird jede Seele wissen, was sie getan und was sie versäumt hat« (Sure 82).

Der *Jüngste Tag*, das Endgericht über die Menschheit, wird sogar in den gregorianischen Gesängen beschworen, in jenen einfachen und doch so wunderbaren Liedern, die durch Mark und Bein gehen und heute noch in katholischen Klöstern gesungen werden. Das *Dies irae* wird während der Totenliturgie angestimmt:

»Dies irae, dies illa
Solvet saeclum in favilla
Teste David cum Sybilla

Quantus tremor est futurus
Quando iudex est venturus
Cuncta stricte discussurus ...«

(Tag der Rache, Tag der Sünden
Wird das Weltall sich entzünden
Wie Sybill und David künden.

Welch ein Graus wird sein und Zagen
Wenn der Richter kommt mit Fragen
Streng zu prüfen alle Klagen ...)

Zugleich mit der Zerstörung wird der *iudex*, der Richter, angekündigt, zum Beispiel im Markusevangelium (13,26f.):

»Und dann wird man den Sohn des Menschen auf den Wolken kommen sehen mit großer Macht und Herrlichkeit. Und dann wird er die Engel aussenden und die Auserwählten versammeln von den vier Winden her, vom Ende der Erde bis zum Ende des Himmels.«

Der Evangelist Lukas fügt noch einen Satz hinzu (21,28):

»Wenn aber dies zu geschehen anfängt, so richtet euch auf und hebet eure Häupter empor; denn eure Erlösung naht.«

Apokalypse – wann?

Erlöst werden selbstverständlich nur die Gerechten, nur und ausschließlich die Gläubigen, diejenigen, die sich stur und blind an die Worte der Heiligen Schrift hielten. Und wenn man mich fragt, an *welche* Worte *welcher* Heiligen Schrift, so weiß ich es auch nicht, denn bekannterweise behauptet jede Religion im irdischen Tollhaus, *ihre* Heilige Schrift sei die einzig wahre. Angekündigt wird ein himmlischer Richter, der »in den Wolken thront«, und die Taten oder Untaten des Menschengeschlechts endlich mit einer echten Richtschnur mißt. Doch bevor dies geschieht, bevor die Auserwählten schließlich ins himmlische Reich einziehen dürfen, wird der Rest der Menschheit geprügelt, geschlagen, geschunden, gebraten.

Am eindrucksvollsten schildert dies der Apostel Johannes in seiner sogenannten Offenbarung oder Apokalypse, der letzten Schrift des Neuen Testaments. Da werden sieben Siegel geöffnet und mit jedem Siegel neue Plagen über die Menschheit ausgegossen. Posaunen werden geblasen, und mit jedem Posaunenschall ereignet sich Schreckliches. Beim ersten Posaunenschall werden »Hagel und Feuer, mit Blut vermischt, ... auf die Erde geworfen«, beim zweiten Schall gleich ein »großer, im Feuer brennender Berg«. Der stürzt ins Meer, und »der dritte Teil des Meeres wurde Blut«. Natürlich sterben dabei auch »der dritte Teil der Geschöpfe«, und »der dritte Teil der Schiffe« geht unter.

Noch Grauenhafteres steht der geplagten Erde bevor, denn als die dritte Posaune ertönt, »... da fiel ein großer Stern vom Himmel, brennend wie eine Fackel, und er fiel auf den dritten Teil der Flüsse und auf die Wasserquellen – und der Name des Sterns lautet *Der Wermut* –, und der dritte Teil der Gewässer wurde zu Wermut, und viele

Menschen starben, weil die Gewässer bitter geworden waren« (8,10 ff.).

Schließlich werden sogar die Sonne und der Mond verfinstert, und die Menschen werden von allen nur denkbaren Viechern – Heuschrecken, Skorpionen etc. – gequält, ohne daß sie sterben dürfen. Der Schrecken nimmt kein Ende: Es folgen Pferde mit den Köpfen von Löwen, und aus ihren Mündern spucken sie Feuer, Rauch und Schwefel. Obschon inzwischen längst mehr als drei Drittel der Menschheit dahingerafft sind und eigentlich keiner mehr existieren dürfte, sind die Menschen immer noch nicht zur Buße bereit.

Ich weiß nicht, welchem Gehirn diese Alpträume entsprangen oder was für *Visionen* der heilige Apostel Johannes durchlitt – ich weiß aber, daß diverse Elemente dieser Apokalypse nicht nur beim uralten Propheten Henoch nachzulesen sind, sondern auch auch beim jungen Propheten Daniel (7,1 ff.). Immerhin haben sich die Kirchenväter, die Redakteure der Bibel, diesmal darauf einigen können, die Vorzeichen und das Erscheinen des himmlischen Richters auf einen mehr oder weniger gemeinsamen Nenner zu bringen. So berichtet denn die Apokalypse des Johannes (6,12–16) ähnlich wie die Evangelisten Markus und Lukas:

»... da entstand ein großes Erdbeben, und die Sonne wurde schwarz wie ein härenes Trauergewand, und der ganze Mond wurde wie Blut, und die Sterne des Himmels fielen auf die Erde, wie ein Feigenbaum seine Früchte abwirft, wenn er von einem starken Wind geschüttelt wird, und der Himmel entschwand wie eine Buchrolle, die sich zusammenrollt, und alle Berge und Inseln wurden von ihren Stellen gerückt. Und die Könige der Erde und die Würdenträger und die Kriegsobersten und die Reichen und die Mächtigen und alle Sklaven und Freien verbargen sich in die Klüfte und in die Felsen der Berge, und sie sagten zu den Bergen und den Felsen: Fallet auf uns und verberget uns vor dem Angesicht dessen, der auf dem Throne sitzt ...«

In der bisherigen Menschheitsgeschichte ging es vergleichsweise bescheiden zu, betrafen doch alle Erdenkriege nur beschränkte geographische Räume. Die Apokalypse des Johannes hingegen kündigt eine weltweite Vernichtung an, der keiner entgeht, ein abschließendes Urteil dessen, »der über den Wolken auf dem Throne sitzt«: eben den *Jüngsten Tag* oder das *Jüngste Gericht*.

Woher stammt eigentlich dieses Gedankengut? Die Bilder eines fürchterlichen Strafgerichts mit der darauffolgenden *Erlösung* für die Gläubigen? Wer erfand die Racheengel mit ihren Posaunen, wer erdachte das Ausgießen der Schalen mit ihren widerwärtigen Plagen? Welchem Geist oder meinetwegen welcher *Vision* entsprang der letzte Richter? Und überhaupt, was für ein gütiger oder meinetwegen »allbarmherziger« Gott soll das sein, der die Ungläubigen gleich etappenweise foltert und umbringen läßt, um sie schließlich auf ewige Zeiten im Höllenfeuer schmoren zu lassen?

Unbestritten ist eigentlich nur, daß die menschliche Phantasie nicht nur Schönes, sondern auch Gräßliches erdenkt. Zornige Menschen wünschen sich ihre Widersacher zur Hölle, und sie malen sich diese Hölle auch noch in allen Farben aus. Unbestritten ist ferner die Hoffnung des leidenden Menschen auf eine schönere Welt, in der es ihm bessergeht. Endlich sollen die anderen mal Qualen erdulden, die Ungerechten und Bösen, die Reichen, die Lästerer und Zweifler, während man selbst genüßlich im Paradies hockt und Nektar schlürft.

»Ach, die Welt ist ungerecht,
dir geht's gut und mir geht's schlecht.
Wär' die Welt etwas gerechter,
ging's mir besser und dir schlechter.«

Je lausiger die Zeiten sind, um so inbrünstiger wird ein goldenes Zeitalter erhofft, in dem absolute Gerechtigkeit herrscht und keiner übervorteilt wird. Da nichts von nichts kommt, nicht einmal ein goldenes Zeitalter, gehört ein König dazu, ein Herrscher, ein Wiedergeborener, ein Erlöser, ein Prophet, oder wenn irgendwie möglich, einer, der über die Macht verfügt, Ordnung im Saustall zu schaffen. Dieser psychologisch leichtverständliche Wunsch bescherte uns denn auch Wiedergeburten, Messiasse und Propheten quer durch die Jahrhunderte. Hier einige erstaunliche Beispiele.

Propheten unserer Tage

Am 5. Januar 1945 verstarb in Virginia Beach, USA, der siebenundsechzigjährige Seher Edgar Cayce. Im Zustand der Trance heilte »der schlafende Prophet«, wie man ihn nannte, unzählige Menschen, obschon er kein einziges medizinisches Buch kannte. In seinen rund zweitausendfünfhundert *Readings* machte er verblüffende Angaben über die Vergangenheit und die Zukunft, doch auch über seine eigene mehrmalige Wiedergeburt vom alten Ägypten bis in die Gegenwart. Über Edgar Cayce wurden viele Bücher geschrieben, seine weltweite Anhängerschaft geht in die Millionen. [42]

Im November 1926 kam in Puttaparthi, Indien (Bundesstaat Andhra Pradesch), ein Junge namens Satyanarayana

Raju zur Welt. Der Vorname bedeutet etwa soviel wie »Gottmensch«. Als vierzehnjähriger Knabe wurde Satyanarayana Raju von einem Skorpion gebissen, und als er aus einem mehrtägigen Koma erwachte, behauptete er, die Wiedergeburt von *Sai Baba* zu sein. Dies war ein großer indischer Heiliger aus dem letzten Jahrhundert gewesen. Als Dreißigjähriger trat Satyanarayana Raju erstmals in der Öffentlichkeit auf, und mit sechsunddreißig Jahren gründete er seinen eigenen Ashram. Heute unterhält Sai Baba in seinem Geburtsort, zweihundertfünfzig Kilometer nordöstlich von Bangalore, den größten Ashram Indiens, dazu eine Universität und ein hervorragendes Spital. Seine Anhängerschaft wird auf einhundert Millionen Menschen geschätzt. Unzählige Bücher sind über ihn geschrieben worden. [43] Tagtäglich vollbringt er vor den staunenden Gläubigen und auch vor Fernsehkameras *Materialisationen* und Wunderheilungen aller Art. Für sich selbst nimmt er *Allmacht, Allwissenheit* und *Allgegenwart* in Anspruch und nennt sich selbstsicher eine Inkarnation von Buddha, Krishna, Rama und Christus. Daß er dabei auch den leiblichen Sex nicht verschmäht, wußte *Der Spiegel* zu berichten. [44] Seinen eigenen Tod hat er für das Jahr 2022 angekündigt, doch nur, um bald darauf im indischen Bundesstaat Karnataka wiedergeboren zu werden.

In Graz, Österreich, ereignete sich am 15. März 1840 Seltsames. Da hörte der damals vierzigjährige Musiklehrer Jakob Lorber plötzlich »hell und klar« eine Stimme, die ihm befahl zu schreiben. Gehorsam, doch anfänglich auch etwas erschrocken griff der Lehrer zum Schreibzeug und schrieb in den darauffolgenden Jahren Band für Band – stets diktiert von der Stimme »in der Gegend seines Herzens«. Heute umfaßt das gedruckte Gesamtwerk des Propheten Jakob Lorber nicht weniger als fünfundzwanzig Bände mit rund zehntausend Druckseiten. [45] Lorber erklärte naturwissenschaftliche und astronomische Details, die erst später entdeckt wurden, und gab sowohl zum Alten wie auch zum Neuen Testament verblüffende Kommentare ab. Seine Anhängerschaft dürfte einige hunderttausend Personen umfassen, die fest von den Worten ihres Propheten überzeugt sind.

Ebenfalls im letzten Jahrhundert wurde in Qadian, einem Dorf nordöstlich von Lahore, Pakistan, der Prophet Hazrat Mirza Chulam Ahmad geboren. Im Laufe seines Lebens erwies er sich als sanfte, liebenswürdige, schrift- und redegewandte Persönlichkeit, die schließlich die *Ahmadiyyabewegung* gründete. Dies ist eine islamische Gemeinschaft, die auch heute noch viele Anhänger hat. Selbst Wunder werden dem Religionsgründer zugesprochen. Seine Anhänger schwören, Gott der Allmächtige habe ihn »im Gewand aller vorangegangenen Propheten erweckt«. Er sei dazu bestimmt, der »Messias und Mahdi für Christen und Muslime zu sein«, doch auch »Krishna für die Hindus, Buddha für die Buddhisten und ein Abbild aller vorangegangenen Propheten. Ein Erlöser für die ganze Menschheit«. [46]

Dies sind nur vier Prophetengestalten innerhalb der letzten einhundertfünzig Jahre, die immerhin Wirkungen erzielten, die im höchsten Grad erstaunlich sind. Neben diesen *positiven* Verkündern und Heilern, die niemandem etwas zuleide taten, wimmelt es von *negativen* Figuren, von Weltuntergangspropheten, die uns seit x Jahren verkünden, daß wir eigentlich längst alle tot sein müßten. Der Weltuntergang ist ein Dauerthema, seit es Menschen gibt. [47] Die Welt hat sich nur nie daran gehalten.

Von Gläubigen und Ungläubigen

Was die Scharlatane, auch die im Mantel der Wissenschaftlichkeit, betrifft, habe ich keine Probleme, ihre Prognosen zu entlarven. Diese sind immer zu durchsichtig, zu gegenwartsbezogen und zu ideologisch eingefärbt. Ich habe nicht einmal Probleme mit Propheten wie Jakob Lorber, Hazrat Mirza Chulam Ahmad, Edgar Cayce oder Sai Baba, selbst wenn sich letzterer als »Gott« bezeichnet.

Für ihr erstaunliches und meinetwegen *universales* Wissen gibt es heute sogar eine vernünftige, mathematisch errechnete Theorie. Sie stammt vom französischen Kernphysiker Jean E. Charon und besagt nichts anderes als dies: Materie und Geist sind untrennbar miteinander verbunden. In jedem Atom – genauer im Elektron – ist die gesamte Intelligenz des Universums enthalten. [48] Dies erklärt das *Wissen* der Propheten, sogar wenn sie selbst keine Ahnung haben, woher es kommt. Ein Widerspruch in sich!

Probleme hingegen habe ich auf einer ganz anderen Ebene, auf der der Religionen. Die verkünden uns doch, am *Jüngsten Tag* würden die Ungläubigen verbrüht, ertränkt, erschlagen, erstochen, vergiftet (durch »bitteres Wasser«), erschossen, durch Erdbeben zerquetscht oder durch sonstige Plagen ausgelöscht. Pardon, dies betrifft Gott sei Dank nur die Ungläubigen. *Welche* Ungläubigen bitte? Diejenigen, die nicht an die katholischen Dogmen glauben? Diejenigen, die das Pech hatten, in einer christlichen Sekte aufzuwachsen? Diejenigen, die ärgerlicherweise nicht in arabischen oder asiatischen Staaten aufwuchsen und weder den heiligen Koran noch irgendeine der buddhistischen oder hinduistischen Lehren kennen? Diejenigen, die sich in Japan zur Shintureligion bekennen, oder diejenigen, die sich nicht an das Buch Mormon halten? Da bleibt einem nur noch die Frage: Lieber Herrgott, was hast du angerichtet?

Auf einen *Erlöser* warten die Menschen, auf den *Retter* und *Heiland*, auf den *Wiedergeborenen* und den *Messias*. Wer darf es sein? In einer Niederschrift aus dem Jahre 1573 findet sich die *Sage vom Kyffhäuser.* Sie haben nie etwas davon gehört? In dieser Sage wird die Wiederkehr des deutschen Kaisers Friedrich besungen. Der hat uns gerade noch gefehlt: [49]

> »Deutscher Kaiser, deutscher Kaiser!
> Säumst du? Schläfst du! Auf, erwache!
> Komm zur Sühne, komm zur Rache!«

Nun, das ist nichts Neues auf dem weiten Erdenrund, auch die alten Römer erwarteten die Wiederkunft ihrer *göttlichen Kaiser* Augustus, Claudius und Vespasian. Man nannte sie »die Retter der Welt« [50]. Und selbst dem Scheusal Nero wurde noch Jahre nach seinem Tod nachgesagt, er sei auf Zypern wiedergeboren und habe die Insel übernommen. Von diesen Sorten *Wiedergeborener,* die allesamt keine Messiasse waren und gar nichts erretteten, wimmelt's in der Weltgeschichte. Wir können sie vergessen. Nicht vergessen können wir die Messiasgestalten der großen Religionen. Sie beeinflussen schließlich das Denken der Gesellschaften bis auf den heutigen Tag.

Für die gesamte Christenheit ist Jesus Christus der *Erretter, Erlöser,* der uns zwar schon vor zweitausend Jahren von der ominösen Erbsünde *erlöste,* aber nichtsdestotrotz wiederkommen soll, um »in den Wolken zu thronen« und über uns zu richten. Wieso eigentlich ist Jesus für die Christen zum Messias geworden, während die Juden, aus deren Volk er schließlich stammte, nichts von einem Messias Jesus wissen wollen? Diese Geschichte ist derart verwirrend und – wie könnte es anders sein – von Abertausenden von langatmigen Kommentaren begleitet, daß ich mich auf das Wesentlichste konzentrieren muß. Und das ist erhellend genug!

»Der älteste schriftliche Niederschlag messianischer Hoffnung, die durchaus noch früher entstanden sein mag, begegnet uns innerhalb der sogenannten Denkschrift des Jesajabuches«, sagt der Theologe Ulrich Kellermann, der das Thema gründlich studierte. [51] Beim Propheten Jesaja steht zwar alles mögliche, nur nichts Klares. Da wird Jesaja 9,6f. bemüht, um einen Messias herbeizuzaubern. Dort steht:

»Denn ein Kind ist uns geboren, ein Sohn ist uns gegeben, und die Herrschaft kommt auf seine Schulter, und er wird genannt: Wunderrat, starker Gott, Ewigvater, Friedensfürst. Groß wird die Herrschaft sein, und des Friedens kein Ende auf dem Throne Davids und über seinem Königreich, da er es festigt und stützt durch Recht und Gerechtigkeit von nun an bis in Ewigkeit...«

War Jesus der Messias?

Daraus einen christlichen oder auch jüdischen Erlöser ableiten zu wollen ist wohl starker Tobak. Nicht nur, weil selbstverständlich nach Jesus keinerlei Frieden ausbrach (»und des Friedens kein Ende«), sondern auch, weil von einem »Königreich Davids« die Rede ist, das »bis in Ewigkeit« herrschen soll – König David ist seit Jahrtausenden tot! Mal werden die Sätze des Jesaja in der Gegenwartsform übersetzt – »ein Kind *ist* uns geboren« –, dann wieder in der Zukunftsform – »groß *wird* die Herrschaft sein« etc. Das erhoffte Kind konnte zu Jesajas Zeiten logischerweise noch nicht auf der Welt sein. Dazu muß man wissen, daß die hebräische Schrift, in welcher die Prophetentexte vorliegen, eine reine Konsonantenschrift ohne Vokale war. Und wie man schon in hebräischen Schulbüchern nachlesen kann, gibt es in dieser Schriftform gar keine grammatikalische Zukunftsform. [52] Nur um die Textlektüre zu erleichtern, hat man die Vokale durch kleine Punkte zwischen den Konsonanten angedeutet. Im Urtext gab es das *Imperfekt* (unabgeschlossene Vergangenheit) oder das *Perfekt* (die vollendete Gegenwart). Ein *Futurum* (die Zukunftsform) existierte überhaupt nicht. Je nach Wunsch oder Sinndeutung des Übersetzers kann man damit machen, was man will. So wird aus dem *perfectum consecutivum* (der Aufeinanderfolge der Zeiten) – Abrakadabra! – ein *Futurum.*

Selbstverständlich sind sich die Gelehrten schon bei Jesaja nirgendwo einig, welche Sätze nun eigentlich *echter Jesaja* seien und welche nicht. Schreibt ein Fachmann, das ursprüngliche Buch Jesaja sei »durch Umordnungen, Ausschaltungen und Einschübe aufs stärkste umgestaltet worden«, so behauptet der andere genau das Gegenteil, und ein dritter bestreitet »entschieden«, daß die Sprüche des Jesaja überhaupt je als »Sammlung für sich« bestanden haben. [53] Doch dies sind theologische Auslegungen, an die ich mich längst gewöhnt habe. Keiner weiß, was gilt. Und trotzdem haben keine messianischen Weissagungen eine derart weltgeschichtliche Bedeutung gewonnen wie Jesaja 9,6 und Daniel 7,27.

Der äußerst umstrittene Text des Jesaja wird noch in mehreren anderen Passagen bemüht, um Jesus in *den* Messias zu verwandeln. Da ich meine Leser nicht mit Bibelzitaten langweilen möchte, gebe ich nachfolgend die entsprechenden Textstellen an. Wen's interessiert, der möge bitte in seiner Hausbibel unter Jesaja nachschlagen (8,23; 9,1–6; 11,1–10; 35,4–10; 40,1–5; 42,1–7; 49,1–12).

Ich verspreche nicht zuwenig, wenn ich feststelle, daß nirgendwo auch nur ein halbwegs überzeugender Hinweis zu finden ist, der aus Jesus einen Messias macht, geschweige denn, daß irgendwo der Name Jesus auftaucht. Voraussetzung für dieses Versprechen ist allerdings eine neutrale Bibelübersetzung – und nicht die irgendeiner Kirche, die das Wörtchen »Jesus« oder »Christus« bereits wunschgemäß dort einsetzte, wo es ihr paßte.

Andere Passagen aus dem Alten Testament ändern an diesem Befund nichts. Da werden Sprüche und Lieder aus Salomos Psalmen zitiert, die zwar oft von einem zukünftigen Königreich in Israel oder dem Hause Davids reden, auch von einem erhofften Retter und großen König, nur nirgendwo von einem Jesus. Selbst der Prophet Daniel muß herhalten, um das Wunder, Jesus sei der angekündigte Messias, möglich zu machen. Bloß redet Daniel genauso nebulös wie seine Kollegen. Als prägnanteste Belegstelle wird Daniel 7,13 f. angeführt. Dort ist nachzulesen:

»Ich schaute in den Nachtgesichten, und siehe, mit den Wolken des Himmels kam einer, der einem Menschensohn glich, und gelangte bis zu dem Hochbetagten, und er wurde vor ihn geführt. Ihm wurde Macht verliehen und Ehre und Reich, daß die Völker aller Nationen und Zungen ihm dienten. Seine Macht ist eine ewige Macht, die niemals vergeht, und nimmer wird sein Reich zerstört.«

Der Prophet Daniel selbst redet in diesem Zusammenhang von »Traumgesichten«, die er gehabt habe. Er sieht eigenartige Tiere mit kuriosen Hörnern, und da er die »Traumgesichter« nicht versteht, kommt irgendein Engel und erklärt sie ihm. Warum nicht gleich? Alle diese Prophezeiungen, so es denn überhaupt welche sind, kündigen nirgendwo einen Jesus an. Und wer aus den vagen

Formulierungen auf Biegen und Brechen trotzdem eine Jesusfigur als Messias herauslesen will, scheitert unweigerlich an den geschichtlichen Tatsachen. *Nach* Jesus ist nun mal weder eine einzigartige Macht noch ein Reich hervorgegangen, das »nimmer zerstört« wird. Dies wissen selbstverständlich auch die christlichen Theologen. Deshalb erfand man in gedanklichen Klimmzügen ein »ewiges Reich« *nach* dem *Jüngsten Tag*. Was bislang nicht eintraf, mußte ja noch kommen. Oder? So einfach ist das. Hauptsache, die Hoffnung bleibt bestehen.

Für meinen Teil würde ich eigentlich die Kontroverse, ob Jesus *der* Messias war oder nicht, gerne beenden, doch wird mir die geharnischte Kritik mit Sicherheit vorwerfen, ich hätte die wichtigsten Passagen, die auf Jesus hinweisen, glatt unterschlagen. Tatsächlich findet derjenige, der den Jesus als Messias im Alten Testament sucht, nicht nur zwanzigdeutige Passagen bei Daniel, Salomo oder Jesaja, sondern auch beim Propheten Micha, einem jüngeren Zeitgenossen Jesajas, und beim Propheten Hesekiel. Dort wird auf Kapitel 34 verwiesen, wo von einer zukünftigen »Schafherde« die Rede ist, über welche »ein einziger Hirt« aus dem Hause Davids herrschen werde. Und in Hesekiel 37,21–28 liest man beispielsweise die üblichen Versprechungen (Hoffnungen) auf ein siegreiches Israel, dem alle anderen Völker sozusagen zu Füßen liegen.

Ein Königreich für David

»...So spricht Gott der Herr: Siehe, ich werde die Söhne Israels herausholen aus den Völkern, unter die sie gegangen sind, und sie von allen Seiten her sammeln und sie heim in ihr Land führen. Ich werde sie im Lande, auf den Bergen

Israels, zu einem Volke machen, und sie sollen alle nur einen König haben; ... Und mein Knecht David wird über sie König sein ... Meine Wohnung wird über ihnen ragen, und ich werde ihr Gott sein, und sie werden mein Volk sein. Dann werden die Völker erkennen, daß ich der Herr bin, der Israel heilig macht, wenn mein Heiligtum in ihrer Mitte sein wird in Ewigkeit.«

Dies alles sind verständliche, wenn auch nicht mehr als fromme Wunschträume, formuliert in einer Zeit, in der es Israel sehr schlecht ging. Die Israeliten in ihrer leidvollen Geschichte erhofften sich immer wieder eine ferne Zeit, in der ihr Königreich »aus dem Hause Davids« neu erstehen und ihr Gott wieder unter ihnen wohnen würde. Auf solche Textpassagen berufen sich übrigens die orthodoxen Juden unserer Zeit, die ihrer politischen Führung soviel Ungemach bereiten. Ich wies bereits darauf hin, daß die Texte des Hesekiel ein Kunterbunt von redaktionellen Überarbeitungen darstellen und von Einschüben verschiedener Autoren aus verschiedenen Zeiten nur so strotzen. Wie man daraus eine Messiasschaft Jesu ableiten kann, habe ich nie begriffen, und es bleibt meinem geplagten Verstand wohl für ewig verschlossen.

Schließlich bleiben noch die apokryphen Bücher Henoch, Baruch und das 4. Buch Esra, die ebenfalls einen *Erretter* ankündigen. Bei Henoch gelten die *Bilderreden* in den Kapiteln 38 bis 71 als messianischer Teil. Da werden astronomische Daten und Geheimnisse geliefert, und schließlich wird auch über den kommenden »Menschensohn« berichtet (46,3 ff.): [54]

»Er antwortete mir und sagte: Dies ist der Menschensohn, der die Gerechtigkeit hat, bei dem die Gerechtigkeit wohnt und der alle Schätze dessen, was verborgen ist, offenbart; denn der Herr der Geister hat ihn auserwählt, und sein Los hat vor dem Herrn der Geister alles durch

Rechtschaffenheit in Ewigkeit übertroffen. Dieser Menschensohn, den du gesehen hast, wird die Könige und die Mächtigen von ihren Lagern und die Starken von ihren Thronen sich erheben machen; er wird die Zügel der Starken lösen und die Zähne der Sünder zermalmen. Er wird die Könige von ihren Thronen und aus ihren Königreichen verstoßen ...«

Dies sind zwar eindeutige Verheißungen einer zukünftigen Zeit und eines zukünftigen *Retters,* der ein »Menschensohn« ist. Nur: Selbst wenn ich meinen Henoch auswendig lerne, von Jesus ist nirgendwo die Rede. Genauso verhält es sich mit dem apokryphen Buch Baruch und dem apokryphen 4. Buch Esra: Messiaserwartungen ja – irgendwelche Hinweise auf Jesus nein. Am Ende des Wirrwarrs werden von theologischer Seite auch noch die *Testamente der Patriarchen* als Zeugnisse für Jesus bemüht. Diese *Testamente* sind wiederum apokryphe Texte und unbestritten in nachchristlicher Zeit redigiert worden. Am Ende bleiben noch die in den Orakelsprüchen enthaltenen *Sibyllinischen Bücher,* die machen den gemischten Salat perfekt – bloß von Jesus als Messias ist nirgendwo die Rede.

Wer sich durch den Wust der theologischen Abhandlungen kämpft, erkennt in den alten Texten eine ahnende Voraussicht und eine brennende Hoffnung auf ein ungeheuerliches Ereignis, das irgendwann in der Zukunft stattfinden soll. Dabei stellten sich die Propheten und Apokalyptiker dieses Ereignis unterschiedlich vor. Bei den Propheten und den Testamenten der Patriarchen liegt der Ort der Handlung eindeutig auf der Erde, bei den Apokalyptikern hingegen irgendwo über der Erde. So vermerkte denn der Theologe Dr. Werner Küppers treffend: [55]

»Das Licht dieser Hoffnung strahlt auf einem dunklen Grunde, und in seinem Brennpunkt erscheint in wechselnder Gestaltung eine geheimnisvolle Persönlichkeit: *Der Menschenartige, jener Menschensohn, der Auserwählte der Gerechtigkeit, der Stern des Friedens, der neue Priester, der Mensch, der Messias*; eine rein zufällige Größe, mehr als Mensch und doch weder einfach Engel noch Gott... Wie ist eine Gestalt von solch einzigartigen Umrissen zu fassen?«

Im Bereiche der jüdischen Theologie bleibt der Messias »ein Mensch von menschlicher Abstammung« [56], oft auch gar keine Persönlichkeit, sondern das gesamte Volk Israel schlechthin. Anders in der christlichen Theologie. Dort wird die Messiasgestalt mit dem »Gottessohn« gleichgesetzt. Nur einige Fragen bleiben für beide Theologien unbeantwortet: Woher stammt die Messiaserwartung? Wie alt ist sie? Es reicht schließlich nicht, auf Propheten wie Jesaja, Daniel oder Hesekiel hinzuweisen, wenn man doch genau weiß, daß ihre Texte verfälscht und neu zusammengestellt wurden. Auch eine auf die Propheten bezogene Datierung ist aus demselben Grund sinnlos: Der Messiasgedanke ist eindeutig viel älter als alle Propheten. Was die Propheten entwerfen, sind nur noch die Formen einer Erwartung, die im Volkskern seit der Vertreibung aus dem Paradies existierte. Die ganze Farbenpracht der prophetischen Schilderungen funktioniert nach ähnlichen Prinzipien. Die Propheten und ihre späteren Redakteure arbeiteten mit einem überlieferten Gedankengut, das die gemeinsame große Hoffnung eines ganzen Volkes umfaßte. Und diese Hoffnung war bereits fester Bestandteil, wenn nicht sogar der Überlebensnerv einer Menschengruppe, bevor das erste Wort geschrieben wurde. Die Heilserwartungen sind »uralt und gehen lange über die Propheten hinaus« [57].

»Die Israeliten haben der Welt drei Geschenke hinterlassen«, schreibt der Theologe Leo Landmann, »den Monotheismus, die moralischen Grundsätze und die wahren Propheten. Dem muß ein viertes Geschenk beigefügt werden: der Glaube an den Messias.« [58] Dieser Feststellung kann mit Überzeugung widersprochen werden. Viele alte Kultur- und Naturvölker kannten die messianische Erwartung.

Noch im Jahre 1919 schrieb der Theologe H. W. Schomerns [59]: »Zur Stärkung und Erbauung der christlichen Gemeinde gehört die Gewißheit von der Überlegenheit des Christentums über alle anderen Religionen, ja, von der Absolutheit derselben.«

Ich meine, derartige Behauptungen setzen die Kenntnis anderer Religionen voraus. Man muß sich hineinlesen und hineinfühlen, und wer nach diesem Studium die christliche Religion immer noch als »absolut überlegen« einstuft, der tut es mit einer gehörigen Portion Glauben. Glaube ist Sache des einzelnen. Für meinen Teil respektiere ich den Glauben jedes einzelnen. Dennoch warne ich vor der Unterschätzung anderer Religionen: Sie haben über Jahrtausende – und oft länger als das Christentum – ihre Kraft und innere Faszination nicht verloren. Alle Religionen, ob vorchristliche oder nachchristliche, kennen den Erlösungsgedanken. Alle, ausnahmslos, warten sehnsüchtig auf die Zeichen am Himmel und auf die versprochene Wiederkunft ihres Messias. Die größte und sicherlich dynamischste Religionsgemeinschaft aus nachchristlicher Zeit ist der Islam. Im heiligen Buch der Muslime – im Koran – wird Jesus ausdrücklich als Prophet geehrt, doch niemals als Messias oder gar als Gottes Sohn.

Der islamische Messias

Die Sure 19 sagt es unmißverständlich:

»Und sie (die Ungläubigen) sprechen: Der Gnadenreiche hat sich einen Sohn beigesellt« (Vers 89). »Wahrhaftig, ihr habt da etwas Ungeheuerliches getan!« (Vers 90). »Während es dem Gnadenreichen nicht ziemt, sich einen Sohn beizugesellen« (Vers 93). Und vorher in Vers 35 derselben Sure heißt es: »So ist Jesus Sohn der Maria – eine Aussage der Wahrheit, über die sie uneins sind.«

Einzig und allein die Christenheit glaubt an Jesus als Messias und Erlöser. Alle anderen großen Weltreligionen wollen davon nichts wissen, weder das Judentum noch der Islam, geschweige denn die asiatischen Religionen.

Nun haben und hatten alle großen Weltreligionen hervorragende Religionswissenschaftler, kluge Denker und Analytiker. In allen Weltreligionen gab und gibt es ausgezeichnete theologische Hochschulen mit einem Heer von mehrsprachigen Gelehrten. Als theologischen Laien verblüfft es mich immer wieder, wie alle diese superklugen Eierköpfe, denen *dasselbe Basismaterial* zur Verfügung steht, zu vollkommen unterschiedlichen Auffassungen gelangen. Sowohl das Judentum als auch der Islam und das Christentum berufen sich bei ihren Exegesen auf *dieselben* Propheten des Altertums. Und da sage mir noch einer, die Exegese (Auslegung) sei eine exakte Wissenschaft! Da müßten doch aus allen Weltgegenden ähnliche Resultate eintrudeln. Da dies ganz offensichtlich trotz aller Hochschulen sämtlicher Religionen nicht der Fall ist, behaupte ich: Keiner blickt mehr durch. Jeder dient nur noch seiner Religion, ob er an sie glaubt oder nicht.

Auch der Islam kennt den *Jüngsten Tag* und das *Letzte Gericht.* Ich zitierte bereits die Suren 81 und 82. Wie die

Apokalypse des Johannes vermeldet auch der Koran (Sure 21, Vers 105): »An dem Tage, da Wir die Himmel zusammenrollen werden, wie die Schriftrollen zusammengerollt werden. Wie Wir die erste Schöpfung begannen, werden Wir sie erneuern...« Oder zu den »Posaunen« in der Apokalypse der dazu passende Vers aus dem Koran (Sure 20, Vers 103): »An dem Tage, da die Trompete geblasen wird. An jenem Tage werden Wir die Schuldigen versammeln, die Blauäugigen.« Sure 17, Vers 59 vermerkt sogar, es würde keine Stadt geben, die vor dem Tage der Auferstehung und der Züchtigung nicht vernichtet werde.

Und wann soll dies geschehen? Dies bleibt das Geheimnis Allahs: »Nein, es wird über sie kommen unversehens, so daß es sie in Verwirrung stürzt; und sie werden es nicht abwehren können, noch werden sie Aufschub erlangen« (Sure 21, Vers 41).

Der islamische Messias heißt »Mahdi«. Sowohl Mohammed, der Prophet, als auch die verschiedenen Imame nach ihm verkündeten die Wiederkunft des *Mahdi.* Die Imame – das sind die großen Lehrer des Islam – versicherten immer wieder, es sei falsch, über die Zeit der Wiederkunft des *Mahdi* zu spekulieren, denn dies sei ein Geheimnis, das einzig und allein Allah kenne. Genau wie im Judentum und Christentum füllt die Literatur über die Wiederkunft des *Mahdi* ganze Bibliotheken. Es gibt nichts, was darüber nicht schon gedacht worden wäre. Einmal erkundigte sich ein Fremder beim fünften Imam, al-Baqir, nach den Zeichen vor der Wiederkunft. Der Imam antwortete: [60]

»Es wird sein, wenn die Frauen sich wie die Männer benehmen und die Männer sich wie die Frauen; und wenn die Frauen mit gespreizten Beinen auf gesattelten Pferden sitzen. Es wird dann sein, wenn falsche Zeugenaussagen angenommen und wahre Zeugenaussagen verweigert werden; dann, wenn Männer das Blut anderer Männer aus nichtigen Gründen vergießen, wenn sie Unzucht treiben und das Geld der Armen verschleudern.«

Nach diesen Kriterien hätte der *Mahdi* eigentlich längst eintreffen sollen. Doch, so islamische Gelehrte, bevor der *Mahdi* kommt, müssen »sechzig falsche Männer auftauchen, die sich als Propheten ausgeben«. Es entzieht sich meiner Kenntnis, wie viele falsche Propheten es schon gab, doch schätze ich ihre Zahl auf weit über sechstausend.

In der theologischen Literatur des Islam herrscht dasselbe Chaos über den erwarteten *Mahdi* wie in der jüdischen und christlichen über den Messias. Mal soll es der zwölfte Imam sein, der als *Mahdi* wiederkehrt, um die reine islamische Gesellschaft zu erneuern, dann – je nach isalmischer Glaubenslehre – ist der zwölfte Imam, der als *Madhi* zurückkehrt, überhaupt nie gestorben. Auch über das Wann und Wo dieser Wiederkunft herrscht völlige Uneinigkeit. Der *Mahdi* ist der oberste Führer der letzten Tage. Er kommt »in der dreiundzwanzigsten Nacht des Fastenmonats Ramadan« [61]. Diese Nacht ist »die Nacht der Macht, in welcher der heilige Koran enthüllt wird und die Engel Allahs herniedersteigen«.

Am Ende bleibt die Feststellung, daß die großen Weltreligionen zwar alle einen *Messias* erwarten, aber niemand weiß, wann. Generell wird dieser *Messias* mit den Sternen, dem Firmament und dem großen, endgültigen Gericht über die Menschheit in Verbindung gebracht. Er soll von Engelscharen begleitet sein, ungeheure Macht besitzen und in den Wolken thronen. Ist dies der Kern der Volksüberlieferung? Die Essenz eines uralten Versprechens: »Wir kommen wieder«?

Um diesen vorerst noch vagen Gedanken zu konkretisieren, sind zusätzliche Überlieferungen nötig, die älter sind als Koran oder christliche Apokalypse. Texte aus anderen Kulturkreisen als den bisher behandelten.

Das Wörtchen »Avesta« stammt aus dem Mittelpersischen und bedeutet »Grundtext« oder »Unterweisung«. Das *Avesta* beinhaltet die gesamten religiösen Texte der Parsen; das sind die heutigen Anhänger Zarathustras. Zarathustra selbst soll *unbefleckt empfangen* worden sein. Die Überlieferung behauptet, ein Berg, umflutet von reinem Licht, habe sich vom Himmel herabgesenkt. Aus dem Berg trat ein Jüngling, der den Embryo von Zarathustra in den Bauch seiner Mutter pflanzte. Weil ihre eigene Religion älter war als der Islam, weigerten sich die Parsen, den Koran als heiliges Buch anzunehmen. Sie wanderten in den Iran und nach Indien aus. Obschon ihre Sprache, das Gujarati, eine neuindische Sprache ist, halten sie ihre Gottesdienste nach wie vor in der avestischen Tempelsprache ab, vergleichbar dem Kirchenlatein in der katholischen Kirche.

Die Parsen stehen vor einem ähnlichen Dilemma wie die Anhänger anderer Religionen: Nur noch rund ein Viertel der ursprünglichen Texte des *Avesta* ist vorhanden. Sie enthalten die Opferanrufungen *Yasna,* die *Yaschts* mit Hymnen auf ihre einundzwanzig Gottheiten, dazu eine Sammlung altiranischer Mythen und schließlich den *Wisprat* mit Anrufungen höherer Wesen sowie das *Widewadat,* ein Buch mit Reinigungsvorschriften. Bruchstücke dieser altpersischen Religion blieben in Keilschriften erhalten, welche die Könige Dareios der Große (558–486 v. Chr.), sein Sohn Xerxes (um 519–465 v. Chr.) und der Enkel Artaxerxes (um 424 v. Chr.) anfertigen ließen. Der höchste Gott heißt »Ahura Mazda«; er war der Schöpfer von Himmel und Erde.

Gepriesen seien die Sterne!

Folgt man den Schriften der Parsen, so ist der Fixsternhimmel in verschiedene Sternhaufen unterteilt, die von verschiedenen Heerführern geleitet werden. Unter den himmlischen Heerscharen geht es recht militant zu. Da wird von Soldaten der Sternsysteme gesprochen und ausdrücklich auch von Schlachten, die im Universum ausgetragen werden. In höchsten Tönen werden die unterschiedlichen Sterne gepriesen (*Afrigan Rapithwin*, Vers 13 ff.): [62]

> »Den Stern Tistrya, den glänzenden,
> majestätischen, preisen wir.
> Den Stern Catavaeca, der dem Wasser vorsteht,
> preisen wir.
> Alle Sterne, welche Wassersamen enthalten,
> preisen wir.
> Alle Sterne, welche Baumsamen enthalten,
> preisen wir.
> Jene Sterne, welche *Haptoiringa* heißen,
> die Heilbringenden, die zum Widerstand
> gegen die Yatus, preisen wir ...«

Die Lobpreisungen scheinen mehr als arabeske Ausschmückungen der Phantasie zu sein, denn für die Parsen waren die Planeten von allem Anfang an »einfache Körper von kugelförmiger Gestalt«. Am Rande: Galileo Galilei löste mit seiner *Planetenbotschaft* erst im Jahre 1610 eine astronomische Revolution aus. Schon in frühesten Zeiten wurden die parsischen Tempel zu Ehren der verschiedenen Götter und ihrer Heimatwelten errichtet. Attraktive Besonderheit: In jedem Tempel gab es ein kugelförmiges

Modell des Planeten, dem er zugeordnet war. Zudem mußte in jedem Tempel die dazugehörige Kleiderordnung und auch die entsprechende Sitte eingehalten werden. So konnte man sich im Tempel des Jupiter nur im Kleid des Richters oder Gelehrten sehen lassen; im Heiligtum des Mars hingegen trugen die Parsen martialisch rote Gewänder, und sie unterhielten sich »in stolzem Ton«! Im Tempel der Venus wurde gelacht und gescherzt, in jenem des Merkur sprach man wie ein Redner oder ein Philosoph. Doch im Tempel des Mondes führten sich die Parsenpriester auf wie kindliche Ringer, die herumpurzeln. Im Tempel der Sonne mußte man Brokat tragen und sich benehmen, »wie es den Königen von Iran zukommt«.

Die *Quadriga solis,* der vierspännige Wagen mit geflügelten Pferden, hat ihren Ursprung im iranischen Kulturkreis. [63] Dort lenken die Götter der jeweiligen Planeten den Sonnenwagen. Und in den Texten des *Avesta* werden die Himmelswagen und Wagenlenker gelobt (*Yasna,* Kap. 57, Vers 27ff.):

»Vier Renner,
weiße, lichte, leuchtende,
kluge, kundige, schattenlose,
durch die himmlischen Regionen fahren ...
schneller als die Wolken,
schneller als die Vögel,
schneller als der Pfeil,
welche alle einholen,
die sie von hinten verfolgen ...
Wenn einer im östlichen Indien ist,
greift er ihn,
wenn einer im westlichen Indien ist,
schlägt er ihn.«

In *Yascht,* Kapitel 10, Vers 67ff. heißt es: »Der auf einem himmlisch geschaffenen Wagen dahinfliegt, aus dem Land Arzahi ins Land Xanira... Weiße, lichte, leuchtende, kluge, kundige, schattenlose durch die himmlischen Regionen fahren.« Und *Yascht* Kapitel 10, Vers 125 schildert: »An diesem Wagen ziehen vier Renner, weiße, einfarbige, himmlische Nahrung essende, unsterbliche...«

Das Weltall ist voll von derartigen Fluggeräten, und die Differenzierungen »Pfeil«, »Vögel«, »Wolken«, »himmlische Nahrung« etc. lassen den Schluß zu, daß die Parsen sehr wohl wußten, wovon sie sprachen. Und natürlich erwarteten auch die Parsen die Wiederkunft ihrer Götter. »Lichtwesen« [64] sollen vom Himmel herniedersteigen und die geplagten Menschen erlösen. Zarathustra persönlich befragt seinen Gott Ahura Mazda über die Endzeit, und der spricht von einem abschließenden Kampf der Guten gegen die Ruchlosen: Aus dem Himmel steigen viele Gefährten, »All-Überwinder« genannt. Sie sind unsterblich, und ihr Verstand ist vollkommen. Bevor diese Helfer am Firmament auftauchen, verfinstert sich die Sonne, Erdbeben erfolgen, es erheben sich mächtige Sturmwinde, und ein Stern fällt vom Himmel. Nach einer fürchterlichen Schlacht, in der die Heere in Scharen anrükken, bricht ein neues, goldenes Zeitalter an. Die Menschheit wird dann in der Heilkunde derart erfahren sein und ihre Arzneien in einer Weise anwenden, daß sie »selbst hart am Tode, doch nicht sterben«.

Der Unterschied zu den *Erlösern* anderer Religionen scheint auf Anhieb nicht gravierend zu sein – außer daß diesmal die »All-Überwinder« als letzte Retter aufkreuzen. Auf sie hatte man gewartet, auf die Götter aus dem Sternenzelt.

Das Goldene Zeitalter

Im Hinduismus ist wegen der Vielzahl der Götter alles komplizierter. Dort steht am Anfang der vier Weltalter ein *Zeitalter der Götter.* Es war der *Krtayuga* oder *Devayuga.* Dieses Zeitalter war in jeder Hinsicht vollkommen, denn es existierten weder Krankheit noch Mißgunst, weder Streit noch Bosheit, weder Furcht noch Schmerz. Damals, so die hinduistische Vorstellung, war das Ziel der Menschen nur das höchste Brahman, und selbst die Angehörigen der vier Kasten lebten zusammen. »Alle hatten dasselbe Streben, dieselbe Sitte, dieselbe Erkenntnis, denn damals erfüllten die Kasten ihre Pflicht durch ein und dasselbe Tun.« Das Leben und die Menschen waren einfach vollkommen. Die Hauptbeschäftigung der Menschen bestand in der Askese und im Studium der Schriften. Jede materielle Begierde fehlte. Die Menschen liebten die wahre Rede und die wahren Wissenschaften, es gab keinerlei Unrecht, denn niemand verspürte irdische Wünsche. Das *Bhagavata-Purana,* eines der vielen Werke der hinduistischen Religionsliteratur, schildert die Menschen jenes goldenen Zeitalters als zufrieden, freundlich, geduldig, sanftmütig und voller Erbarmen. Sie waren glücklich, weil sie den Frieden im eigenen Herzen trugen und mit nichts haderten.

Es war eine Welt, die wir uns kaum vorstellen können, weil der Gegenwartsmensch von Begierden und Wünschen hin und her gerissen wird. Was soll ein Zeitalter des absoluten Glücks, das keine Wünsche mehr kennt? Doch dieses goldene Zeitalter des Hinduismus dient sozusagen nur als Basis einer Wunschvorstellung, die in die ferne Zukunft projiziert wird. So, wie es im »Traumzeitalter« war, sollte es in der Zukunft sein. So wird denn im Kapitel

4 des *Brahmavaivarta-Purana* ein Idealzustand der brahmanischen Lehre entwickelt: eine Welt, in welcher alle Menschen »korrekt« sind, treu, das Alter und die Natur verehren, keinerlei Bosheit und Schlechtigkeit kennen. Im goldenen Zeitalter des Hinduismus waren die Menschen schön, kräftig, und sie erfreuten sich beständiger Jugend. Diese Zeit wird wiederkommen.

Der Hinduismus kennt auch kein Stammelternpaar wie Adam und Eva, sondern Brahma schuf den göttlichen Wesen gleich achttausend Menschen, nämlich je tausend Paare von jeder der vier Kasten. Diese Paare liebten sich zwar und begatteten sich auch, dennoch bekamen sie keine Kinder. Erst am Ende ihres Lebens brachte jedes Paar zwei Kinder hervor, aber nicht etwa durch Sex und mit Geburtswehen verbunden, sondern durch den bloßen Gedanken. Auf diese Art entstanden geistige Wesen, welche die Erde bevölkerten.

Dieser Glückszustand dauerte so lange, bis negative Geister, doch auch Götter aller Art die Menschen verwirrten. In den Göttern sah man zwar übermächtige und unsterbliche Wesen, dennoch waren die meisten menschenähnlich und hatten eine persönliche Natur. Allen voran stand der »Fürst des Weltalls, der alles regierte« [65]. Die Götterwelt des Hinduismus ist allerdings so vielfältig und durch Verwandtschaften eng verknüpft, daß ich hier nicht darauf eingehen kann. Immerhin beherrschten die verschiedenen Götter nicht nur die Weltraumfahrt, sondern auch den irdischen Luftraum mit den unterschiedlichsten Fahrzeugen. Alle diese fliegenden Objekte waren materiell, sie hatten nichts Geistiges und entsprangen auch nicht der Phantasie.

Die fliegenden Apparate mit ihren verheerenden Waffensystemen sind in den indischen Religionstexten sehr detailliert beschrieben, insbesondere in den *Veden*, die als die älteste Quelle für Sprache und Religion gelten. Das Wort »Veda« bedeutet »heiliges Wissen«. Darunter ist das *Rigveda,* eine Sammlung von eintausendachtundzwanzig Hymnen, die alle an die Götter gerichtet sind. Im *Rigveda* wird klipp und klar festgehalten, jene fliegenden Objekte seien aus dem Weltall zur Erde gekommen und die Götter persönlich seien es gewesen, die den Menschen ihr Wissen beibrachten. Und dem *Streit im Himmel* in den jüdischen Legenden vergleichbar, finden auch in den hinduistischen Texten Schlachten der Götter untereinander statt; dies aber nicht etwa in einem undefinierbaren Himmel der geistigen Glückseligkeit, sondern »am Firmament«, »über der Erde«.

Krieg der Sterne

Im *Vanaparvan* – das ist ein Bestandteil des altindischen *Mahabharata* (Kapitel 168 bis 173) – werden beispielsweise als Wohnstätten dieser Götter regelrechte Weltraumstädte genannt, die hoch über der Erde ihre Runden drehten. Das gleiche kann man im Kapitel 3, Verse 6–10 des *Sabhaparva* nachlesen. Die gigantischen Gebilde hatten Namen wie »Vaihayasu«, »Gaganacara« oder »Khecara«. Sie waren so gewaltig, daß die Zubringerschiffe – die Vimanas – bequem durch die mächtigen Tore ins Innere fliegen konnten. Dabei geht es hier nicht etwa um nebulöse Textbruchstücke, die keiner überprüfen kann, sondern um altindische Überlieferungen, die in jeder großen Bibliothek zu finden sind. Allerdings nur in englischer Sprache. Die wenigen deutschen Übersetzungen sind ausnahmslos stark gekürzt. Im Band *Drona Parva* aus dem *Mahabharata* Seite 690, Vers 62 ist nachzulesen, wie drei vorzüglich gebaute, große Städte die Erde umkreisten. Sie stifteten Unruhe auf der Erde, doch auch Unruhe unter den Göttern. Es kam zum *Krieg der Sterne* (Seite 691, Vers 77): [66]

»Civa, der diesen vorzüglichen Wagen flog, der aus all den himmlischen Kräften zusammengesetzt war, bereitete sich für die Zerstörung der drei (himmlischen) Städte vor. Und Sthanu, dieser erste (vorderste) der Vernichter, dieser Zerstörer der Asuras, dieser stattliche Kämpfer von unermeßlicher Tapferkeit, der von den Himmlischen bewundert wird, ... befahl eine ausgezeichnete, einzigartige Kampfposition ... Als dann die drei Städte *am Firmament zusammentrafen* (in günstige Schußposition gerieten), durchbohrte sie der Gott Mahadeva mit seinem schrecklichen Strahl aus dreifachen Gürteln. Die Danavas waren unfähig, diesem Strahl, der mit Yuga-Feuer beseelt und aus Wischnu und Soma zusammengesetzt war, entgegenzusehen. Während die drei Städte zu brennen begannen, eilte Parvati dorthin, um sich das Schauspiel anzusehen.«

Die Götter des Hinduismus kämpften »am Firmament« untereinander wie *Semael* (oder Luzifer) in der jüdischen Überlieferung. Erinnern Sie sich?

»Semael war der größte Fürst unter ihnen im Himmel..., und Semael ging hin und verband sich mit allen obersten Heerscharen gegen seinen Herrn, und er versammelte sein Heer um sich und stieg mit ihnen hinab und begann auf Erden Genossen zu suchen.«

Und was stand bei Henoch? Er beschrieb die Meuterei unter den *Engeln* und zählte sogar die Namen ihrer Anführer auf.

Dieser Kern der Überlieferung – die Schlacht am Himmel, der Kampf unter den Göttern – ist das Entscheidende, das die naive Himmelsvorstellung der Religionen zur Farce werden läßt.

Im Hinduismus erreicht der Mensch die absolute Glückseligkeit durch sich selbst, durch sein dauerndes Wiedergeborenwerden, indem er sein *Karma* bis zur höchsten Stufe verbessert und reinigt. Jedoch die Hilfen dazu stammen von den Göttern und letztlich vom Universalgott Brahma. Dennoch kennen auch die Hindus den Wiederkunftsgedanken. So soll Gott Vishnu dermal einst als Krishna wiedergeboren werden und die Erde aus ihrem Schlamassel erretten. Dabei ist das mit dem *Karma,* der Wiedergeburt, für uns westlich orientierte Menschen ein Buch mit sieben Siegeln. Wie kamen die Hindus nur dazu, an dauernde Wiedergeburten zu glauben, wobei sie ihre Verdienste und Untaten von einem Leben ins nächste schleppen? Die unsagbar komplizierte Lehre vom *Karma* wird in der Religion des *Jainismus* sehr präzise und detailliert beschrieben. Der *Jainismus* ist die dritte religiöse Kraft, die Indien – neben dem Hinduismus und dem Buddhismus – hervorbrachte.

Der *Jainismus* bereitete sich Jahrhunderte vor dem Buddhismus in Nordindien aus und überzog bis ins fünfte Jahrhundert den gesamten indischen Halbkontinent. Doch die eigentliche Gründung dieser Religion soll Jahrhunderttausende zurückliegen, sagen die Anhänger des *Jainismus.* Sie betrachten ihre Lehre als ewig und unvergänglich, dies auch dann, wenn sie zwischendurch in Vergessenheit gerät. Die Religion der Jainas ist in einer ganzen Reihe von vorbuddhistischen Schriften festgehalten, und die haben – man kann es nicht anders ausdrücken – einen sagenhaften Charakter.

Die theologisch-philosophische Literatur des Jainismus umfaßt Heiligengeschichten, Lieder auf die uralten Schöpfer sowie Vorschriften aller Art. Diese Werke sind – vergleichbar der Bibel – unter dem Sammelnamen *Shvetambaras* bekannt. Sie werden in fünfundvierzig Hauptgruppen mit schier unaussprechlichen Namen unterteilt.

Das *Vyahyaprajnaptyanga* behandelt die gesamte Jainalehre in Dialogen und Legenden.

Das *Anuttaraupapatikadashanga* erzählt die Geschichten von den Urheiligen, die zu den höchsten Himmelswelten emporstiegen.

In der Gruppe *Purvagata* findet man wissenschaftliche Bücher und Belehrungen. So behandelt das *Utpada-Purva* die verschiedenen Substanzen in ihrem Entstehen und Vergehen (Chemie). Das *Viryapravada-Purva* beschreibt die Kräfte der Substanzen der Götter und großen Männer. Im *Pranavada-Purva* wird die Heilkunde behandelt, im *Lokabindusara-Purva* wird Mathematik gelehrt und über die Erlösung gesprochen. Damit nicht genug. In der Jainareligion gibt es noch die zwölf *Upangas,* und dort erfährt man alle Einzelheiten über Sonne, Mond und andere Himmelskörper, doch auch über die Lebensformen, die sie bewohnen. Und als besondere Zugabe darf man im *Aupapatika* noch lernen, wie sich die Existenz in Götterwelten erreichen läßt. Natürlich fehlt auch eine Aufzählung der Götterkönige nicht (Gruppe *Prakirnas,* 7. Buch). Und zusätzlich zu diesen Schriften gibt es noch ururalte Bücher, die einst existiert haben sollen, aber verlorengegangen sind. Immerhin glauben die Jainas, derartige Schriften seien von Priestergeneration zu Priestergeneration mündlich weitergegeben worden. Ihr Verlust ist für die Jainas nicht besonders schmerzlich, weil nämlich stets Wiedergeburten der alten Propheten auftauchen, die den Inhalt jener verlorenen Schriften bekanntgeben – sofern die Zeit und die Menschen reif sind. Von den Inhalten derartiger Schriften haben nur Bruchstücke überlebt, die allerdings höchst Erstaunliches behandeln:

- Wie man sich mit magischen Mitteln in ferne Länder begibt
- Wie man Wunder vollbringt
- Wie man Pflanzen und Metalle verwandeln kann
- Wie man den Luftraum durchfliegt

Letzteres, das Durchfliegen des Luftraumes, kennt auch die indische Sanskritliteratur. Ich muß hier auf mein Buch *Der Götter-Schock* verweisen. [67]

Nach der Lehre der Jainas ist das gegenwärtige Zeitalter, in dem wir leben, nur eines von vielen. Bereits vor uns gab es andere Weltperioden, und demnächst – etwa im Jahre 2000 christlicher Zeitrechnung – soll ein neues Zeitalter beginnen. Solche neuen Zeitalter werden stets von vierundzwanzig Propheten, den *Tirthamkaras,* eingeläutet. Der oder die Propheten unseres Zeitalters werden gerade geboren oder sind bereits als Erwachsene auf der Welt. Die religiösen Führer der Jainareligion wollen sogar ihre Namen und andere Einzelheiten aus ihrem Leben kennen.

Der Erste dieser *Tirthamkaras* war *Rishabha.* Er wandelte vor sagenhaften 8 400 000 Jahren auf der Erde. *Rishabha* war ein Riese von Gestalt, der uralt geworden sein soll. Alle nachfolgenden Patriarchen waren stets etwas kleiner von Körperwuchs und wurden auch immer etwas weniger alt. Doch der 21. von ihnen – *Arishtanemi* war sein Name – lebte immer noch 1000 Jahre und war 10 Bogenlängen groß. Erst die beiden letzten des vergangenen Zeitalters (*Parshva* und *Mahavira*) hatten ein für unsere Verhältnisse »vernünftiges« Alter. *Parshva* wurde 100 Jahre alt und war nur noch 9 Ellen groß, und *Mahavira,* der 24. der *Tirthamkaras,* brachte es gerade noch auf 72 Jährchen und eine Größe von 7 Ellen.

Die Jainas verlegen das Auftreten ihrer *Tirthamkaras* in geradezu schwindelerregende Zeiten. So sollen die letzten beiden um 500 respektive 750 v. Chr. gestorben sein, und das Wirkungsalter der anderen kann man etwa daran ermessen, daß *Arishtanemi* (das war der 2.), vor rund 84 000 Jahren unsere gute alte Erde beglückte.

Diese einfach so hingeworfenen Zahlen sollten eigentlich unsere Mythenforscher, doch auch die Theologen aufhorchen lassen. Weshalb? Weil hier wieder mal, verpackt in religiöses Gedankengut, der Kern einer Volksüberlieferung erkennbar wird, der in vielen heiligen und weniger heiligen Büchern durchschimmert. Im Telegrammstil eine Gedankenauffrischung:

Auf der altbabylonischen Königsliste *WB 444* werden von der Erschaffung der Erde bis zur Sintflut 10 Urkönige aufgezählt. Insgesamt regierten sie sage und schreibe 456 000 Jahre. Nach der Flut »stieg das Königtum abermals vom Himmel hernieder« [68], und die 23 Könige, die jetzt folgten, herrschten gemeinsam immer noch 24 500 Jahre, 3 Monate und 3½ Tage.

Genauso phantastische Altersangaben werden über die biblischen Urväter gemacht. Adam soll über 900 Jahre alt geworden sein, Henoch war 365 Jahre, als er in die Wolken fuhr, und sein Sohn Methusalem brachte es auf 969 Jahre. Hienieden.

Nicht anders im alten Ägypten. Der Priester Manetho meldet, der erste göttliche Herrscher in Ägypten sei Hephaistos gewesen, der auch das Feuer gebracht habe. Dann folgten Chronos, Osiris, Tiphon, Horos und der Isis Sohn. »Nach den Göttern regierte das Geschlecht der Göttersprößlinge 1255 Jahre. Und wiederum herrschten andere Könige 1817 Jahre. Danach andere 30 Könige, emphitische, 1790 Jahre. Danach andere, thynitische, 10 Könige, 350 Jahre. Der Totengeister und Göttersprößlinge Königtum umfaßte 5813 Jahre.« [69]

Derart unmögliche Zahlen bestätigt auch der Geschichtsschreiber Diodor von Sizilien, der vor rund zweitausend Jahren immerhin eine vierzigbändige historische Bibliothek zurückließ: [70]

»Von Osiris und Isis bis zur Herrschaft Alexanders, der in Ägypten die nach ihm benannte Stadt gegründet hat, seien mehr als 10 000 Jahre verflossen, sagen sie – einige aber schreiben, gar nur ein geringes weniger als 23 000 Jahre . . .«

Und als letzter Zeuge für unmögliche Daten sei der Grieche Hesiod genannt. Er schrieb um 700 v. Chr. in seinem *Mythos von den fünf Menschengeschlechtern* [71], ursprünglich hätten die unsterblichen Götter, Kronos und seine Genossen, die Menschen geschaffen. »Jener Heroen erhabenes Geschlecht, Halbgötter geheißen, die in der Zeit vor uns die unendliche Erde bewohnten . . .«

Ich befinde mich also mit den Daten der Jainas nicht in

einer Splendid isolation, sondern in recht guter Gesellschaft, wobei ich nicht einmal die Weltperioden und unmöglichen Daten der zentralamerikanischen Völker bemühen muß. Viele Jainaüberlieferungen sind – vom heutigen wissenschaftlichen Standpunkt aus betrachtet – geradezu revolutionär. Da spielt die Zeit, das *Kala,* eine Rolle, als ob sie von Albert Einstein formuliert worden wäre.

Ihre kleinste Zeiteinheit ist das *Samaya,* und dies entspricht der Zeit, während welcher sich ein Atom bei langsamster Bewegung um seine eigene Länge fortbewegen kann. Erst unzählige dieser *Samayas* bilden 1 *Avalika,* und – endlich zählbar – ergeben 1 677 216 dieser *Avalikas* 1 *Muhurta.* Dies wären 48 unserer Minuten. 30 *Muhurtas* machen 1 *Ahoratra* aus, und dies entspricht genau 1 Tag und 1 Nacht – wie bei uns! Nicht begriffen? Wenn Sie 48 Minuten (= 1 *Muhurta*) mit dreißig multiplizieren (denn 30 *Muhurtas* ergeben 1 Tag und 1 Nacht), so erhalten Sie 1440 unserer Minuten. Kein anderes Resultat ergibt sich bei der Multiplikation von 24 Stunden zu 60 Minuten: 1440. Das Entscheidende liegt nur darin, daß die Zeitrechnung der Jainas Jahrtausende alt ist und ursprünglich von den *himmlischen Wesen* gelehrt wurde.

15 *Ahoratras* ergeben – wie bei uns – 1 *Paksha,* das ist ½ Monat; und 2 *Pakshas* logischerweise 1 *Masa,* das ist 1 Monat. 2 Monate machen 1 *Jahreszeit,* 3 *Jahreszeiten* 1 *Ayana* (Semester). 2 *Ayanas* ergeben 1 Jahr, und 8 400 000 Jahre machen 1 *Purvanga* aus. Damit nicht genug: 8 400 000 dieser *Purvangas* entsprechen 1 *Purva* (= 16 800 000 Jahre). Die Zählerei bei den Jainas geht weiter bis zu 77stelligen Zahlen. Darüber hinaus erhalten die Zeitwerte eigene Begriffe, vergleichbar unseren *Lichtjahren* für eine Strecke von 9 500 000 000 000 Kilometern.

Verrückt, ist man versucht zu sagen, wenn man nicht wüßte, daß das Volk der Mayas in Zentralamerika mit genauso verrückten Zahlen operierte und sie genauso in Beziehung zu Zeiten und Universum setzte wie die Jainas im fernen Asien.

Übernommen von ihren himmlischen Lehrmeistern haben die Jainas auch noch Definitionen des Raumes, die uns erschüttern und die letztlich – oder endlich? – den Zusammenhang mit jenem geheimnisvollen *Karma* (Wiedergeburt) verständlich machen. Ich kann hier nur eine kurze Zusammenfassung der äußerst verwirrenden und verschachtelten Lehre wiedergeben, die ich einem Lehrbuch des Theologen Helmuth von Glasenapp verdanke. [72]

In den wissenschaftlichen Schriften der Jainas nimmt das Atom einen Raumpunkt ein. Dieses Atom kann sich mit anderen Atomen zu einem *Skandha* verbinden, welches dann mehrere oder unendlich viele Raumpunkte umfaßt. Nichts anderes lehrt unsere Wissenschaft. Zwei Atome ketten sich zum kleinsten Modell zusammen, doch gibt es Kettenmoleküle mit Abermillionen von Atomen. Durch die Verbindung von Atomen entstehen Stoffe von unterschiedlicher Dichte. Dabei unterscheidet die Jainalehre sechs Hauptarten derartiger Verbindungen:

- fein-fein = unsichtbar
- fein = noch unsichtbar
- fein-grob = unsichtbar, aber wahrnehmbar im Geruch und im Gehör
- grob-fein = Dinge, die man sehen, aber nicht fühlen kann, wie Schatten oder Finsternis
- grob = Dinge, die sich selbständig wieder vereinigen können, wie Wasser oder Öl
- grob-grob = Dinge, die ohne Hilfe von außen nicht wieder zusammenkommen (Stein, Metall)

In der Jainalehre gilt sogar der Schatten oder das Spiegelbild als etwas Materielles, weil es durch ein *Ding* hervorgerufen wird. Selbst der Schall ist in dieser Betrachtungsweise nicht »fein-fein«, sondern ein feiner Stoff: »Er entsteht dadurch, daß Aggregate von Atomen gegeneinander gerieben werden.«

In dieser Lehre vermag der »Fein-fein-Stoff« alles zu durchdringen, und dementsprechend kann er andere Stoffe verändern. Der in eine Seele eingedrungene Stoff äußert sich als *Karma,* und damit sind wir bei der Wiedergeburt angelangt. Wie bitte?

Das Karma bleibt ewig

Es gehört zu den Binsenwahrheiten, daß sich jede Art von Materie – ob ein Tisch oder ein Stück Knochen – bis auf die atomare Ebene hinunter *verkleinern* läßt. Das Atom seinerseits kennt subatomare Teilchen, Unterabteilungen sozusagen. Dazu gehört auch das Elektron, das in einem unvorstellbaren Rhythmus 10^{23}mal pro Sekunde schwingt. Die *Materie* dieses Elektrons wäre in der Betrachtungsweise der Jainas »fein-fein«. Sie ist nicht mehr faßbar und zudem *unsterblich.* Atome können alle möglichen Verbindungen eingehen – das Elektron ist immer dabei. Das Elektron wirkt wie »der Geist in der Materie« [73], vergleichbar einem Magnetfeld oder einer Radiowelle, die bestimmte Stoffe durchdringt. Nun beeinflussen die Gedanken jeder Lebensform deren Taten. »Der Stoff der Welt ist der Stoff des Geistes«, schrieb der englische Astronom und Physiker Arthur Eddington (1882–1944). Und Nobelpreisträger Max Planck (1858–1947) formulierte: »Es gibt keine Materie an sich! Alle Materie entsteht und besteht nur durch eine Kraft, welche die Atomteilchen in Schwingungen versetzt.«

Unser *Da-Sein* ist die Folge einer früheren Tat. Es muß schließlich ein anderes Leben vorausgegangen sein, das uns zeugte. (Und sollten wir in einer Zukunft das Leben künstlich erzeugen können, ändert dies nichts an der Tat.) Daraus ergibt sich, daß jede Existenz lediglich ein Glied in einer langen Kette von Existenzen ist, die einst waren oder sein werden. Da unsere Gedanken die Taten steuern, lassen die Taten ihrerseits Spuren auf dem *Geist* in uns zurück. Vergleichsweise könnte man ein Magnetfeld als *Geist* betrachten, doch dieser *Geist* beeinflußt die Materie. Nun betrachten die Jainas das, was wir gemeinhin »Seele« nennen, als den »fein-fein-stofflichen« Teil des materiellen Körpers. Dieser Teil ist genauso unberührt vom Körper wie das Elektron vom Atomkern. Ein Elektron gehört zwar immer zum Atom, doch aufeinanderprallen werden die beiden nie. Das Atom kann seine Lage verändern, sich zu riesigen Kettenmolekülen zusammenfinden, und stets sind Elektronen dabei. Seltsamerweise nicht *dieselben* Elektronen, denn das Elektron springt, beispielsweise wenn Energie wie Hitze hinzugefügt wird, von Atom zu Atom. In derselben Billionstelsekunde, in der ein Elektron zu einem neuen Atom springt, wird der leer gewordene Platz von einem anderen Elektron eingenommen. Es ist ein ewiges, unsterbliches »Fein-Fein«, eine Schwingung außerhalb des *materiellen* Atoms.

Genauso sehen die Jainas das *Karma,* ihre *Seele.* Egal, wohin der Körper geht, ob er letztlich verbrannt oder von Würmern zerfressen wird, das *Karma* bleibt unsterblich. Und dieses *Karma* enthält sämtliche Informationen der Lebensform, zu der es gehört. Denn während eines Lebens denkt und fühlt der Mensch. Dieses Denken und Fühlen wird auf das »Fein-Fein« des *Karma* übertragen, ver-

Oben: Auf diesem alten Stich aus der Jainareligion wird der 24. »Tirthamkara« in einer Prozession geehrt. Über der Szene schweben Luftschiffe.

Rechts: Der Same des Propheten »Tirthamkara« wird durch eine künstliche Befruchtung in den Schoß der jungen Prinzessin verpflanzt.

gleichbar einer Gravur. Wird das *Karma* zu einem neuen Körper, so enthält es bereits die Informationen des vorangegangenen Lebens, bis in alle Ewigkeit. Da der Lebenszweck aber letztlich darin besteht, den Zustand des absoluten Glücks zu erreichen – eins zu werden mit Brahaman –, wird uns das *Karma* über unzählige Wiedergeburten leiten, dieses Ziel zu erreichen.

Diese Gedankengänge sind gar nicht so weitab von unserer Philosophie, auch nicht von den Erkenntnissen unserer modernen Physik. Verblüffen sollte eigentlich nur, daß derartig komplexe Theorien bereits vor Jahrtausenden doziert wurden und die Dozenten allesamt aus dem Weltall kamen. Auch bei den Jainas. Das letzte Zeitalter der Jainas (das in unserer Zeit abläuft) wurde um zirka 600 v. Chr. durch den letzten der vierundzwanzig *Tirhamkaras* eingeläutet. Dieser *Tirhamkara* hieß »Mahavira«. Und wer war *Mahavira?* Ein Königssohn, dessen Embryo durch *himmlische Wesen* in die Gebärmutter der jungen Königin gepflanzt wurde. [74] Alle diese himmlischen Lehrmeister der Vergangenheit sollen wiederkommen, geboren in neuen Körpern. Es gibt bei den Jainas sogar viele alte Zeichnungen, die den vierundzwanzigsten *Tirthamkara,* den Propheten *Mahavira,* darstellen. *Über* der Prozession zu seinen Ehren schweben gleich fünf himmlische Schiffe.

Zwischen der Wiederkunftserwartung der Jainas und jener der Christen, Muslime oder Juden gibt es einen entscheidenden Unterschied. Letztere erwarten einen Messias und obersten Richter. Nach ihm herrscht für die Gläubigen das himmlische Gück und für die Ungläubigen die ewige Hölle. Nicht so bei den Jainas. Sie erwarten nicht nur einen einzigen *Messias* oder *Erretter,* sondern gleich mehrere. Diese »Tirthamkaras« genannten *Propheten* kommen immer wieder, bei jedem Weltzeitalter. Nach ihrem Auftauchen ist nicht sozusagen Schluß; es herrscht keineswegs Freude, Eierkuchen, auch nicht ewige Hölle, sondern es beginnt eine neue Runde im Spiel des Universums. Diese *Tirthamkaras* sind weniger *Erretter* als vielmehr Helfer. Sie bereiten die Menschheit auf das nächste Zeitalter vor. Deshalb werden die *Tirthamkaras* als Menschen geboren (man denke an den *Menschensohn* in den Prophezeiungen des Henoch), ihre Substanz jedoch, ihr karmisches Wissen, stammt aus dem Universum. Nicht irdische, sondern außerirdische Kräfte pflanzen den Samen oder das Embryo in die weibliche Gebärmutter. Ich möchte nur am Rande darauf hinweisen, daß dieses Gedankengut Jahrhunderte, wenn nicht Jahrtausende vor Christi Geburt existierte und deshalb niemand auf die Idee kommen kann, die Jainas hätten ihre *unbefleckte Empfängnis* dem Christentum abgeguckt. Eher umgekehrt!

Bei derartigen Lehrmeistern aus dem Weltall, wie sie die *Tirthamkaras* darstellen, dürfen astronomische und astrophysikalische Erkenntnisse vorausgesetzt werden. Demzufolge kennen die Jainas astronomische Daten, die uns reichlich unverständlich vorkommen. Ihre Lehre sagt, die Dimensionen des Universums könnten gemessen werden. Als Maßeinheit dient das *Rajju;* das ist die Strecke, welche Gott innerhalb von sechs Monaten durchfliegt, wenn er pro Augenblick 2 057 152 *Yojanas* zurücklegt.

Die Erde ist von drei Schichten umgeben, die hinsichtlich ihrer Dichte unterschiedlich bezeichnet werden: dicht wie Wasser; dicht wie Wind; dicht wie dünner Wind. Darüber liegt der absolut leere Raum. Nicht anders lauten unsere modernen Erkenntnisse: Atmosphäre; Troposphäre mit Stickstoff und Sauerstoff; Stratosphäre mit der Ozonschicht. Darüber liegt der interplanetare Raum.

Während sich bei uns langsam die Ansicht durchringt, im Universum müsse es andere Lebensformen geben als uns, gehört dieses Wissen bei den Jainas zu den alten Hüten: Das ganze Universum ist angefüllt mit Lebensformen. Die sind nicht gleichmäßig, sondern ungleichmäßig über den Sternenhimmel verteilt. Interessant ist, daß es auf allen möglichen Planeten zwar Pflanzen und Grundlebewesen gibt, jedoch nur auf bestimmten Planeten »Wesen mit willkürlichen Bewegungen« [75].

Die Religionsphilosophen der Jainas beschreiben sogar die verschiedenen Eigenschaften, welche die Bewohner diverser Welten aufweisen. Selbst der *Götterhimmel* hat einen Namen: Er heißt »Kalpas«. Dort soll es herrliche fliegende Paläste geben, bewegliche Gebilde, die oft die Größe ganzer Städte ausmachen. Diese Himmelsstädte sind stockwerkartig übereinander angeordnet, und zwar so, daß vom Zentrum jedes Stockwerkes aus die Vimanas (Himmelswagen) in alle Richtungen ausfahren können. Ist nun ein Zeitalter abgelaufen und sollen neue *Tirthamkaras* geboren werden, so erklingt im Hauptpalast des *Götterhimmels* eine Glocke. Diese Glocke bewirkt, daß in allen anderen 3 199 999 Himmelspalästen ebenfalls eine Glocke zu läuten beginnt. Dann versammeln sich die Götter, teils aus Liebe zu den *Tirthamkaras,* teils aus Neugierde. Und in einem fahrbaren fliegenden Palast besuchen sie unser Sonnensystem. Und auf der Erde beginnt ein neues Zeitalter.

Warten auf den Super-Buddha

Im Buddhismus ist der Grundgedanke der Erlösung ganz ähnlich wie bei den Jainas. Nur lehrten die Jainas *vor* Buddha (560–480 v. Chr.). »Buddha« bedeutet im Altindischen »der Erwachte«, »der Erleuchtete«. Mit bürgerlichem Namen hieß Buddha »Siddhartha«. Er entstammte einer adeligen Familie und wuchs im fürstlichen Palast seines Vaters im Vorland des nepalesischen Himalaja mit üppigem Luxus auf. Im Alter von neunundzwanzig Jahren hatte er genug von seinem nutzlosen Dasein. Er verließ die Heimat, übte sich sieben Jahre lang in der Kunst der Meditation und suchte einen Weg der Erkenntnis.

Doch zu Buddhas Zeiten existierten die Götter der Sagen, Mythen und Legenden längst. Nach seiner Erleuchtung empfand er sich selbst als Inkarnation eines Himmelswesens. So predigte er seinen Jüngern die *vier Wahrheiten,* jenen Weg, auf dem jeder ein Buddha, ein Erleuchteter, werden könne. Buddha setzte die Existenz zukünftiger Buddhas als selbstverständlich voraus. In seinen Abschiedsreden, im *Mahaparinibbana-Sutta,* spricht er von den zukünftigen Buddhas. Einer von ihnen, so prophezeite Buddha seinen Anhängern, würde zu einer Zeit kommen, in der Indien mit Menschen vollgepropft sei. Die Dörfer und Städte seien dann dicht bevölkert wie Hühnerhöfe. In ganz Indien würde es vierundachtzigtausend Städte geben. In der Stadt Ketumati (dem heutigen Benares) würde ein König namens Sankha leben, der die ganze Welt beherrsche, und zwar ohne Gewalt, sondern ausschließlich durch Gerechtigkeit. Doch unter der Herrschaft dieses Königs soll der erhabene *Metteyya* (auch »Maitreya« genannt) auf der Welt erscheinen, ein phänomenaler, in jeder Hinsicht einzigartiger »Wagenlenker und Weltenkenner«, ein Lehrer von Göttern und Menschen – eben: der perfekte Buddha.

Buddhas Prophezeiung des *Super-Buddha* gleicht der Jainalehre über die Rückkehr der *Tirthamkaras.* Auch der Buddhismus kennt die verschiedenen Zeitalter, die mit einem sich drehenden Rad verglichen werden. Nur sind diese Zeitalter im Buddhismus unermeßlich lang. Dies wird in einer Notiz aus dem *Anguttara-Nikaya* (IV, 156) plastisch dargestellt: [76]

»Vier unermeßliche Weltperioden gibt es, ihr Mönche: welche vier?

Wie lange ein Weltuntergang dauert, das, ihr Mönche, läßt sich schwerlich berechnen als ob so viele Jahre oder so viele Jahre, oder so viele Jahrtausende oder so viele Hunderttausende von Jahren. Das, ihr Mönche, läßt sich schwerlich berechnen...

Wie lange das Chaos anhält, das, ihr Mönche, läßt sich schwerlich berechnen...

Wie lange eine Weltbestehung dauert, das, ihr Mönche, läßt sich schwerlich berechnen...

Wie lange eine neuentstandene Welt bestehen bleibt, das, ihr Mönche, läßt sich schwerlich berechnen...

Diese vier unermeßlichen Weltperioden gibt es, ihr Mönche.«

Die Idee der vier – bei den Jainas sechs – Zeitalter geistert auch durch die sumerisch-babylonische Mythologie. Dabei kommt es sogar vor, daß weit voneinander entfernte Kulturen dieselben Zahlen nennen. Dem Religionsgeschichtler Professor Dr. Alfred Jeremias waren derartige Übereinstimmungen schon vor fünfundsechzig Jahren aufgefallen. Ein Beispiel [77]:

Nach den babylonischen Aufzeichnungen, doch auch nach denen des Baalpriesters Berossos, sollen die uralten Könige (Himmelsherrscher) Jahrtausende regiert haben. Dabei entsprechen die Zahlen für die Götter *Anu, Enlil, Ea, Sin* und *Samas* den Zahlen der betreffenden *Yugas* (Zeitalter) in Indien:

In Mitteljava steht der größte buddhistische Tempel, der Borobudur. Die Wandreliefs zeigen Szenen aus dem Leben Buddhas. Und überall stehen »Stupas«, die hier als Beförderungsmittel zur Götterwelt verstanden werden. Deshalb sitzt in jeder »Stupa« ein junger Buddha.

Anu	=	4 320	Kali-Yuga	=	432 000
Enlil	=	3 600	Kali-Yuga	=	360 000
Ea	=	2 880	Deva-Yuga	=	288 000
Sin	=	2 160	Treta-Yuga	=	216 000
Samas	=	440	Dvapara-Yuga	=	144 000
Adad	=	432	Maha-Yuga	=	4 320 000

Daß zweimal untereinander das *Kali-Yuga* auftaucht, hat seinen Grund. Denn das *Kali-Yuga* »ohne Dämmerung« zählt weniger Jahre als das »mit Dämmerung«. Es kommt auch nicht auf die Nullen an, sondern nur auf die Entsprechung der Grundzahlen. Diese Übereinstimmungen weisen auf einen gemeinsamen Urkern der Überlieferungen hin. Die Zahl 4 320 000 des *Maha-Yuga* (»großes Zeitalter«) ist identisch mit der des dritten vorsintflutlichen Urkönigs *En-me-en-lù-an-na.* Der herrschte *12 Sar,* und dies sind 43 200 Jahre. Oder die Zahl 288 000 des *Deva-Yugas* entspricht der Zahl des sechsten Urkönigs mit dem herrlichen Namen *En-sib-zi-an-na.* Der schaffte immerhin *8 Sar,* und das sind 28 800 Jahre. In Griechenland findet man den ältesten literarischen Hinweis auf ein *Weltzeitalter* beim Dichter Heraklit. Er nennt die Zahl 10 800 000 Jahre. Derselbe Grundwert entspricht der zweiten Periode der sumerischen Urkönige: nämlich *30 Sar* oder 108 000 Jahre.

Die Zahlenspielerei hat zwar direkt nichts mit der Wiederkunft irgendwelcher Erlöser zu tun, doch belegt sie immerhin das Gemeinsame, das allem zugrunde liegt. Es muß wohl in grauer Vorzeit eine einheitliche Urlehre gegeben haben, anders sind die Verwandtschaften der Ideen und Zahlen nicht erklärbar. Dieser gemeinsame Ursprung kann nur sehr weit in der Vergangenheit liegen, wäre es anders, wüßten die Geschichtsbücher davon.

»Anu« heißt im Sumerischen »der Himmel«. Gleichzeitig aber ist *Anu* eine göttliche Person, denn er sitzt auf seinem Throne in der »dritten Sphäre des Himmels«. In der babylonischen Sintflutlegende flüchten sogar die Götter vor der Flut und kuscheln sich an der Rampe von *Anus* Himmelspalast. In der Legende von Etana, in welcher der erste Flug eines Menschen über die Erde hinaus beschrieben wird, ist *Anu* der König aller Götter. Seine Krone soll der Stern Aldebaran, der hellste Stern im Sternbild des Stiers, sein. Die Menschen fürchteten ihn, denn *Anu* steigt periodisch zur Erde hernieder, um die Menschen zu bestrafen.

Verschleierungstaktik durch Psychologie

Bei meiner Konzentration auf den Wiederkunftsgedanken hilft mir die Psychologie keinen Deut weiter. Ich stelle nicht nur fest, daß alle Kulturen diesen Gedanken kannten, sondern auch, daß er stets mit den Sternen und mit *Rettern* von außerhalb der Erde verwoben ist. Dazu gehört auch die Idee der künstlichen Befruchtung respektive des Embryos, das von den *Göttern* stammt. Es führt kein Weg daran vorbei, dieses Gedankengut muß einen gemeinsamen Nenner haben, und der ist psychologisch nicht faßbar. Zwar ist der Wunsch nach dem großen Retter und Richter, nach dem König und dem Super-Buddha verständlich. Es muß den Völkern nur dreckig genug gehen. Unverständlich aber bleiben die Verknüpfungen und Einzelheiten der jeweiligen Lehre. Der Wunsch vermag auch die Überlieferungen in der Ich-Form nicht zu erklären und am allerwenigsten die Details von Daten und Namen. Oder will jemand ernsthaft behaupten, Henoch habe die Namen und Funktionen der meuternden *Engel* erfunden?

Die ältesten Götterdarstellungen finden sich auf sumerischen Rollsiegeln. Man erkennt die Unterweisung der Könige durch die Götter, undefinierbare Mischwesen sowie die Götterbarken am Firmament.

Oder das Grundmaß zur Vermessung des Universums mit der Zahl 2 057 125 *Yijanas* sei irgendeinem Träumer unter dem Feigenbaum eingefallen? Psychologisch ebensowenig erklärbar sind die gleichen Zahlenreihen bei verschiedenen Völkern. Dafür reicht kein Grundmuster aus psychologischen Schubladen, auch nicht für die künstlichen Befruchtungen und Embryoverpflanzungen, obendrein niedergeschrieben in der ersten Person. Daß dann nachfolgende Religionen ihren jeweiligen Heilsbringer ebenfalls mit einer unbefleckten Empfängnis glorifizierten, ist eine andere Litanei und psychologisch durchaus nachvollziehbar.

Auch heute noch glauben die katholischen Christen, Jesus sei von Maria unbefleckt empfangen worden. Sie müssen daran glauben, es ist ein Dogma (Glaubenssatz) der Kirche. Korrekterweise sollte hinzugefügt werden, daß sich das Gegenteil nicht beweisen läßt – wie schon? Woher wollen wir – wissenschaftlich exakt! – wissen, daß Jesus oder meinetwegen der lebende indische Prophet Sai Baba *keinen* kosmischen Samen in sich trägt? Im Altertum ging's nicht anders zu. Alle großen Götter und Gottkönige mußten unbefleckt empfangen worden sein. Schließlich durften sie nicht weniger wert sein als ihre Vorgänger.

Samen vom Himmel

So soll der Same des akkadischen Königs Hammurabi (1726–1686 v. Chr.) vom Sonnengott in den Schoß des Mutterleibs gelegt worden sein. Später wurde Hammurabi der größte Gesetzgeber. Von ihm stammen die ältesten schriftlich fixierten Spielregeln für die menschliche Gesellschaft: der Codex Hammurabi. Die über zwei Meter hohe Steinsäule mit dem Gesetzestext wurde zu Beginn unseres

Jahrhunderts in Susa ausgegraben. Heute steht sie im Pariser Louvre. Der Codex Hammurabi besteht aus zweihundertzweiundachtzig Paragraphen, und die, so behauptet der königliche Gesetzgeber, habe er vom Himmelsgott erhalten. Nicht anders als Mose, der seine Gesetzestafeln auf dem heiligen Berg direkt aus Gottes Hand empfing. Im *Vorwort* zu seiner Gesetzessammlung schreibt Hammurabi ausdrücklich, der »Herr des Himmels und der Erde«, Bel, habe ihn berufen und dazu bestimmt, »Gerechtigkeit im Lande walten zu lassen, den Ruchlosen und Bösen zu vernichten und die Unterdrückung des Schwachen durch den Starken zu verhindern« [78]. Und natürlich erwarteten die Menschen die Rückkehr ihres Gesetzgebers.

Rückblickend können wir bloß festhalten, *daß* Hammurabi etwas Besonderes leistete und sich vor der Masse seiner Zeit durch außergewöhnliche Handlungen auszeichnete. Selbstverständlich gilt das Argument, Hammurabi sei erst *nachträglich* zum *Gottessohn* erhoben worden – wäre da nicht seine Gesetzessäule, auf der er selbst, und dies zu seiner Zeit, versichert, die Himmelsgötter hätten ihn berufen. Der oberste Gesetzgeber als oberster Lügner? Das ist etwa so, als ob wir Mose der Lüge bezichtigen, wenn er behauptet, die Gesetzestafeln auf dem heiligen Berg von Gott persönlich empfangen zu haben.

Wir heutigen, superklugen und hochnäsigen Menschen »wissen« selbstverständlich, daß der Same des Königs Hammurabi niemals vom Sonnengott stammen kann. Woher wissen wir das eigentlich so sicher? Keiner war dabei, und das Skelett des Hammurabi ist genetisch nie untersucht worden. Bezeichnend für die menschliche Logik ist nur, daß wir mit derselben Selbstverständlichkeit, mit welcher wir Hammurabis außerirdische Kontakte ablehnen, diejenigen des Mose und anderer Propheten bejahen. Aber das ist ja etwas ganz anderes, nicht?

Auch der Assyrerkönig Assurbanipal (668–622 v. Chr.), derjenige, in dessen Tontafelbibliothek das Gilgamesch-epos entdeckt wurde, war unbefleckt empfangen. Er war der Sohn der Göttin Ischtar, die ihn in seiner Kindheit säugte. Ischtar muß wohl außerirdisch gewesen sein, denn auf einem Keilschrifttext ist nachzulesen: [79] »Ihre vier Brüste lagen an deinem Munde; an zweien saugtest du, in zweien bargest du dein Gesicht.«

Sie haben korrekt gelesen: *vier* Brüste. Manch Irdischer könnte darüber neidisch werden. Dieser König Assurbanipal berief sich bei seinen Entscheidungen auf »göttliche Ratschlüsse«, so auf die Götter Bel, Marduk und Nabu. Das war der Allwissende, von dem die Menschheit die Schrift erlernte. Auf einem Zylinder im Louvre in Paris ist Nabu neben Marduk dargestellt. Nabus Haupttempel lag in Borsippa und trug den Namen »Tempel der sieben Befehlsübermittler des Himmels und der Erde«. Eigenartig.

War all dies nur ein Spleen, eine Wichtigtuerei der Königshäuser, die sich auf einen »göttlichen Samen« berufen mußten, um beim Volk und ihrer Priesterschaft überhaupt anzukommen? Persönlich denke ich, jein. Niemals trug jeder König und jeder Religionsgründer den himmlischen Samen – aber es gab welche aus jener undatierbaren Vorzeit, die überzeugt waren, einen ganz speziellen genetischen Code weiterzugeben. Diese tiefe Überzeugung stammte aus einem familiären und priesterlichen Wissen, das eine einstige Wirklichkeit tradierte. Erinnern wir uns: Auch der Ursprung des ägyptischen Königshauses ging auf die Götter zurück. Die alten Geschichtsschreiber, jene, die vor zweitausend Jahren und mehr arbeiteten, berichten ausnahmslos von einem Geschlecht der Götter, aus dem schließlich die ersten Könige hervorgegangen seien. Erst von den Göttern lernten die Menschen die Künste, die

Astronomie, die Anfertigung von Werkzeugen oder die Bebauung des Bodens. Auch die Sprache und die Schrift stammten von diesen hilfreichen himmlischen Wesen: [80]

»Von diesen nämlich sei zuerst die allen verständliche Sprache gegliedert und ausgebildet worden und vieles mit Namen belegt, wofür man bis dahin noch keinen Ausdruck hatte...«

Es darf doch nicht ignoriert werden, daß ähnliche Geschichten in anderen, nichtdatierbaren Texten vorkommen. Henoch! Berossos mit der *Oannes*-Überlieferung! Die Lehre der Jainas! Und selbstverständlich auch die Apokryphen des Alten Testaments! Auch dort ist von den himmlischen Lehrmeistern die Rede, selbst wenn sie »gefallene Engel« tituliert werden, und auch dort, im Dunstkreis der jüdischen Überlieferung, wimmelt es nachgerade von auserwählten Typen, deren Same nicht irdischer Herkunft war. Man hört das zwar nicht gern und behandelt derartiges Gedankengut mit spitzen Fingern. Und flugs wird Erich von Däniken auch noch mit idiotischen Rassisten in Verbindung gebracht, als ob ich die Idee des *himmlischen Samens* und der *Auserwählten* erfunden hätte. Diese ganze Gedankenwelt ist nicht auf meinem Mist gewachsen – sie stammt in schnurgerader Linie aus exakt den Büchern, die für viele Völker heilig sind.

So war Noah, der Überlebende der Sintflut, nicht irgendwer. Zwar wird als irdischer Vater Lamech genannt, nur hat Lamech seinen Sohn nie gezeugt. Dies kann jedermann in einer der Schriftrollen vom Toten Meer nachlesen. [81] Dort steht, Lamech sei eines Tages von einer Reise zurückgekehrt, die länger als neun Monate dauerte. Wieder im heimischen Zelt, fand er einen Buben vor, der nicht in seine Familie paßte. Er hatte andere Augen, andere Haarfarbe und auch noch eine andere Haut. Wütend ging Lamech zu seiner Frau, doch die schwor bei allem, was ihr heilig war, sie habe weder mit einem Fremden, geschweige denn mit einem Soldaten oder gar einem der *Söhne des Himmels* Geschlechtsverkehr gehabt. Besorgt machte sich Lamech auf den Weg, um seinen Vater um Rat zu fragen. Das war kein anderer als Methusalem. Auch der wußte nicht weiter und bemühte sich zu seinem Vater, also Lamechs Großvater. Im Fernsehquiz dürfte man jetzt dreimal raten, wer das war. Mein Freund Henoch. Der sagt seinem Sohn Methusalem, Lamech möge das Knäblein als sein eigenes anerkennen und seiner Frau nicht böse sein, denn die »Wächter des Himmels« hätten den Samen in den Schoß seiner Frau gelegt. Dies deshalb, weil das Kuckucksei zum Stammvater des neuen Geschlechts nach der Flut bestimmt sei. Lamech möge den Knaben Noah nennen. Das tat er dann auch.

Die Episode zeigt, daß bereits Henoch – derselbe, der später mit einem feurigen Wagen in die Wolken fuhr – über die kommende Flutkatastrophe informiert war. Von wem wohl? Von seinen herniedergestiegenen »Wächtern des Himmels«. Und wer besorgte die künstliche Befruchtung von Lamechs Frau? Dieselben Raumfahrer.

Mit derartigen Beispielen möchte ich ein Gedankengut untermauern, das in ähnlicher Form an allen Ecken der Welt aufgezeichnet wurde. Vor Jahrtausenden. Mindestens! Es ist ein Kreuz mit den unzähligen Göttersöhnen. Sie tummeln sich nicht nur in der Mythologie Ägyptens, Griechenlands und Indiens, der göttliche Jetset ist buchstäblich weltweit präsent.

Götter von gestern – Götter von morgen

Die Tibetaner, groß geworden in Hochtälern, abgeschirmt vom Rest der Welt, kennen »den obersten Himmelskönig« oder »den Heiligen dort oben« [82]. Dabei unterscheiden die Tibetaner zwischen einem transzendentalen Himmel und dem Firmament. »Die ältesten tibetanischen Könige wurden *Himmels-Throne* genannt. Sie stiegen im Auftrage Gottes vom Himmel auf die Erde herab und kehrten nach ihrer Herrscherperiode, ohne den Tod zu schauen, zum Himmel zurück.« Sie verfügten über unvorstellbare Waffen, mit denen sie ihre Feinde züchtigten oder vernichteten. Das Aussehen einiger dieser Schleuderwaffen ist im Volksgedächtnis haften geblieben. Dazu zählt der *Donnerkeil,* der heute noch in tibetanischen Tempeln verehrt wird. Es muß wohl mehr dahinterstecken als nur dumme Phantasie, schließlich sind diese *Donnerkeile* eine Realität, auch wenn wir uns nicht vorstellen können, wie sie funktionierten. Die Legende vom großen tibetanischen König Gesar berichtet, er sei durch eine »himmlische Lichterscheinung« empfangen worden. Nachdem er für Ordnung im Lande gesorgt hatte, entschwand er wieder in seine himmlische Heimat, selbstverständlich mit dem Versprechen, später wiederzukehren. König Gesar galt genauso als einer der himmlischen Herrscher wie die mystischen Urkaiser Chinas oder die Gottkönige Ägyptens. Sie alle waren Lehrmeister der Menschheit, und alle galten als eigentliche *Menschen-Macher.* Vor ihrer Herniederkunft lebten die Menschen noch wie Tiere.

In der Genealogie der König von Tibet, im sogenannten Gyelrap, werden siebenundzwanzig Könige aufgeführt. Sieben davon stiegen auf einer Leiter vom Firmament her-

CHOSES EN
革のもの

nieder. Und selbst die ältesten Schriften flogen in einem Kasten vom Himmel herab. Auch der große tibetanische Lehrmeister mit dem zungenbrechenden Namen »Padmasambhava« (auch »U-Rgyan Pad-Ma«) brachte unverständliche Schriften vom Himmel zur Erde. Vor seinem Abschied deponierten seine Schüler diese Schriften in einer Höhle für eine spätere Zeit, »in der sie verstanden werden« [83]. Derselbe Lehrmeister entschwand vor den Augen seiner Jünger in den Wolken. Nicht etwa indem er und sein Raumschiff *weggebeamt* worden wären, sondern indem »inmitten der Wolken ein Pferd aus Gold und Silber auftauchte«. Alle Welt konnte zusehen, wie er mit seinem metallenen Pferd in den Wolken verschwand. Kollege Henoch mit seinem Roß und seiner *Himmelfahrt* läßt grüßen!

Mir ist fast peinlich hinzuzufügen, daß selbstverständlich auch die heiligen Bücher Tibets mit *unmöglichen Zahlen* operieren. Da werden vier große Himmelskönige aufgezählt, und die Lebensdauer jedes Königs beträgt rund neun Millionen Erdenjahre. In verschiedenen Himmelsbezirken gibt es verschiedene Wohnstätten, und die erreicht man durch lange Fahrten im Kosmos. Die jeweiligen Götterjahre werden in Menschenjahre umgerechnet, man kommt sich vor wie in Einsteins Relativitätstheorie. Der Unterschied liegt nur im Alter: Einstein lebte in unserem Jahrhundert. Die tibetanischen Bücher *Kandschur* und *Tandschur* sind Jahrtausende alt. [84]

Dieses Gedankengut beschränkt sich nicht auf den geographischen Raum, den wir heute als Nahen und Fernen Osten bezeichnen. In Amerika dachten die Indianer genauso. Aus dem Sagenkreis der Wabanaki ist die Überlieferung von Gluskabe bekannt. Der wirkte auf der Erde als Lehrmeister und brachte den Indios nun wirklich alles bei: Fischen, Jagen, Hüttenbau, Waffentechnik, Medizin, Che-

◁ *Darstellung einer Götterwaffe, des »Donnerkeils«, im Kloster Kva Bahal in Nepal.*

mie und selbstverständlich auch die Astronomie. Bevor er sein irdisches Wirken beendete und zu den Sternen fuhr, versprach er, in einer fernen Zeit zurückzukehren. [85] Hoffentlich!

Über den Mayagott Kukulkan habe ich mich in einem eigenen Buch ausgelassen. [86] Hierher gehört nur dies: »Der Glaube des Volkes aber ist sicher, daß er gegen Himmel gefahren sei.« [87] Und – haben Sie etwas anderes erwartet? – er versprach zurückzukehren.

So gleichen sich denn die Bruchstücke der Volksreligionen wie bei den Beteiligten eines Krimi. Die Namen sind anders, die Inhalte ähnlich. Man muß nicht Sherlock Holmes heißen, um die Einzelteile zusammenzufügen. Und persönlich finde ich es nachgerade hahnebüchen zu unterstellen, die verschiedenen Völker rings um den Erdball hätten ihre Wiederkunftserwartungen von christlichen Missionaren übernommen. Heiliger Bimbam! Was war denn zuerst? Die christlichen oder die anderen Bücher? »Tatsachen sind die Feinde der Wahrheit« (Miguel de Cervantes, 1547–1616).

So mag man um den Globus hüpfen, in der Vergangenheit wühlen und die religiösen Texte durchstöbern. Überall findet sich die Wiederkunftserwartung. In China war's Konfutse, der wiederkommen soll, um »die Harmonie zwischen Himmel und Erde« neu herzustellen, [88] und die Aborigines (Ureinwohner) im fernen Australien belegten ihre »urzeitlichen Himmelsheroen« [89] mit den Namen »Ngumyari« und »Wandinas«. Ihre Wiederkunft wurde sehnsüchtig erwartet. Jetzt fehlt eigentlich nur noch der Theologe oder Psychologe, der uns einredet, die Chinesen hätten ihre Ideen von den australischen Ureinwohnern – oder umgekehrt.

Ja, und fernab von China und Australien beherrschte derselbe spleenige Gedanke der Wiederkunft die Gehirne der vorinkaischen Priester. Nach ihrer Überlieferung soll einst *Wiracocha* (Huirakotscha) mit drei Brüdern die Erde besucht haben. Sie unterwiesen die Indios, gründeten Siedlungen und fuhren am Ende ihrer irdischen Laufbahn ins Weltall zurück. Natürlich mit dem Versprechen einer späteren Wiederkunft. [90] Was sonst? Ihre Nachfahren, die Inkaherrscher, nannten sich »Söhne der Sonne«. Die ersten christlichen Eroberer, ob Pizarro in Peru oder Cortez in Mexiko, wurden zuerst einmal als »wiedergekehrte Götter« bejubelt. Nee, von den christlichen Mönchen können sie's nicht erfahren haben, die Verehrung war schon da. Die Götter mit Rückfahrkarte wirkten global. Und die Beispiele, deren Querverbindungen ich in diesem Kapitel aufzeigte, sind bestenfalls die Spitze des Eisberges. In früheren Büchern wies ich auf die Traditionen der Hopi- oder Kayapoindianer hin, auf die japanischen Dogus und ihr heiliges Buch *Nihongi,* auf Überlieferungen der Eskimos oder die des Stammes Dogon in Zentralafrika. Sie alle kennen die himmlischen Lehrmeister, und sie alle warten auf ihre Wiederkunft. Das Volk der Mayas brachte es auf den Punkt, nachzulesen im *Buch der Jaguarpriester* [91]:

»Sie stiegen von der Straße der Sterne hernieder ... Sie sprachen die magische Sprache der Sterne des Himmels ... Ja, ihr Zeichen ist unsere Gewißheit, daß sie vom Himmel kamen ... Und wenn sie wieder herniedersteigen werden, die dreizehn Götter und die neun Götter, dann werden sie neu ordnen, was sie einst erschufen.«

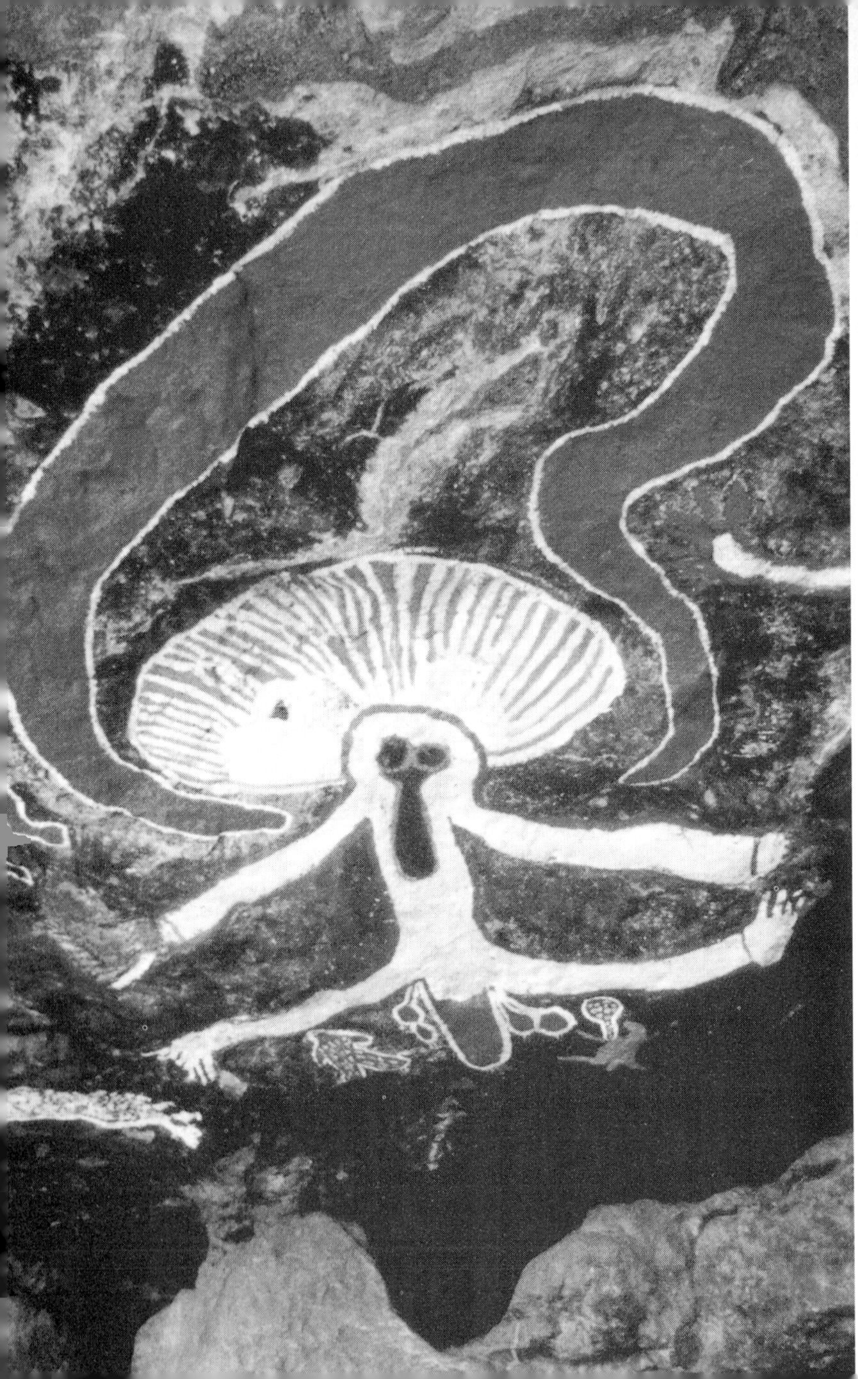

Felszeichnungen der australischen Ureinwohner, der »Aborigines«. Die Darstellungen zeigen die von Strahlen umgebene Himmelsgöttin »Wandina«.

Wer soll kommen?

Die Erwartung der Wiederkunft irgendwelcher Götter war und bleibt eine unumstößliche Tatsache. Strittig bleiben nur die Fragen, *wer* eigentlich wiederkommen soll und *wann*. Christen und Juden warten auf den Messias, Muslime auf den Mahdi, lediglich ein anderer Name für die Messiasgestalt. Mit dem Wort »Messias« meinte man ursprünglich »der Gesalbte«. Es ist vom hebräischen *maschiach* (griechisch *christos)* abgeleitet und bezeichnete den gesalbten König. Im jüdischen Religionsbereich wird ein Abkömmling aus dem Hause Davids erwartet, doch selbst dessen Substanz kommt letztlich aus den Wolken. Ein ganz gewöhnlicher Mensch, der sich später zum König aufschwingt, kann nicht Messias werden, denn schon das Wort »Mensch« ist vollkommen ungeeignet, um den Messias zu erklären. Der berühmte Professor Dr. Hugo Gressmann analysierte: [92] »Beides ist vielmehr ausgeschlossen; denn der Messias erscheint wie ein himmlisches Wesen. Überdies gilt er als prä-existent.« Er existierte schon, bevor es Menschen gab.

Der gemeinsame Nenner aller Messiasvorstellungen:
- Er verfügt über große Macht.
- Er ordnet neu.
- Er ist die Gerechtigkeit in Person.
- Er ist von Gott inspiriert, berufen, geprägt.

Je nach Religion ist dieser Messias:
- Ein Menschensohn, empfangen vom Himmel (Same, Embryo, Karma der Himmlischen). Dieser Menschensohn kann bereits auf der Erde geweilt haben, wurde »in den Himmel genommen« und kehrt zurück.

– Außerirdisch, in Einzahl oder Mehrzahl. Göttergleiche Wesen, die bereits früher auf der Erde weilten.

In der christlichen Vorstellung (Evangelien und Apokalypse), doch auch im Judentum (Henoch und Apokryphen) sowie im Koran der Muslime wird die Wiederkunft des Messias mit einem Weltgericht in Zusammenhang gebracht. Irgendeine *Gewalt* erscheint am Firmament, begleitet von großen *Heerscharen.* Die Parsen nennen diese Gewalt »die All-Überwinder«; die Sumerer sprechen von Gott »Anu«, der vom Stern Aldebaran zurückkehrt; die Tibetaner berichten von »den Heiligen dort oben«, die hier unten die alte Ordnung wiederherstellen; die Mayas erwähnen »die dreizehn Götter«, welche ebenfalls zurückkehren, um »neu (zu) ordnen, was sie einst erschufen«. Mit dem Auftauchen dieser Gewalt sind rätselhafte Ereignisse »am Himmel« verbunden. Ein Stern oder »leuchtender Berg« stürzt aus dem Firmament, »Zeichen am Himmel« erscheinen, der Mond verfinstert sich, die Menschen zittern und sind am Ende ihrer Nervenkräfte. Auf der Erde treten unvorstellbare Naturkatastrophen ein. Sie bebt und schüttelt sich, die Meere »fließen ineinander«, Vulkane brechen auf, und aus den Wolken erscheint der *Ultimo iudex,* der *Letzte Richter.* Und über was genau soll gerichtet werden? Über die Gläubigen und die Ungläubigen.

Was ist Glaube? An *was* sollten die Menschen glauben? An das, was ihre Vorfahren vor Jahrtausenden erlebten und ihren Büchern anvertrauten, oder an das, was das Menschengeschlecht in seinem rechthaberischen Wahn daraus zurechtdrehte? Alle Religionen der Gegenwart beziehen den Messiasgedanken auf *ihren* Heilsbringer. Dies ist eine schlichte Tatsache, ob wir sie mögen oder nicht. Logischerweise können nicht alle Religionen recht haben. Irgendwelche müssen falschliegen. Und was, wenn *alle* falschliegen? Schließlich ist der Messiasgedanke viel älter als der Koran, älter als das Neue Testament, älter als der Buddhismus und auch älter als die biblischen Propheten nach der Flut. Ein Wiederkunftsversprechen geisterte seit den vorsintflutlichen Patriarchen, seit den Zeitaltern der Jainas und »Urkönige« der verschiedenen Völker durch die menschlichen Gehirne. Wo hat das angefangen? Nochmals: An *was* sollen die Menschen glauben? *Wen* sollen sie erwarten? Vor *wem* sollen sie sich fürchten? *Wer* kehrt »mit großer Macht und Herrlichkeit zurück? Mit »himmlischen Heerscharen und einer gewaltigen Demonstration am Firmament? *Wer* sind die verstockten Menschenmassen, die trotz dieser Machtentfaltung, die sie mit eigenen Augen erlebten, »immer nicht glauben«?

Die PALÄO-SETI-PHILOSOPHIE kann eine Antwort bieten, die den Überlieferungen gerecht wird. Eine Theorie, welche viele Einzelfragen abdeckt und so manchen Text bestätigt. Im Gegensatz zu den Religionen verlangt die PALÄO-SETI-PHILOSOPHIE nicht den geringsten Glauben. Man mag die Gedanken prüfen und ablehnen, prüfen und gut finden. Und doch hat die PALÄO-SETI-PHILOSOPHIE allen Messiaserwartungen der Religionen etwas voraus: Sie ist rational begründbar.

Good by, papa!

Die fremden Raumfahrer, die vor Jahrtausenden auf der Erde weilten und dem menschlichen Geschlecht einen genetischen Schub verpaßten, dieselben Raumfahrer, die als *Götter, Engel, gefallene Engel* und so fort durch die antike Literatur geistern, haben sich irgendwann verabschiedet. Zudem durften einzelne, privilegierte Menschen *mit* diesen Raumfahrern wegfliegen. Auch sie haben sich verabschiedet. Was erzählte man den Zurückgebliebenen? Denen, die eigentlich ganz gerne auch mit auf die große Reise gegangen wären? Hier ein erdachter Abschiedsdialog zwischen Henoch und seinem Sohn Methusalem:

Henoch: Es wird Zeit, mein Sohn. Sie werden bei Sonnenaufgang kommen, um mich abzuholen.

Methusalem: Vater, sehen wir dich wieder?

Henoch: Nein. Zumindest nicht deine Generation. Sie sagten mir, während ihrer Abwesenheit würden auf der Erde mehrere Jahrtausende verstreichen.

Methusalem: Wie soll das möglich sein? Sind wir nicht alle zum Tod bestimmt?

Henoch: Schon. Aber im Weltall herrschen andere Gesetze der Zeit. Wenn die Wächter nach Jahrtausenden wiederkehren, werden sich die Erde und die Menschen verändert haben.

Methusalem: Hm! Ich verstehe es nicht. Aber die Wächter haben es dir gesagt. Und wohin fliegst du?

Henoch: Siehst du die hellen Gürtelsterne im Bild des Orion? Jetzt verlängere die Linie um sechs Ellen. Dort leuchtet ein Sternchen, nicht allzu hell und leicht gelblich. Das ist die Heimatsonne der Wächter. Dort gibt es eine Erde, schöner als unsere. Dahin gehe ich.

Methusalem: Vater, du bist auserwählt, als lebendiger Mensch mit deinem eigenen Körper in den Himmel zu fahren. Ich beneide dich.

Henoch: Nein, mein Sohn. Ich fahre nicht in den Himmel. Der Himmel, den die Menschen ersehnen, ist ein Ort des absoluten Glücks. Die gute Seele erreicht den Himmel erst nach dem Tode. Ich hingegen fahre hinaus ins Weltall.

Methusalem: Ich erkenne keinen Unterschied zwischen

Himmel oder »Weltall«, wie du es nennst. Blicke auf die Sternenpracht. Dort oben ist Ruhe, Frieden und Schönheit. Die Wächter können mit feurigen Barken herumfahren. Ihre Macht ist grenzenlos. Mit unseren Augen betrachtet, sind sie unsterblich. Es muß sein wie im Himmel, auch wenn du es »Weltall« nennst.

Henoch: Der Abschied naht, mein Sohn Methusalem. Hörst du den Lärm des Volkes? Sie versammeln sich, um meine Abschiedsrede zu hören. Die Wächter haben mich gewarnt, niemand dürfe zum Platz kommen, wo das feurige Pferd herniedersteigt. Das gilt auch für dich und die Deinen. Und nun, mein Sohn Methusalem, ich habe dir alles erklärt und dir auch alle Bücher übergeben. Bewahre diese Bücher aus deines Vaters Hand. Lasse sie immer wieder abschreiben und achte darauf, daß kein Wort verändert wird. Auch wenn ihr und eure Söhne und Enkel den Inhalt nicht versteht, so werden es spätere Generationen verstehen und dankbar sein, daß ihr nichts verändert habt. Die Wächter haben mir aufgetragen, diese Bücher nicht geheimzuhalten. Deshalb übergib sie den kommenden Generationen der Welt.

Selbst wenn der Dialog so ähnlich stattgefunden haben sollte und selbst wenn Henoch seinen Abertausenden von Zuhörern, die sich zu seinem Abschied versammelten, klargemacht hätte, daß er nicht in den *Himmel*, sondern nur ins *Weltall* entschwinde, hätten es die nachfolgenden Geschlechter nicht verstanden. Wenn jemand dort hinausfliegen, sich unter die leuchtende Sternenpracht mischen, sich dort eine Heimat nehmen konnte, dann *mußte* er »in den Himmel gefahren sein«. Nun hatten die Außerirdischen den Menschen unmißverständlich beigebracht, daß sie selbst *keine* Götter seien. (»Ihr sollt euch kein Bildnis von Gott machen!«) Genützt hat es nichts. Die nachfolgenden Generationen, diejenigen, die den *Götterbesuch* nicht mehr mit eigenen Augen erlebt hatten, saßen vor Texten, die für sie keinen Sinn ergaben. Da wurde überliefert, zu Ururgroßvaters Zeiten seien Wesen herniedergestiegen »mit großer Macht und Herrlichkeit«. Damit *konnten* nur Götter oder die Botschafter und Diener des einen Gottes gemeint sein. Diese Wesen flogen vom *Höchsten* zur Erde hernieder und unterrichteten die Menschen. Und prompt waren in den interpretationswütigen Gehirnen der Menschen die Engel geboren. Menschen suchen immer nach einem Sinn – auch wenn ein Unsinn daraus entsteht.

Bald sonderten sich nachdenkliche Männer vom Rest der Menschengruppe ab. Man nannte sie »die Weisen...« Genau wie im Beispiel vom *Stein des heiligen Berlitz* veränderten die Weisen von Generation zu Generation ihre Abschriften, machten sie für ihren Zeitgeist verständlicher. Da lasen die weisen Denker Geschichten über ein seltsames Ding, das glänzte, zudem aber schnaubte, vier Füße hatte und trotzdem flog. Damit konnte nur ein Pferd gemeint sein. Ein fliegendes. Sie lasen Geschichten über herniedergestiegene Wesen und machten *Engel* daraus. Bald merkten sie, daß von unterschiedlichen Engelarten die Rede war. Mal gab es gute, mal böse, dann wieder solche, welche dem *Höchsten* dienten und seinen *himmlischen Thron* beschützten, und andere, die gegen den *Höchsten* fluchten, zur Erde herniederfuhren und Gefallen am Sex fanden. Um das Unverständliche verständlich zu machen, nannte man die »bösen Engel« »herabgestürzte Engel«. Man gab ihnen Namen wie »die Verführer« oder »die Gottessöhne«. Nun sprachen die Texte der Urväter auch noch davon, einzelne Menschen hätten mit den *Engeln* hinauffahren dürfen zum *Höchsten.* Daraus wurde eine *Himmelfahrt.* Und tauchte eine Beschreibung über das

Äußere und Innere eines Weltraumschiffes auf, so konnte es sich nur um einen Wohnsitz der *Engel* und den Thron des *Allerhöchsten* handeln. Ich versuche diesen Umdeutungsprozeß der folgenden Gegenüberstellung nachzuzeichnen.

Erdachtes Original:
»Ich beschreibe mein Erlebnis: Zuerst sah ich Wolken, und dann, als wir noch höher gehoben wurden, bemerkte ich einen immer feiner werdenden Nebel. Und plötzlich waren die Sterne da, doch um uns herum blitzte etwas. Ich war derart verkrampft, daß sie mich aus dem Stuhl heben mußten. Ich trat in einen Gang, bis ich mich einer Wand näherte, die aus glitzernden Steinen zusammengesetzt schien. Zudem bemerkte ich rötliche Lichtpunkte, die in dieser Wand herumhuschten. Dann betrat ich das Sternenschiff. Im Innern glänzte es wie draußen, nur der Fußboden bestand aus Kacheln, und darunter schimmerte ein schwaches Licht. Das schönste aber war die Decke. Wie durch eine durchsichtige Kuppel sah ich den Sternenhimmel und dazwischen immer wieder Wächter in kleineren Fahrzeugen, die an- und abdockten und allerlei Arbeiten verrichteten. Nochmals mußten wir in ein größeres Sternenschiff umsteigen. Im Innern standen alle Türen offen, doch bemerkte ich unbeschreibliche Lichtbewegungen vor jeder Türe. Die Wächter erklärten, es seien die Sensoren und Türschirme. Die Zentrale erwies sich als riesengroß und unbeschreiblich. Mittendrin stand auf einem erhöhten Podest ein Sessel und darum herum ein mattleuchtendes, großes Glas. Darauf erkannte ich eine leuchtende Sonne und immer wieder Wächter, die außerhalb des Schiffes arbeiteten. Auf diesem Sessel saß der Kommandant, angetan mit einem schneeweißen Gewand. Ich warf mich vor ihm auf den Boden, doch er kam zu mir, grüßte mich mit

seiner Stimme und sagte: Du also bist der Mensch, der dort unten für Gerechtigkeit sorgen soll?«

Original Buch Henoch (14,8ff.; 71,11ff.) wie es heute vorliegt: [93]
»Mir wurde im Gesichte folgende Erscheinung: Siehe, Wolken luden mich ein im Gesicht, und ein Nebel forderte mich auf; der Lauf der Sterne und Blitze trieb und drängte mich, und Winde gaben mir Flügel im Gesicht und hoben mich empor. Sie trugen mich hinein in den Himmel. Ich trat ein, bis ich mich einer Mauer näherte, die aus Kristallsteinen gebaut und von feurigen Zungen umgeben war; und sie begann mir Furcht einzujagen. Ich trat in die feurigen Zungen hinein und näherte mich einem großen, aus Kristallsteinen gebauten Hause. Die Wände jenes Hauses glichen einem mit Kristallsteinen getäfelten Fußboden, und sein Grund war von Kristall. Seine Decke war wie die Bahn der Sterne und Blitze, dazwischen feurige Cherube... Siehe, da war ein anderes Haus, größer als jenes; alle seine Türen standen vor mir offen, und es war aus feurigen Zungen gebaut. In jeder Hinsicht, durch Herrlichkeit, Pracht und Größe zeichnete es sich so aus, daß ich euch keine Beschreibung von seiner Herrlichkeit und Größe geben kann... Ich schaute hin und gewahrte darin einen hohen Thron. Sein Aussehen war wie ein Reif; um ihn herum war etwas, was der leuchtenden Sonne glich und das Aussehen von Cheruben hatte... Die große Majestät saß darauf; sein Gewand war glänzender als die Sonne und weißer als lauter Schnee (Kap. 71, Vers 11 ff.)... Da fiel ich auf mein Angesicht; mein ganzer Leib schmolz zusammen, und mein Geist verwandelte sich... Er kam zu mir, grüßte mich mit seiner Stimme und sprach zu mir: Du bist der Mannessohn, der zur Gerechtigkeit geboren wird«...

Welch ein Drama, wenn aus Raumfahrern *Engel* und *Cherube* werden, aus Offizieren *Erzengel* und aus dem Kommandanten der *Höchste,* oder noch verheerender: *Gott!* Was für ein Chaos, wenn aus simplen, elektrischen Entladungen *feurige Zungen* gemacht werden und aus einer Kommandobrücke eine *unbeschreibliche Herrlichkeit!* Verständlich, daß aus dem Kommandosessel ein *hoher Thron* werden muß und aus dem Kommandanten die *große Majestät.* Es ist nachgerade beruhigend, daß wenigstens in diesem Textabschnitt kein *lieber Gott* hergezaubert wurde. Das wäre ja auch unpassend, denn schließlich »kam er zu mir, grüßte mich mit seiner Stimme«. Sich einen Gott vorzustellen, der seinen irdischen Besucher auch noch per Handschlag begrüßt, war selbst für die Gehirne der Exegeten zuviel. Also beließ man es bei der *großen Majestät.* Immerhin.

Ich kenne die Argumente, warum ein derartiger Textvergleich unzulässig sei; man müsse das ganz anders sehen. Man »muß« überhaupt nichts, am allerwenigsten im Bereich der Exegese; und was den Sinn der Texte betrifft, sollte nie vergessen werden, daß die Kernaussagen sich in indischen Sanskrittexten wiederholen. Und nicht nur in indischen.

Die außerirdischen Besucher zu Henochs Zeiten kannten die riesigen interstellaren Entfernungen. Sie wußten schließlich, daß eine Reise nach Hause und wieder zurück in unser Sonnensystem einige Jahrtausende verschlingen würde. Wie sollten sie es den Menschen beibringen? Sie werden zum gestirnten Himmel gewiesen und gesagt haben: »Wir gehen jetzt – aber wir kommen wieder. Schreibt es in eure Bücher, überliefert es euren Nachfahren, alle

Generationen sollen daran denken: Wir kommen wieder!« Und als die Menschen sich erkundigten, *wann* die Fremden denn wiederkämen, ob nach Monaten, Jahren oder Jahrtausenden, mußten die ETs die Antwort schuldig bleiben. So genau wußten sie es selbst nicht: »Wir kommen wieder – irgendwann! Seid immer darauf vorbereitet, und haltet euch an die Gebote, damit wir die menschliche Art nicht noch einmal vernichten müssen.« Und als die Menschen nachfragten, woran man denn ihre Rückkehr erkenne, da deuteten die Außerirdischen zum Mond und zu den Sternen und antworteten:

»Für die Nachthalbkugel wird es aussehen, als würde der Mond verfinstert, als würden leuchtende Sterne zur Erde fallen. Für die Menschen der Taghalbkugel wird es erscheinen, als ob goldene Berge vom Himmel stürzen. Die Menschen, die darauf vorbereitet sind und uns erwarten, diejenigen, welche die Zeichen am Firmament verstehen, werden sich freuen. Sie werden tanzen und jubeln und überglücklich sein, weil wir eine neue, gerechtere Ordnung auf die Welt bringen. Die andern aber, welche die Texte verdreht und verfälscht haben, diejenigen, welche ihre Mitmenschen zwangen, ihnen zu glauben, die werden in Panik ausbrechen. Sie werden sich vor uns und ihren eigenen Anhängern fürchten. Sie werden sich verstecken und ihre falschen Götter anrufen. Es wird vergeblich sein, denn es gibt keine Götter.«

Aber selbstverständlich war den Außerirdischen auch klar, daß die Überlieferungen durch die Jahrtausende verfilzt und ständig umgedeutet werden würden. Deshalb sorgten sie vor und hinterließen ihre Spuren an mehreren Orten der Erde. Andere Menschengruppen auf diesem Globus hatten schließlich die Ereignisse ebenfalls schriftlich festgehalten. Der Rest ergab sich von selbst. Irgendwann würde eine Zeit kommen, da die Menschen ihre

Informationen global austauschten. Und spätestens dann müßten sich die Kerne der unterschiedlichen Überlieferungen herausschälen. Die Menschen würden beginnen müssen, Vergleiche anzustellen. Eins und eins gibt zwei.

So entsteht in der Denkweise der PALÄO-SETI-PHILOSOPHIE eine Umkehrung der Werte. Die läßt sich begründen:

Grundsätzlich gibt es zwei Sorten von Menschen: die Gläubigen und die Ungläubigen. Jede Gruppe ist anders erzogen worden, doch in einem Punkt stimmen sie überein: Wir sind die einzige intelligente Lebensform im Universum. Wie kommt es zu dieser stillschweigenden Verschwörung von zwei so ungleichen Gruppen wie den Gläubigen und den Ungläubigen? Den Gläubigen wurde eingetrichtert, der liebe Gott habe die Erde in einem (symbolischen) Akt von sechs Tagen erschaffen. (Am siebten ruhte er.) Nachdem der liebe Gott die Pflanzen und Tiere gemacht hatte, schuf er als Krönung noch den Menschen. Wir sind die Krone der Schöpfung! Halleluja! Die Ungläubigen lehrte man die Evolutionstheorie. In einem Jahrmillionen währenden Prozeß bildeten sich aus Aminosäuren schießlich Zellen, einfache Lebensformen, komplizierte Lebensformen und – als Spitze – der *Homo sapiens.* Wir sind die Spitze der Evolution. Halleluja!

In beiden Fällen sind wir die Größten. Einzigartig und unschlagbar im Universum. Supertypen als Krone der Schöpfung oder Spitze der Evolution. Außerirdische sind dazu nicht notwendig, auch wenn ihr Wirken aus sämtlichen heiligen Büchern tropft.

Und jetzt tauchen sie auf! Am Firmament kleben Trauben von unterschiedlichen Raumschiffen: mehrstöckige, platte, goldglänzende und kupferfarbene, kleinere Vimanas und gigantische Gebilde, anzusehen wie ineinander verschachtelte Städte. Sie ziehen am Vollmond vorbei und wühlen unsere Meere auf. Die Menschheit ist erschrocken, erschlagen, verängstigt. *Darauf* war sie nicht vorbereitet. Weder die Gläubigen noch die Ungläubigen. Warum eigentlich nicht? Die Christen werden in ihre Kirchen rennen und die Priester fragen: »Ist das der Jüngste Tag?« Muslime werden zu Allah beten und inbrünstig hoffen, der Mahdi sei zurückgekehrt: Jetzt endlich wird er unter den Ungläubigen aufräumen, jetzt endlich ist die Zeit des Wartens vorüber! Die Juden werden ihre Synagogen aufsuchen, ihre Oberrabbiner bestürmen, und ganz Jerusalem wird ein einziger Volksauflauf sein, weil die Tradition gelehrt hatte, der Messias würde in Jerusalem herniederkommen. Nur die Wissenschaftler dürften händeringend zu den Wolken starren und ihre Sensoren und Teleskope ausfahren, um sich irgendwann den Tatsachen zu beugen: Außerirdische haben verschiedene Positionen um die Erde bezogen.

Die Gläubigen werden inbrünstig hoffen, *ihr* Messias sei zurückgekehrt; was sich über den Wolken ereigne, sei nur das Vorspiel, seien die angekündigten himmlischen Heerscharen: Bald muß der oberste Richter erscheinen und ihren Glauben belohnen! Und da *alle* Gläubigen *aller* Religionen *ihren* Messias erwarten und Stein und Bein schwören, so und nicht anders sei es, da sie jeden Satz und jedes Wort zu ihren Gunsten auslegen, verlieren sie den Blick für die Realität. Sie *wollen* nicht wahrhaben, was sich am

Firmament abspielt, sie *können* es auch nicht. Und unversehens sind sie die Ungläubigen. Sie erweisen sich als zu stur, um mit den neuen (und zugleich uralten!) Tatsachen fertig zu werden. Sie verkraften es nicht, sind unfähig zu einer zeitgemäßen globalen Politik, geschweige denn reif für eine universelle Religion. So werden Gläubige der Religionen zu Ungläubigen der Realitäten. Sie können sich ihres Lebens nicht mehr erfreuen, zu tief sitzt der Frust. Und in den Außerirdischen, so sie denn endlich die Tatsachen anerkennen müssen, sehen sie bestenfalls den Teufel, Satan oder Luzifer, der nur deshalb über den Wolken aufkreuzte, um ihren Glauben ins Wanken zu bringen, um sie zu prüfen. Verbittert und verwirrt werden sie sterben, weil sie nichts mehr verstehen.

Für die Gläubigen hingegen, für diejenigen, die mit den neuen Tatsachen sehr gut leben können und eigentlich nicht mehr glauben müssen, weil sie jetzt wissen, tun sich herrliche Zeiten auf. Bislang erhielt die Menschheit ihr Wissen aus der Einbahnstraße der Vergangenheit. Man lernte aus der Geschichte, aus den Erfahrungen der Väter, aus den Büchern und Computern. Doch der gesamte Input stammte aus der Vergangenheit. Jetzt gesellt sich ein Wissen aus der Zukunft hinzu: das der ETs. Die haben unsere Probleme bereits hinter sich. Unsere Zukunft ist für sie Vergangenheit. Daraus wird die Menschheit mit Begeisterung Honig saugen. Wie habt ihr die Umweltprobleme gelöst? Wie die Gefahr einer Bevölkerungsexplosion eingedämmt? Welche Religion herrscht im Universum, und wie ist sie begründet? Wie betreibt ihr eure Raumschiffe, und wie funktioniert das interstellare Radio? Wie stoppt man ein Krebsgeschwür, und wie verlängert man das Leben? Welches politische System ist das gerechteste, und wie bestraft ihr eure Verbrecher? Damit verlassen wir die Einbahnstraße des Wissens und kurven auf die achtspurige

Gegenautobahn. Öffnet uns das Weltall seine Tore, bricht ein wahrhaftig *himmlisches* Zeitalter an. Aber eben nur für die Gläubigen, pardon, für diejenigen, die mit den Realitäten fertig werden.

Die Umwertung dieser Werte – eine neue Philosophie zum Wiederkunftsgedanken – ist absehbar. Die Religionen werden sich sträuben und mich einen Ketzer schelten, sie werden mich einen Verführer und Pseudopropheten nennen und nicht zugeben, daß sie es selbst sind, welche die Wiederkunftserwartung über Jahrtausende wachhielten, daß sie selbst an einem Messias – oder wie immer sie ihn nennen – herumschnitzten und feilten, bis die Gestalt in den eigenen Glaskasten paßte. Alle anderen Glaskästen wurden zerschlagen. Eine Religion gegen die andere. Es gehörte immer zum Geschäft der Religionen, die eigene Lehre für einzigartig zu halten und sie allen anderen als überlegen zu verkaufen. An diesem Spiel der Rechthaberei habe ich mich nie beteiligt. Das war nicht meine Hutgröße. Wie sagt das Sprichwort? Was lange währt, wird endlich ... *Wut.*

Ins Szenario einer Wiederkunft von Außerirdischen würden sogar die Propheten passen. Jene, welche von den Jainas erwartet werden, von den Hindus oder sogar von den Buddhisten mit dem Super-Buddha. Wie ist das zu verstehen? Was sollten ETs davon haben, uns sogenannte Propheten zu schicken?

Wir wissen sehr wenig über die wirkliche Macht und die genetischen Möglichkeiten von Außerirdischen. Immerhin müssen sie uns einige Jahrtausende voraus sein, sonst hätten sie oder ihre Vorfahren uns nicht zu Olims Zeiten besuchen können. Nun lehrt uns die moderne Geschichte der Technik und der Wissenschaft, daß alles stets perfekter gemacht wird, kleiner und wirkungsvoller. Die Computertechnologie demonstriert es mit noch mikroskopischeren Chips, Milliarden von Bits (Schalteinheiten) und einer immer schneller werdenden Rechengeschwindigkeit.

Zum Vergleich: Schon Mitte der achtziger Jahre schaffte jeder bessere PC eine Rechengeschwindigkeit von einigen Megaflops (FLOPS = *F*loating *P*oint Operations *p*er *S*econd = Rechenoperationen pro Sekunde; MEGAFLOPS = 1 Million Flops). Großcomputer wie der Cray-2 erreichten zu Beginn der neunziger Jahre den Gigaflops (= 1 Milliarde Flops). Ein Jahr später waren 10 Gigaflops geschafft, und während ich diese Zeilen tippe, meldet die Fachliteratur den 100-Gigaflops-Computer, den CM-5. In der Entwicklung ist der Teraflops-Computer (= 1 Billion Flops), und selbst von 10-Teraflops-Computern ist ernsthaft die Rede.

Das nennt man einen rasanten Fortschritt. Doch was sind schon zehn Jährchen einer Entwicklung? Ein Fliegendreck in der Geschichte. Was werden die Computer in fünfzig Jahren leisten? Sie werden selbständig denken, sich selbst programmieren, und man wird mit ihnen sprechen. Sie werden alle Weltsprachen blitzartig und fehlerlos in andere Sprachen übersetzen. Es wird Gerichtscomputer geben, die schneller, besser, korrekter und gerechter urteilen als Menschen. Computer werden Computer bauen, und der Fernsehbildschirm in der Stube wird einem dreidimensionalen Hologrammbild Platz gemacht haben.

Auf einem anderen Feld haben die Genetiker Fortschritte erzielt, von denen Biologen der alten Schule nicht mal zu träumen wagten. Innerhalb der nächsten zwanzig Jahre werden Genetiker alle Erbkrankheiten beim Baby, im Mutterleib oder sogar vor der Zeugung, beheben. Sie können – wenn die Gesetze und die Ethik diese Forschung zulassen – Menschen mit ganz bestimmten Eigenschaften konstruieren, regelrechte Kunstwerke nach einem genetischen Design. Man nennt das »Gott spielen«, vergißt aber dabei zweierlei: Der Gott (besser: die Götter) des Alten Testaments schuf den Menschen »nach seinem Ebenbild«. Er *programmierte* ihn so, wie er ihn haben wollte, und offensichtlich noch einige Nachfahren hinterher. Daß diese Art von Gott nicht der Schöpfer des Universums sein kann, dürfte inzwischen klargeworden sein. Und die Genetiker, die »Götter spielen«, sind sowenig identisch mit der Schöpfung und dem Geist des Universums wie die Götter der Mythologien. Für einen Affen mag ein Computer etwas Göttliches sein – er ist es dennoch nicht.

Was also ist eine Zukunftsprognose von fünfzig Jahren gegen eine wissenschaftlich-technische Entwicklung von Jahrtausenden? Es ist nun mal nicht meine Erfindung, sondern es sind die Menschheitsüberlieferungen, die von genetischen Eingriffen vor Jahrtausenden sprechen. Wie weit sind die ETs inzwischen? Wenn sie damals schon einem Fötus vor der Geburt bestimmte Eigenschaften eingravieren konnten, was vermögen sie heute? Können sie den genetischen Code über Entfernungen beeinflussen? Sozusagen eine Veränderung über einen unsichtbaren Strahl herbeiführen? Können sie sich in Gehirne einschalten? Haben sie vielleicht bereits vor Jahrtausenden unser genetisches Material in einer Weise codiert, daß es nach so und so vielen Generationen uralte Mitteilungen freigibt, dem Gehirn zugänglich macht? Schlummern möglicherweise Informationen in uns, die auf ganz bestimmte Reize zum Leben erweckt werden, ins Bewußtsein dringen? Wie soll man sich das vorstellen?

Jeder Genetiker der Gegenwart kennt den sogenannten genetischen Müll (Junk). Darunter versteht man sinnlose und nutzlose Abschnitte der DNS (Desoxyribonukleinsäure). Sie erscheinen deshalb sinnlos, weil sie keinen Anfang und auch kein korrektes Ende aufweisen. Normalerweise sind die Erbeigenschaften mit einer Art von Stöpsel oder Stecker versehen, auf die nur das entsprechende Gegenstück paßt. Der Genetiker Professor Dr. Beda Stadler von der Universität Bern nennt als guten Vergleich die Legobausteine. Nun verfügt ein Mensch innerhalb seiner DNS über rund 110 000 aktive Gene und dazwischen die vielen Bruchstücke von »genetischem Müll«. Ist es wirklich Müll? Oder haben diese versprengten Abschnitte zwischen den Genschnipseln eine ganz bestimmte Aufgabe, die den Genetikern bislang entging? Man hat Mühe, sich vorzustellen, weshalb die Evolution über Jahrmillionen »genetischen Müll« mitgeschleppt haben soll, der zu nichts taugt.

Auch wenn wir immer mehr entschlüsseln und entdekken, so wissen wir doch über die universellen Zusammenhänge nichts. Dennoch benehmen wir uns, als wüßten wir alles. Mich stören deshalb die von der Jainareligion angekündigten Propheten, die *Tirthamkaras*, sowenig wie ein *Super-Buddha*. Auch der (lebende) *Sai Baba*, der in Indien seine Wunder wirkt, irritiert mich nicht im geringsten. Ist vielleicht die in ihm codierte Botschaft nur etwas zu früh aufgegangen? Aus der Erfahrung wissen wir doch, daß die Gene im Menschen bestimmte Botschaften erst nach einer gewissen Zeit freigeben. Ein sechsjähriger Junge kriegt nun mal keinen Bart, und er ist auch nicht geschlechtsreif. Erst wenn gewisse körperliche Voraussetzungen erfüllt sind, werden über genetische Botschaften bestimmte Hormone angeregt und gesteuert und ermöglichen jetzt den Bartwuchs oder die Geschlechtsreife. Die Information zum Bartwuchs war aber die ganze Zeit vorhanden. Sie schlummerte schon im Säugling und steckte bereits bei der Befruchtung in jeder einzelnen Zelle. Die Botschaft war immer da – nur die Zeit war noch nicht reif.

Verhält es sich mit dem »genetischen Müll« in uns ähnlich? Ruhen hier Informationen, die nur ein Signal – einen Botenstoff – benötigen, um aufgeweckt zu werden? In der Computertechnologie werden bereits »atomare Schalter« geprüft, bei denen einzelne Elektronen gezielt eingesetzt werden, um den binären Vorgang des Ja oder Nein auszulösen. Entdeckt wurde dieser verblüffende und lichtschnelle »Schalter« von den russischen Physikern Konstantin Licharew und Alexander Zorin. Der »Single-Electron Tunneling« (SET) genannte Effekt ist inzwischen im Experiment nachgewiesen worden und gilt »als Konzept für die letztmögliche Miniaturisierung in der Mikroelektronik« [94]. Wenn aber ein Elektron als »Schalter« dienen kann, um einen Computerprozeß in eine andere Richtung zu lenken, dann vermag das Elektron auch eine schlummernde genetische Botschaft aufzuwecken.

Da wir einerseits nicht wissen, wie das universelle Spiel gespielt wird, andererseits aber eine doch recht ansehnliche Menge von sehr alten Informationen vorliegen haben, die uns sowohl *Propheten* als auch eine *Rückkehr der Götter* ankündigen, stellt sich zwangsläufig die Frage, wie, auf welche Weise, denn das eine und das andere möglich werden könnte. Natürlich können wir uns auch gar nichts fragen. Doch dies widerspricht der Intelligenz, denn es bedeutete nicht mehr und nicht weniger, als alle vorhandenen Schriftstücke und die Zeugnisse der großen, alten Religionen unbesonnen über Bord zu werfen. Etwas, was seit Jahrtausenden mächtig wirkt, einfach links liegen zu lassen, das ist nicht wissenschaftlich. Nicht nur, weil die alten Überlieferungen nun mal da und nicht wegzudiskutieren sind, sondern auch, weil wir Menschen schließlich zum Universum gehören. Wir sind Bestandteil des universellen Spiels und dazu angehalten, unsere eigene Rolle zu entdecken und mitzumachen. Sonst könnten wir sehr schnell auf der Müllhalde landen.

Rückkehr in anderen Formen

Die PALÄO-SETI-PHILOSOPHIE interpretiert den Wiederkunftsgedanken als Rückkehr jener Außerirdischen, die anno dazumal unsere Vorfahren beglückten. Um den Schock dieser Wiederkehr zu mildern, werden vorab *Propheten* auf die Menschheit losgelassen, die aufklärend wirken sollen. Diese *Propheten* könnten ihr Wissen auf unterschiedliche Arten empfangen.

1. Sie sind selbst Außerirdische im menschlichen Gewand.
2. Es sind Menschen, deren Embryo von außen programmiert wurde (»Menschensöhne«).
3. Die gesamte Menschheit trägt die genetische Botschaft in sich, wobei die Informationen erst freigegeben werden, wenn bestimmte Voraussetzungen erfüllt sind (Stichwort »Bartwuchs«). Dies geschieht von Individuum zu Individuum zu unterschiedlichen Zeiten.
4. Oder die gesamte Menschheit trägt die genetische Information in sich, wobei der Auslöser zur Freigabe der Information diesmal von außerhalb der Erde kommt

und nur einzelne Individuen betrifft (Stichwort »elektronischer Schalter«).

5. Von allem Anfang an tragen nur vereinzelte Menschen die Botschaft der Außerirdischen in sich.
6. Die genetische Botschaft über das Wissen um die Außerirdischen wird erst dann in vereinzelte Menschen gebeamt, wenn die ETs die Zeit für geeignet halten.

Ich halte Variante 5 für die unwahrscheinlichste, weil wir schließlich alle dieselben Stammeltern haben, egal, ob wir nun die symbolischen Adam und Eva oder die Eltern nach der Flut meinen. Variante 6 ist zwar nicht ausgeschlossen, doch in hohem Grade spekulativ.

Im Buch Henoch (39,1) ist nachzulesen:

»In diesen Tagen werden auserwählte und heilige Kinder vom hohen Himmel herabsteigen, und ihr Stamm wird sich mit den Menschenkindern vereinigen.«

Kündigt Henoch hier die Variante 2 an? Falls ja, woher weiß er es? Von den »Wächtern des Himmels«? Woher sonst? Und wie kommen *Propheten* dazu, uns in ihren jahrtausendealten Büchern Geschichten aufzutischen, die sich geradezu utopisch anhören?

So liest man etwa in der Offenbarung, der Apokalypse des Johannes 9,1.3.7.9–10:

»Und der fünfte Engel posaunte; da sah ich einen Stern, der vom Himmel auf die Erde gefallen war, und es wurde ihm der Schlüssel zum Schlunde der Unterwelt gegeben ... Und aus dem Rauch kamen Heuschrecken ... Und die Gestalten, die als Heuschrecken erschienen, waren gleich Pferden, die zum Kriege gerüstet sind ... und sie hatten Panzer wie eiserne Panzer, und das Getöse ihrer Flügel war wie das Getöse von Wagen mit vielen Pferden, die in den Krieg laufen. Und sie haben Schwänze wie Skorpione und einen Stachel, und in ihren Schwänzen liegt ihre

Macht, den Menschen Schaden zuzufügen...« Und drei Kapitel weiter heißt es es in 12,7–9:

»Und es entstand Krieg im Himmel, so daß Michael und seine Engel Krieg führten mit dem Drachen. Und der Drache führte Krieg und seine Engel; und sie vermochten nicht standzuhalten, und eine Stätte für sie war im Himmel nicht mehr zu finden. Und geworfen wurde der große Drache, die alte Schlange, genannt der Teufel und der Satan, der den ganzen Erdkreis verführt, geworfen wurde er auf die Erde, und seine Engel wurden mit ihm geworfen...«

Diese Apokalypse, aus welcher der Textabschnitt stammt, soll vom heiligen Apostel Johannes geschrieben worden sein. Daß dies falsch ist, weiß jeder Fachmann; laut *Spiegel* stimmen diesbezüglich »die meisten evangelischen und viele katholische Neutestamentler überein« [95]. Die »geheime Offenbarung« stammt nicht von Johannes, sondern von irgendeinem Redaktionsteam aus den Jahren 90 bis 100 n. Chr. Natürlich hat dieses Redaktionsteam den Text nicht ins Blaue geschrieben, erfunden, es standen ihm vielmehr ältere Vorlagen zur Verfügung. Ähnliche Beschreibungen wie in dieser Apokalypse finden sich in den Apokryphen, vorwiegend (aber nicht nur) bei Henoch, in kurzen Abschnitten auch noch im Alten Testament, etwa bei Daniel. Dies weist einmal mehr auf eine gemeinsame ältere Quelle hin, aus der so viele ihre Informationen bezogen. Aber irgendwann muß ja irgend jemand den ersten Text geschrieben sowie seine erschrekkenden Visionen erlebt haben. Muß er wirklich?

Ich bemühe die Psychologie nicht, weil ich wenig von ihr halte und zudem weiß, daß man alles und nichts aus ihr ableiten kann. Je nachdem, ob man an die Psychologie glaubt oder nicht. Viel wirklichkeitsnaher scheint mir folgender Gedanke:

Wir alle sahen schon Filme wie *Star Wars* und *Raumschiff Enterprise.* Wir wissen heute, was sich mit filmtechnischen Mitteln und Trickeffekten alles herzaubern läßt. Von Außerirdischen erwarte ich eine noch fortgeschrittenere Visionstechnologie. Vielleicht zeigen sie ihre Filme in 3D – ohne daß man dazu Brillen aufsetzen muß. Eine Filmtechnik in Laserholographie machte die Illusion perfekt.

Nun pflegten die »Wächter des Himmels« mit einem Menschen wie Henoch beste Beziehungen. Am Ende ihres Erdendaseins nahmen sie ihn sogar mit auf die große Reise. Warum sollen die ETs nicht einigen von ihren irdischen Lieblingen Filme vorgeführt haben? Aus unbekannten Kampfrobotern wurden in der Beschreibung »Heuschrekken... gleich Pferden... mit Panzern«, und »das Getöse ihrer Flügel war wie das Getöse von Wagen«. Und der arme Erzengel Michael, der selbstverständlich im Film der ETs nie so hieß, sondern erst von späteren Interpreten zu seinem Namen kam, »führte Krieg mit dem Drachen«, und der wiederum gegen Michael und seine Engel, und am Ende gewinnt eine Seite, und der Verlierer wird in den Schlund geworfen.

Irgendwer hat's aufgeschrieben, mag es für ihn auch wie eine Vision ausgesehen haben. Dieses Ereignis liegt in vorgeschichtlicher Zeit. Die nachfolgenden Geschlechter machten ein »Gesicht« daraus – »und siehe, ich schaute« –, schließlich gelangten Bruchstücke dieses angeblichen »Gesichts« in die Schriften diverser *Propheten.* Daraus zimmerte dann eine spätere Gruppe die Apokalypse, die »geheime Offenbarung«, und schob den Text auch noch dem Evangelisten Johannes in die altehrwürdigen Schuhe.

Es muß nicht alles *Vision* und *Offenbarung* sein, was in den heiligen Texten steht. Oft ist die nächstliegende Erklärung ganz banal. Es genügt, die Dinge aus einer neuen Perspektive zu betrachten.

BERICHT DES BEOBACHTERS YAXLIPPO AN SEINEN HEIMATPLANETEN

Bewunderte Brüder und Schwestern! Die Beobachtungszeit des Planeten Schiba, den die Bewohner *Erde* nennen, geht zu Ende. Hier das Resümee meines ausführlichen Berichtes, den ich der Sonde 4332 mitgegeben habe.

Die Bewohner des Planeten nennen sich *Menschen.* Eine Mehrheit dieser Menschen besteht aus scheinheiligen und falschen Wesen, die sich alle für unendlich wichtig halten. Sie bekriegen sich gegenseitig aus kleinlichen Gründen und schrecken dabei nicht einmal davor zurück, ihre eigenen Artgenossen auf grauenhafte Weise zu foltern. In dem Land, das sie *Afrika* nennen, lebte vor einigen Schibajahren ein untergeordneter Soldat, der sich durch List und Gewalt selbst zum Staatsführer machte. Er errichtete eine Schreckensherrschaft ohne Würde und Gerechtigkeit, er ließ morden und foltern und bereicherte sich auf Kosten seiner Opfer, doch auch auf Kosten anderer Staaten. Nun verfügen die Menschen über ein Informationsnetz, das ihren ganzen Planeten umspannt. Deshalb wußten alle gebildeten Schibabewohner, was geschah. Dies hinderte sie nicht daran, mit jenem Schlächter Handel zu treiben und *diplomatische Beziehungen* zu pflegen. Doch dieses Beispiel trifft auch auf andere Staaten und bis in die Gegenwart meiner Beobachtungszeit zu.

Politiker heißen hier die Diener der Staatsführung. Sie reisen dauernd herum und machen Versprechungen, die sie oft nicht halten können. Ihr Gehirn funktioniert einseitig, obschon sie nach außen genau das Gegenteil repräsentieren. Alle diese *Politiker* gehören nämlich zu einer *Partei,* und die wiederum hat nichts anderes zum Ziel, als ihre eigene *Ideologie* durchzusetzen. Eine *Ideologie* ist im Grunde den Primitivreligionen sehr ähnlich.

Diese *Politiker* ersinnen stets neue Aufgaben, mit denen sie die Leistungen ihrer Völker untergraben können. Mit ernsten und verantwortungsbewußten Gesichtern reden sie ihren Völkern ein, der Staat brauche *Geld:* Das ist der Gegenwert der Leistung. Sie erdenken immer neue Vorschriften, Gebote und Verbote, und da diese Vorschriften stets neue Kontrollorgane und Verwaltungen nötig machen, braucht der Staat immer mehr von diesem *Geld.* Dabei traut sich kein *Politiker,* alte und längst überholte Vorschriften, Gebote und Verbote aufzuheben, weil er dann gleichzeitig auch irgendwelche Kontrollorgane und Verwaltungen aufheben müßte. Dies aber lassen sich die *Parteien* nicht gefallen, es paßt nicht in ihre *Ideologie.*

Konsequenterweise entstehen auf diese Art geldfressende Moloche, die letztlich jede Leistung des einzelnen verzehren. Der einzelne wird müde und krank, er mag nicht und will auch nicht mehr Leistungen für die geldfressenden Moloche erbringen. Schließlich brechen auf dem Planeten Schiba die Staatsgefüge auseinander, entweder weil sie sich für kurze Zeit zu noch größeren Molocheinheiten zusammenfügen oder weil sie von einem stärkeren Staat übernommen werden. Die dritte Möglichkeit besteht in einer *Revolution*, so nennt man hier einen Aufstand gegen die Staatsführung. Viele Staaten haben *Revolutionen* durchlitten. Diese *Revolutionen* verschieben aber das ursprüngliche Übel nur, weil die *Revolutionsregierung* sehr bald neue geldfressende Moloche einführt und sich das Karussell bis zur nächsten *Revolution* dreht. Auch *Revolutionen* sind Primitivideologien, denn sie zwingen den Andersdenkenden etwas mit Gewalt auf.

Die Menschen erfanden Waffensysteme, mit denen sie ihren Planeten vierteilen können. Trotz ihrer Vernichtungsgewalt bedeuten diese Waffen keinerlei Gefahr für unsere Abwehrschirme. Die Schibabewohner begründen ihre fürchterlichen Waffen damit, die *Ideologie* müsse verbreitet werden, andere damit, sie müßten sich vor einer fremden *Ideologie* schützen. Die Führer der *Ideologien* sind stets fanatische Menschen. Sie haben nur ihr eigenes *Stroh* im Kopf. Unter *Stroh* versteht man leicht brennbare, getrocknete Halme.

Seit über einem Jahrhundert produzieren die Menschen allerlei nutzbringende und unsinnige Dinge. Dabei machten sie auch viele vernünftige Entdeckungen und Erfindungen, die ihnen das Leben erleichtern. Alle diese Dinge nennen sie *Güter*, und weil diese *Güter* nur durch die Leistung einzelner oder ganzer Gruppen von Menschen entstehen, müssen sie *verkauft* werden. Der *Verkauf* bringt ebenjenes *Geld*, den Gegenwert für Leistung. *Geld* ist deshalb ein äußerst begehrtes Gut, denn mit *Geld* kann man andere Leistungen *erkaufen*. Viele Menschen, auch Staatsdiener und religiöse Gruppierungen verschaffen sich dieses *Geld* ohne Leistung. Sie nehmen es denjenigen weg, welche die Leistung erbrachten. Dies geschieht durch Lug, Trug, Diebstahl, Raub, Tötung und in ganz großem Umfang durch die *Ideologie*. Jede *Ideologie* will an das *Geld* der anderen heran, um es an die Mitglieder der eigenen *Ideologie* umzuverteilen. Natürlich lügen die *Politiker* der jeweiligen *Ideologie* den Menschen vor, was sie tun, sei gerecht. Ich hoffe, Ihr versteht jetzt besser, daß dieses Verhalten dem von Geistesgestörten sehr nahe kommt.

Bei der Herstellung ihrer *Güter* verdrecken sie ihren Planeten in einer Weise, die zu großer Besorgnis Anlaß gibt. Nicht nur, daß sie mit Schwermetallen und Giftstoffen aller Art die chemischen Strukturen ihrer eigenen Lebensbasis zerstören, nein, sie sind dermaßen eigensinnig, daß die Produkte, die sie *verkaufen*, ihrerseits wiederum andere Gifte hervorbringen. Diese Gifte wären zwar leicht zu vermeiden oder zu filtrieren, doch scheuen sich viele führende Menschen davor, weil durch die Reinigung wiederum eine Leistung erbracht werden muß, und Leistung entspricht ebendiesem *Geld*.

Genauso unsinnig ist die menschliche Nicht-Logik in bezug auf ihre eigene Art. Die Gebildeten unter ihnen wissen sehr genau, wo die Ursache all ihrer Umweltprobleme liegt. Je mehr Menschen den Planeten bevölkern, um so mehr *Güter* müssen hergestellt werden. Sie brauchen schließlich Wohnraum, Möbel, Kleider, Geschirr und so fort. Auch benötigen mehr Menschen immer mehr Nahrung. Und sie produzieren mehr Abfall, sowohl bei der Nahrung als auch bei den *Gütern*. All dies bedeutet mehr *Leistung* und mehr Energie. So verbrauchen sie ihre Rohstoffe. Zwar haben die Schibabewohner die Beherrschung der Kernenergie inzwischen auf ein gutes Niveau gehoben, doch darf diese Energie in vielen Regionen nicht angewendet werden. Dies wegen der *Ideologie*. Sie wissen nämlich nicht, was sie mit ihren radioaktiven Abfällen anfangen sollen, und behaupten, sie würden ihren Kindeskindern ein gefährliches Erbe hinterlassen. Es fällt ihnen nicht ein, daß die zukünftigen Generationen viel klüger sind als sie selbst und deshalb den radioaktiven Abfall dankend verwerten. Der menschliche Kreislauf des Irrsinns könnte durch eine Geburtenkontrolle reguliert werden. Die Klügeren unter den *Politikern* und *Religionsfürsten* wissen dies. Dennoch tun sie sich nicht zusammen, um die Bevölkerungsexplosion zu stoppen, und auch die einzelnen Führer der großen Gruppierungen reden in der Öffentlichkeit niemals über die drohende Katastrophe. Hier gilt ausschließlich ihr Eigennutz. Jede *Ideologie* und jede Religion kann nicht genug *dumme Schafe* – so nennt man hier die Herde, die nachläuft – beherrschen. Deshalb gilt Geburtenkontrolle niemals für die eigene Art, immer nur für die anderen. Dabei gibt es Gruppierungen, die selbst einen Krieg in Kauf nehmen, der wegen der Bevölkerungsexplosion ausbricht. Die unsagbar dummen Führer dieser Gruppierungen glauben nämlich, ihre *Ideologie* würde gestärkt aus dem Konflikt hervorgehen.

Geradezu unfaßbar benehmen sich die Menschen im Rahmen ihrer Glaubensrichtung, die man hier *Religion* nennt. Dazu müßt ihr wissen, daß es auf der Erde größere Religionen gibt, die meist auch älter sind, und kleinere Religionsgemeinschaften, die sich von den größeren absplitterten. Jede Religion ohne Unterschied behauptet von sich, die einzig richtige zu sein. So verdammen sie die Angehörigen anderer Religionen als *Ungläubige*. Dabei berufen sie sich auf Texte, die sie oder ihre Vorväter selbst gefälscht oder nicht begriffen haben. Sogar aus dem Besuch unserer Vorfahren, die, wie wir alle wissen, den Planeten Schiba schon mehrmals aufsuchten, haben die Menschen unterschiedliche Religionen gezaubert. Diese Religionen waren in der Vergangenheit der Erde – und sind es bis in die Gegenwart immer wieder – die Ursache für grauenhafte Kriege. Da in ihrer Nicht-Logik und grenzenlosen Selbstüberschätzung jeder, der nicht der eigenen Religion angehört, ein *Ungläubiger* und damit nicht *Gottes Kind* ist, spielt es für sie auch keine moralische Rolle, wenn man ihn abschlachtet. Dabei – es ist für unsere Denkweise schwer verständlich – schicken sie ihre Krieger im Namen ihres jeweiligen Gottes oder Heilsbringers in die Schlacht. Selbstverständlich geben sich die Menschen nur so lange dafür her, wie sie selbst an die betreffende Religion glauben. Und damit sie dies auch immer tun, werden die Angehörigen ganzer Staaten im Zustande der Ungebildetheit gehalten. Aufklärung ist untersagt. Ich funke euch einige Bildsequenzen, die ich an religiösen Festen aufnahm. In tiefer Andacht verehren die Menschen einen heiligen Stein, andere knien vor großen Skulpturen mit dicken Bäuchen, wieder andere stecken sich Nadeln durch ihre Weichteile oder tragen singend und betend Frauenfiguren durch die Straßen. Der größte Teil der Erdbewohner verehrt einen menschlichen Leichnam, der an einem Holzkreuz hängt. Sie sagen, er sei der Sohn ihres höchsten Gottes. Daß sie sich bei ihren religiösen Zeremonien in unterschiedlichen Farben und Gewändern kleiden und dabei allerhand drollige und absurde Handlungen vornehmen, könnt ihr selbst erkennen. All dies tun sie mit einer unfaßbaren Ernsthaftigkeit und stets im Glauben an die Worte ihres jeweiligen Heilsbringers.

Der Zustand des Planeten wie auch seiner Bewohner ist niederschmetternd. Zwar könnten sie ihre Umweltschäden immer noch beheben, denn sie entwickelten hervorragende Techniken. Nur tun sie dies bestenfalls in denjenigen Ländern, die einen höheren Standard aufweisen.

Auf dem Planeten Schiba herrscht keinerlei geordnete Einheit. Jede Staatsregierung macht, was sie will, und verbietet sich *Einmischungen* von fremden Staatsmännern. Zwar haben sie sich zu einem planetaren Kunstgebilde zusammengefunden, das sie *United Nations* nennen. Doch diese *United Nations* verfügen über keinerlei gesetzgeberische Gewalt. Sie haben auch nicht die Macht, irgendwelche Ungerechtigkeiten oder gar Kriegsausbrüche sofort zu beenden. Die Politiker dieser *United Nations* werden von ihren Staatsführern in eine große Versammlungshalle geschickt. Da die Staaten wiederum ihrer *Ideologie* gehorchen, werden ihre Probleme immer nur *ideologisch* durchleuchtet. Die rechthaberischen Standpunkte der einzelnen Vertreter sind schon vor jeder Versammlung bekannt.

Ich kann mir euer Erstaunen über das Verhalten der Schibabewohner gut vorstellen, bewunderte Brüder und Schwestern. Ich empfehle, dem Planeten, den sie *Erde* nennen, doch auch seinen Bewohnern wirksam, aber unauffällig zu helfen. Jedes direkte Eingreifen würde bei den Menschen zu einem Schock führen. Die Mehrheit der Schibabevölkerung, insbesondere ihre geistigen Führer, glaubt nämlich, die einzige intelligente Lebensform im Universum zu sein.

Ich umarme euch, bewunderte Brüder und Schwestern. Ich überlasse die Beobachtung des Planeten Schiba jetzt dem gütigen Uptilo.«

DER WEG ZUR ERKENNTNIS

»Der Spott endet,
wo das Verständnis beginnt.«

(Marie von Ebner-Eschenbach, 1830–1916)

Wo sind die Spuren der Außerirdischen? Überall. Überall? Die meisten Menschen sehen keine Spuren. Bestenfalls Indizien, und die sind angreifbar. Wer die Spuren in den großen Menschheitsüberlieferungen nicht erkennt, muß auf einem Auge blind sein. Vielleicht lesen auch Halbblinde keine Bücher, oder keine, welche die PALÄO-SETI-HYPOTHESE behandeln. Weshalb, so fragt man mich nach jedem Vortrag, haben denn diese ETs nichts Besseres zurückgelassen? Was nützen schon religiöse Schriften und Geschichten aus alten Zeiten, was helfen die »himmlischen Lehrmeister« und die seltsamen Zahlenreihen, wenn jedermann daraus machen kann, was er will?

Beweise sind gefragt. Unumstößliche und reproduzierbare. Dann erst wird die Wissenschaft hellhörig. Wirklich? Wie oft schon hat die Wissenschaft Beweise erbracht, die anschließend wieder zerredet wurden, weil sie nicht ins religiöse Weltbild paßten? Oder wie oft hat ein Wissenschaftszweig Beweise vorgelegt, die einem anderen Wissenschaftszweig nicht in den Kram paßten? Oder – Hand aufs Herz – wie oft erbrachte eine wissenschaftliche Fachrichtung unanfechtbare Beweise, die aus ideologischen Gründen auf breiter Basis kaputtgemacht wurden? Die

Genetiker aller Labore könnten darüber einen Choral anstimmen! Da mögen sie blitzsauber und für jeden Interessierten beweisen, wie vernünftig, wichtig und zukunftsträchtig die genetische Forschung ist. Und das Medienecho? Hände weg! Gefährlich! Furchtbar! Muß sofort verboten werden! Wie sagte Albert Einstein? »Zwei Dinge sind unendlich; das Universum und die menschliche Dummheit« (wobei er bei ersterem noch seine Zweifel anmeldete).

Welche Art von unumstößlichen Beweisen hätten denn die Außerirdischen tatsächlich hinterlassen können?

Irgendwelche Skulpturen an Felsen und Bergen? Nein. Über die Jahrtausende geht alles kaputt.

Hätten sie Bauwerke, etwa Pyramiden, errichten sollen? Nein, siehe oben. Denn wenn Bakterien, Umwelteinflüsse, Termiten oder rechthaberische Menschen die Bauwerke nicht zerstören, schaffen es Erdbeben, Überflutungen, Vulkanausbrüche und andere Naturereignisse.

Aber sie hätten doch eine unzerstörbare Schrift deponieren können. Toll. Und wo, bitte? In welchem Bauwerk? Auf welchem Berg? Siehe oben!

Wieso Bauwerk? Das geht doch auch ohne. Die ETs hätten doch in einigen Tempeln oder an Königshöfen Metalle und Kunststoffe deponieren können, welche die Zeiten überdauern. Tatsächlich existieren derartige Überreste, nur gestattet die jeweilige Religion keine wissenschaftliche Untersuchung. [96] Und aus welchem unzerstörbaren Metall sollten andere Göttertafeln angefertigt sein? Aus Silber, Gold, Platin? Lauter Legierungen, die man einschmelzen kann. Aus Stahl? Superstahl? Wo, bitte, sind denn die dicken Panzerplatten aus dem Ersten Weltkrieg? Verrostet! Und wo sind die Überreste der Abertausenden von abgestürzten Flugzeugen aus dem Zweiten Welkrieg? Der war doch erst gestern! Und das wenige, was in Museen überlebte, wird in tausend Jahren nicht mehr vorzeigbar sein.

Aber die »Wächter des Himmels« haben doch Abfälle liegengelassen. Die müssen doch zu finden sein – oder? Es ist absurd, nach einer derart langen Zeit nach weggeworfenen Gegenständen zu suchen. Die Natur hat sie zerlegt. Und ihre wertvolleren Sachen, diejenigen, welche nicht von Bakterien und Rost zerfressen werden, haben die ETs freundlicherweise wieder eingepackt.

Aber es muß doch einen Weg geben, um Botschaften aus der Vergangenheit in die Zukunft zu transportieren. Der Meinung bin ich auch. Hierfür – es gibt keine andere Wahl – müssen zwei Voraussetzungen erfüllt sein.

1. Die Botschaft muß unzerstörbar sein.
2. Die Botschaft darf niemals in die Hände der falschen Generation fallen.

Wer ist die falsche Generation? Alle diejenigen, welche die Information der Außerirdischen nicht sinnvoll auswerten können. Sie würden die Botschaft unentschlüsselt kaputtmachen. Bestünde die Botschaft aus hoher Mathematik, so könnte sie nur von einer mathematisch sehr fortschrittlichen Gesellschaft entziffert werden. Bestünde sie aus Mikrofilmen, so käme für die Entschlüsselung nur eine Gesellschaft in Frage, welche Mikrofilme lesen kann. Bestünde die Botschaft aus einer Computersprache, so würde nur eine Gesellschaft im gehobenen Computerbereich schlau daraus. Läge die Botschaft auf dem sterilen Mond, dem (fast) sterilen Mars oder meinetwegen in einem Satelliten, der die Erde umkreist, so könnte sie erst von einer weltraumtüchtigen Gesellschaft eingefangen werden. Und liegt die Botschaft im genetischen Bereich, so kommt erst diejenige Gesellschaft daran, welche die DNS restlos zu entschlüsseln vermag.

Damit aber die betreffende Gesellschaft überhaupt auf die Idee kommt, danach zu suchen, müssen Spuren, Indizien, gelegt werden. Was ich nicht weiß, macht mich nicht heiß. Wenn niemand auf den Gedanken kommt, Außerirdische könnten die junge Menschheit beeinflußt haben, geht auch keiner auf die Suche nach Beweisen. So einfach ist das.

Die Botschaft der Gene

Nach heutigem Stand der PALÄO-SETI-FORSCHUNG wäre es sinnvoll, die Botschaft der Außerirdischen sowohl menschlichen wie ganz bestimmten pflanzlichen Genen anzuvertrauen. Die ETs vor Jahrtausenden setzten auf die menschliche, besser, wissenschaftliche Neugier. »Die Götter schufen die Menschen nach ihrem Ebenbilde«, sagen die Überlieferungen. Sie schufen aber nicht nur die Menschen, sondern auch exquisite und einzigartige Pflanzen, behaupten die Legenden. Alles, was die Außerirdischen in der Vergangenheit tun mußten, war die Einpflanzung von einigen Gensequenzen (die Abänderung der DNS, auch eine »künstliche Mutation« genannt) im menschlichen Genom und in den vereinzelten *Götterpflanzen*. Da der Mensch seit jener künstlichen Mutation aus dem Stamme der Hominiden intelligent ist, ist er auch neugierig. Die Neugierde ist Bestandteil der Intelligenz. Der Neugierde verdanken wir unser gesamtes Wissen. Und die wissenschaftliche Neugierde brachte uns dazu, nach subatomaren Teilchen zu suchen, nach dem Ursprung des Weltalls zu forschen und uns selbst zu sezieren – bis hinunter auf die winzigsten Schnippelchen innerhalb der DNS. Da Menschen und Pflanzen sich immerfort vermehren und mit jeder Vermehrung die genetische Botschaft an die nächste Generation weitergereicht wird, müßte die Botschaft der Außerirdischen eigentlich in uns selbst zu finden sein und eventuell in einigen *göttlichen* Pflanzenarten. Damit wären die beiden Minimalvoraussetzungen erfüllt:

1. Die Botschaft bleibt so lange unzerstörbar, wie es Menschen und Pflanzen gibt.
2. Erst diejenige Generation, die Molekularbiologie (Genetik) betreibt, ist in der Lage, die Botschaft aufzuspüren und zu entschlüsseln.

Die zweite Prämisse beinhaltet automatisch eine ganze Reihe anderer wissenschaftlicher Erkenntnisse und technischer Möglichkeiten. So kann niemand Molekularbiologie betreiben, wenn er keine hochauflösenden Mikroskope besitzt. Schließlich muß man das Innere der Zelle kennen. Wer die Doppelhelix der DNS-Struktur nicht kennt, kann kein Genom entwirren. Zu alldem gehören bestimmte technische Geräte und Verfahren, die ihrerseits nur von einer Gesellschaft geliefert werden können, die den entsprechenden Stand der Technologie erreicht hat. Ein Elektronenrastermikroskop ist ohne Elektrizität genausowenig denkbar wie die Aufgliederung von Milliarden von Möglichkeiten innerhalb der DNS ohne Computer. Kein Heer von Mathematikern könnte die Arbeit des Computers übernehmen. Das eine funktioniert nicht ohne das andere.

Diese Gedanken legen einen anderen Aspekt frei, der so viele Kritiker der PALÄO-SETI-HYPOTHESE irritiert. *Warum gerade jetzt?* Warum sollen wir *gerade jetzt* auf die Idee kommen, nach Spuren von ETs in der menschlichen Vergangenheit zu forschen? Um es grob zu sagen: Es ist dem Universum völlig wurst, *wann* wir nach ETs suchen. Aber wir werden *dann* danach suchen, wenn die Zeit reif ist – egal, *wann* diese Zeit sein wird. Würde unsere Wissenschaft keine genetische Forschung betreiben und erst in hundert Jahren damit beginnen, so könnten wir frühestens *dann* damit anfangen, nach Spuren von Außerirdischen in unseren Genen zu suchen. Das *Warum-gerade-Jetzt* ist ein Gummiband, weil das *Jetzt* stets von den äußeren Umständen abhängt. Kapito?

Über die Entwicklung des Menschen aus dem Stamm der Hominiden habe ich mich in mehreren Büchern ausgelassen. [97] Inzwischen mag ich über die neuesten Erkenntnisse der konservativen Anthropologie nur noch milde den Kopf schütteln. Da entnimmt man der Tagespresse, Untersuchungen an Fossilien hätten die »allgemein anerkannte Theorie von der Abstammung des Menschen in Frage gestellt« [98]. Dies, weil chinesische Wissenschaftler einen vormenschlichen Schädel untersuchten, der 200 000 Jahre älter ist, als er es nach der bisherigen Theorie sein dürfte. Kaum hat man dies geschluckt, geben amerikanische Anthropologen bekannt, sie hätten mit neuesten Verfahren gleich drei Schädel datiert, die sogar 800 000 Jahre älter seien als der *Homo erectus* (der aufrecht gehende Mensch) [99]. Sie streiten sich, ob der Mensch aus Afrika komme (die Out-of-Africa-Theorie) oder aus Java. Stammt der Urmensch vielleicht aus China, oder werden demnächst Fossilien in Japan ans Tageslicht befördert, die alle bisherigen Theorien erneut ruinieren?

Darwins Theorie ist immer noch das Credo der Anthropologie. In wissenschaftlichen Kreisen gilt es als Sakrileg, nicht daran zu *glauben*. Dabei vergeht kaum ein Jahr, in dem nicht auf einer Pressekonferenz ein noch neuerer Fund bekanntgegeben wird, und das jeweilige Fossil gilt dann wieder als allerneuester *Vormensch*. Bis zum nächsten. Dabei werden die Fossilienfunde in den verschiedensten Ländern, Zehntausende von Kilometern voneinander entfernt gemacht. Und auch was das Datum betrifft, passen sie unter keinen Hut. Denn schließlich können Mutationen innerhalb von nur 50 Generationen entscheidende Unterschiede bewirken. Rechnet man eine Generation von 50 Jährchen, so ergeben 50 Generationen 2500 Jahre. Doch in der Anthropologie rechnet man großzügig. 10 000 Jahre mehr oder weniger spielen eine untergeordnete Rolle. Und flugs werden die Knochen aus verschiedenen Kontinenten und verschiedenen Zeiten fotografisch zusammengekittet, als ob sie von einem einzigen Exemplar des omniösen *Vormenschen* stammten.

Nach meinem Geschmack betreibt die Anthropologie keine Forschung der Frühgeschichte des *intelligenten* Menschen, sondern es werden Affenableger und -mutationen studiert. Ist es denn so wichtig, ob Affenknochen 1,8 oder 3 Millionen Jahre alt sind? Es interessiert mich auch überhaupt nicht, seit wann eine Affenart auf den Hinterbeinen stehen konnte und wann sie die Fähigkeit hatte, die Zehen gerade zu strecken. Dabei bestreite ich nicht im geringsten, daß sich ganze Affenzweige in den vergangenen 20 Millionen Jahren immer wieder veränderten und daß auch unsere Vorfahren letztlich aus demselben Stamm kommen. Bloß hat das Affentheater nichts mit der Intelligenzwerdung des *Homo sapiens* zu tun. Denn es waren die *Götter*, welche den intelligenten Menschen schufen. Selbstverständlich aus dem Stamm der Hominiden – aus was denn sonst? Und exakt die von den *Göttern* eingeschleusten Gene werden unsere Genetiker entdecken. Die Frage ist nur, ob sie ihre Forschungsresultate dann auch bekanntgeben dürfen. Dann haben wir den Beweis für die PALÄO-SETI-HYPOTHESE. Die blitzgescheiten und meistens nicht allzu religiösen Genetiker werden ihn liefern. Der Startschuß auf der Rennstrecke der Erkenntnis ist längst abgefeuert.

Maschinen für den gläsernen Menschen

Schon Ende Februar 1987 meldete das Wissenschaftsmagazin *Nature* (Vol. 325), japanische Genetiker hätten einen *Super-Sequenzer* entwickelt, eine Apparatur also, die in der Lage sei, täglich eine Million Buchstaben der DNS zu entziffern. Seither ist die Zeit nicht stillgestanden. Das *Human Genome Project* läuft inzwischen auf Hochtouren. Wenn der Staat mit Forschungsgeldern klemmt, weil die Scheuklappen der Ideologie keinen Durchblick erlauben, handelt die Industrie. Allein in den USA gibt es rund dreizehnhundert private und halbstaatliche Genfirmen. Wenige Kilometer von Washington entfernt arbeiten die Genroboter, die *Super-Sequenzer*, rund um die Uhr. Dort, im Vorort Gaithersburg, residiert hinter einem kleinen Vorgärtchen die Firma *The Institute for Genomic Research*, abgekürzt TIGR. Gleich dreißig der *Sequenz-Maschinen* stehen in einer blitzsauberen Halle. Der Direktor von TIGR, Dr. Craig Venter, beweist Weitblick: Er verpaßte seinen Genrobotern mythologische Namen wie »Herkules«, »Thor«, »Jupiter« oder »Bacchus«. Die alten Götter sind wieder aktiv. »Täglich entschlüsseln die TIGR-Roboter Teilsequenzen von rund 600 Genen, an die 500 000 Basenmoleküle werden abgespeichert.« [100] In spätestens zehn Jahren soll das gesamte menschliche Genom für jeden Genetiker zugänglich sein. Dann ist der gläserne Mensch Wirklichkeit.

Dabei ist TIGR nur ein Fisch im Teich des *Human Genome Project*. Mehrere Hochschulen rings um den Glo-

bus sind in Teilbereiche der genetischen Entschlüsselung eingespannt. Dasselbe gilt für die Forschungslabors großer Pharmafirmen. In Ländern, in denen eine rückständige Politik eine vernünftige Genforschung verhindert, haben die Multis längst ihre Auslandstöchter mit der Genforschung beauftragt. Sie sind personell, finanziell und apparativ bestens ausgerüstet und kümmern sich nicht um ihre Hinterwäldler an der Heimatfront (in Frankreich die Firma Généthon in Paris, in Japan das *Sagami-Zentrum* außerhalb Tokios). Auf dem Sektor der Genforschung gilt die alte Militärtechnologenweisheit: »Wenn *wir* es nicht machen, tun es die anderen, und das wäre noch schlimmer.« [101]

Und *was* machen sie? Der Mensch besitzt etwa 110 000 Gene, die sich auf rund 3 Milliarden Abschnitte (»Legobausteine«) der DNS verteilen. Davon werden bis zum Erscheinen dieses Buches etwa 10 000 Gene festgenagelt sein. Man weiß also, für *was* sie zuständig sind. Nun mögen 10 000 entschlüsselte Gene im Verhältnis zu den 110 000 des menschlichen Genoms wenig sein, doch erstens arbeiten immer mehr *Super-Sequenzer*, und die Computer speichern und vergleichen ihre »Genschnipsel«, und zweitens wird die Auswahl einfacher, je mehr Gene bekannt sind. Man weiß dann definitiv, wofür sie nicht mehr in Frage kommen.

Wie soll sich der Laie diese Entschlüsselung vorstellen? Was geht da vor? Gene sind winzige Abschnitte in der DNS-Doppelhelix (Doppelhelix = eine Art spiralförmige verdrehte Strickleiter). Diese Doppelhelix kann man sich auch als Reißverschluß vorstellen, dessen Greifer aus Nukleinsäureketten bestehen (RNS = Ribonukleinsäure). *Jede* Zelle des menschlichen Körpers enthält einen DNS-Strang. Nun hat eine Strickleiter Sprossen, die gibt es auch in der DNS, und zwar in vier verschiedenen Arten oder chemischen Grundbasen. Sie heißen »Adenin«, »Guanin«, »Cytosin« und »Thymin«. Zusammen mit einer Phosphorsäure-Zucker-Basis bilden mehrere »Sprossen« der »Strickleiter« die *Nukleotidsequenzen*. Das sind quasi die Buchstaben des genetischen Codes. Jetzt kleben die »Sprossen« der »Strickleiter« aber nicht zusammenhanglos am »Seil«, denn der stickstoffhaltige Grundstoff Adenin ist »scharf« darauf, sich mit Thymin zu verbandeln, und das Guanin »fühlt« sich wie magnetisch vom Cytosin angezogen (Modell Legobausteine, es paßt *nicht* alles aufeinander). Jetzt stelle man sich die vier Grundbasen in vier unterschiedlichen Farben vor und ziehe die ganze »Strickleiter« auf einer Länge von hundert Metern auseinander. In diesem Modell wäre die DNS die Strickleiter, und die Farben wären die Buchstaben des genetischen Codes.

Was passiert damit? Innerhalb der Zelle öffnet die DNS ihren »Reißverschluß« Stück für Stück, »Sprosse« für »Sprosse«, und beginnt sich zu verdoppeln. Nukleotid für Nukleotid stöpselt sich sozusagen an die zu ihm passende Grundbase. Diese Basen sind nichts anderes als chemische Zusammensetzungen, die sich bereits in der Zelle tummeln. Wir nehmen sie über die Nahrung auf, unsere Organe verarbeiten und zerlegen sie in ihre Bauteile. So wächst ein neuer DNS-Strang, der absolut identisch ist mit dem alten. Jetzt teilt sich die Zelle, und die neue Zelle spaltet wiederum ihren DNS-Strang und verdoppelt sich. So wächst ein Zellklumpen und schließlich ein Körper – und in jeder Zelle befindet sich das gesamte Programm für den ganzen Körper. Der Mensch besitzt rund 50 Billionen Zellen und schleppt sein Programm ebensooft mit sich herum.

Jeder »Buchstabe« des genetischen Codes läßt etwas anderes im menschlichen Körper wachsen. Beispielsweise könnte der Farbabschnitt Rot-Blau-Gelb zuständig sein für den Haarwuchs, der Abschnitt Gelb-Rot-Blau für die Haarfarbe, der Abschnitt Grün-Blau-Grün für das Wachsen der Fingernägel oder Grün-Rot-Gelb für die braunen Augen. Nehmen wir an, im Modell der hundert Meter langen Strickleiter hängt bei 14,6 Metern die Farbkombination Grün-Blau-Rot und die ist zuständig für gesunde Leberzellen. Durch eine Mutation (Veränderung) »spinnt« dieser Abschnitt plötzlich und läßt nur Grün-Grün-Grün entstehen. Dies führt zu Leberkrebs. Was ist zu tun? Man schneidet die falsche Farbkombination von Grün-Grün-Grün heraus und ersetzt sie durch das ursprüngliche Grün-Blau-Rot. Fortan wird die Zelle die richtige genetische Botschaft weitergeben, und die Leber wächst wieder normal. Um dies bewerkstelligen zu können, muß der Genetiker aber zuerst wissen, welche Farbkombination für was zuständig ist. Exakt diese Entschlüsselung besorgen die *Super-Sequenzer.*

Und wozu in aller Welt brauchen wir überhaupt den genetischen Durchblick? Pfuschen wir nicht Gott ins Handwerk? Sind wir nicht, was wir sind?

Durch Umwelteinflüsse, Strahlung, Chemikalien, die durch falsche Nahrung in die Zellen geraten, entstehen Defekte im genetischen Ablauf. Plötzlich wächst ein Krebsgeschwür, das alle Zellen befallen kann. Derartige Defekte werden auch an die nächste Generation weitervererbt. Wenn wir sowohl die erkrankte Person heilen als auch die Weitergabe des defekten Gens verhindern wollen, müssen wir klipp und klar wissen, welcher Abschnitt der »Strickleiter« falsche »Sprossen« wachsen läßt. Dann kann man reparieren – und dies geschieht bereits tagtäglich.

Heute werden auf genetische Weise Hormone hergestellt, es gibt genetisches Insulin, genetisch hergestellte Enzyme, Proteine (Eiweißstoffe) und die verschiedensten genetischen Mikroben, die beispielsweise ausgelaufenes Rohöl neutralisieren oder schädliche Bakterien aufspalten. Die verschiedensten medizinischen Wirkstoffe werden bereits auf genetischer Basis hergestellt: zum Beispiel entzündungshemmende Mittel, Vitamine, Antidepressiva oder Fitmacher. Die Lebens- und Waschmittelindustrie bedient sich längst der genetischen Enzyme, ohne daß der Verbraucher es ahnt. Welcher Jugendliche, der stolz seine verwaschenen Jeans trägt, weiß schon, daß der Stonewashed-Effekt einem genetisch hergestellten Enzym zu verdanken ist? Die Entstehung des *Supermarktes der Gene* läuft auf vollen Touren, und ein neuer Berufszweig wächst heran: der Gentherapeut.

Nicht von dieser Welt

Welche Fragen aber werden sich die Genetiker stellen müssen, wenn immer mehr genetische Botschaften an der »Strickleiter« hängen, die nie und nimmer von unseren Vorfahren stammen können? Dazu gibt es nämlich Vergleichsmaterial, schließlich leben unsere Verwandten noch: die Gorillas, Schimpansen, Orang-Utans und andere Affenarten. Was machen wir, wenn eines Tages exakt festgestellt wird, welcher Genabschnitt für das menschliche Sprachzentrum zuständig ist – und wenn dann anhand des Vergleichsmaterials belegt werden kann, daß die betreffenden Genabschnitte *plötzlich* auftauchten? Daß sie sich nicht auf einem kontinuierlichen, evolutionären Weg entwickelten? Geradeso, als wären sie über Nacht in die »Strickleiter« eingebaut worden?

Als Vergleichsmaterial stehen nicht nur die lebenden Affenarten zur Verfügung, sondern auch Mumien aus allen Weltgegenden. Wie verhalten wir uns, wenn die Entzifferung der menschlichen DNS Botschaften zutage fördert, die der Mensch und jede Art von Vormensch niemals entwickelt haben können, weil sie sie nie brauchten? Was werden wir stammeln, wenn stillgelegte Genabschnitte auftauchen, die nicht irdisch sein *können*, weil sie zu keiner irdischen Lebensform passen? Wie reagieren wir, wenn Genetiker einwandfrei und für jeden Fachmann jederzeit reproduzierbar feststellen, daß die ältesten Pharaonen Ägyptens, die mit den überdimensionierten Schädeln, die von sich behaupten, »Söhne der Götter« zu sein, genetisches Material enthalten, das nie und nimmer von der Erde stammt? Material, das im Sinne der Evolution keinerlei *Zwischenstufen* aufweist? Und was plappern wir dann, wenn *dasselbe* genetische Material bei den weitentfernten, vorinkaischen Herrschern, den »Söhnen der Sonne«, lokalisiert wird? Wir stehen auf dem Laufband der Erkenntnis und können nicht mehr abspringen. Schon vor dem Ziel wird es einen *Big bang* (großen Knall) geben: das Wissen um die Intelligenzwerdung des Menschen, den Jüngsten Tag des Begreifens.

Doch was mit dem menschlichen Genom möglich ist, funktioniert auch bei Tieren. Seit einigen Jahren wird um die *Dinosaurier* viel Aufhebens gemacht. Dabei wissen die meisten Menschen nicht einmal, was »Dinosaurier« bedeutet. Es war im Jahre 1841, als der englische Zoologe Richard Owen wieder einmal rätselhafte Knochenfunde in die Hände bekam, die aussahen wie Reptilien. Owen nahm die griechischen Wörtchen *deinos* (= fürchterlich, schrecklich) und *sauros* (= Echse). Damit hatte der Dinosaurier seinen Namen. Seit dem Spielfilm *Jurassic Park* hören und lesen wir über immer neue »Beweise«, wie und weshalb die Saurier ausstarben. Eine endlose Geschichte.

Vor etwa zweihundert Millionen Jahren existierten die

verschiedensten Saurierarten. Da gab es das zwölf Meter lange, fleischfressende Ungeheuer Spinosaurier, das in Ägypten lebte, und den Kentrurosaurier mit Stacheln und Schuppenpanzer. Es gab den Plesiosaurier mit kleinem Schädel und starken Schwanzflossen, der sich im Wasser bewegte, oder den dreißig Meter langen und zwölf Meter hohen Brachiosaurus. An die hundert Arten, inklusive Flugsaurier, existierten. Bis plötzlich, aus heiter-hellem Himmel, vor etwa vierundsechzig Millionen Jahren sämtliche Saurierarten ausstarben. Und dies auf allen Kontinenten, als ob eine Art Infektion ausgebrochen wäre, welche ausschließlich die Saurier infizierte. Um das große Sauriersterben ranken sich immer wieder Theorien [102]; die allerneueste besagt, ein Meteoreinschlag sei die Ursache gewesen. Mag sein – bloß, weshalb gingen nur die Saurier ein und nicht auch andere Urviecher?

Im Film *Jurassic Park* wird einer Mücke, die seit Jahrmillionen in einem Bernsteinklumpen eingeschlossen war, der Mageninhalt entnommen. Da die Mücke kurz vor ihrem Tod einen Saurier stach, findet man im Mageninhalt auch einige Bruchstücke Erbgut des Sauriers. Über einige Umwege werden daraus – Simsalabim! – wieder lebende Saurier. In der Phantasie und sogar in der Theorie könnte dieses Verfahren funktionieren, nur braucht man dazu als Ausgangsmaterial viel mehr als die paar Schnipsel aus dem Mückenmagen. Für einen Saurier wären etwa fünfzigtausend Gene zu je tausend Bausteinen nötig. Und die stehen bislang nirgendwo zur Verfügung, es sei denn, man findet sie in einem Vögelchen.

Jurassic Spatz

Der Münchner Paläontologe Dr. Peter Wellnhofer untersuchte einen versteinerten Urvogel, den *Archaeopteryx*. Der Vogel ist etwa hundertfünfzig Millionen Jahre alt, vierzig Zentimeter lang und acht Millionen Mark teuer. Es gibt nämlich nur sieben Exemplare davon. Das hebt den Preis. Zwischen den Zähnen entdeckte Dr. Wellnhofer dreieckige Knochenstücke, die eigentlich typisch für eine ganz andere Lebensform sind: für den fleischfressenden Dinosaurier *Allosaurus*. Damit steht für Dr. Wellnhofer fest, daß sämtliche Vogelarten, »vom Spatz bis zum Kondor – von den Dinosauriern abstammen« [103].

Nach bisheriger Lehrmeinung stammen die Vögel von den Reptilien ab. Ich kann nicht beurteilen, welche Lehrmeinung sich als richtig herausstellt, doch wenn die Vögel von den Sauriern abstammen, müßte man Sauriererbgut in jedem Spatz nachweisen können. Vielleicht entdecken die cleveren Genetiker dann auch, weshalb die Saurierarten allesamt von der Erdoberfläche verschwinden *mußten*. Wieso mußten? Es könnte ja sein, daß die riesigen Urviecher irgendeine Gefahr für die Erde darstellten, vielleicht weil sie alles ratzekahl gefressen hätten – Pflanzen und Tiere – und so eine vormenschliche Evolution unmöglich machten. Vielleicht verhinderte *jemand*, daß ein idealer Planet wie die Erde – nicht zu heiß und nicht zu kalt – dummen, riesigen Kreaturen unter die Pranken geriet, die keinerlei Voraussetzungen für Intelligenz und Werkzeugbau boten. Vielleicht, vielleicht... Die genetischen Erkenntnisse sind einem Geschichtsbuch vergleichbar, das einem zehnjährigen Jungen vorgesetzt wird. Er findet Bilder und Erklärungen, von denen er vorher nichts wußte, die ihm nicht in den Sinn gekommen wären. Und plötzlich sind glasklare Antworten auf Fragen da, die nie gestellt wurden.

Wie ist eigentlich das menschliche Bewußtsein entstanden? Vor siebzehn Jahren warf Dr. Julian Jaynes, Professor für Psychologie an der Universität Princeton, USA, diese Frage auf und erntete unter seinen Kollegen Kopfschütteln. [104] Das Bewußtsein? Na, das ergab sich so im Laufe der Evolution. Wirklich? *Wodurch* sind wir uns bewußt geworden, *daß wir sind*? Ist sich ein Zellklumpen seiner Existenz *bewußt*? *Weiß* das Bewußtsein eines Fisches von der Existenz seiner Artkollegen, oder frißt der größere Fisch die kleineren auf, ohne sich dessen *bewußt zu sein*? Bewußtsein hat nichts mit Reflexen, mit Angst oder Schwanzwedeln zu tun, und Bewußtsein ist auch nicht die Summe aller Gedächtnisprozesse. Auch die Erfahrung macht das Bewußtsein sowenig aus wie das Lernen. Wir mögen einem Elektronengehirn noch so viele Daten eingeben, deshalb hat es immer noch kein Bewußtsein. Jaynes sagt: [105]

»Unsere Bewußtseinsperioden sind im Grunde viel kürzer, als wir annehmen. Es ist schwer, sich das klarzumachen, denn wir sind uns ja der Momente, in denen wir uns *nicht* bewußt sind, im wahrsten Sinne des Wortes nicht bewußt. Und über ebendiese Lücken legt sich unser Bewußtsein wie ein weitmaschiges Netz, das nur die Illusion von Dichte und Kontinuität vermittelt. Man kann das Nicht-Bewußtsein vergleichen mit all den Gegenständen in einem dunklen Raum, auf die der Schein der Taschenlampe gerade *nicht* fällt.«

Was also macht das Bewußtsein aus? Wie entstand es? Die Frage ist genauso unbeantwortet wie jene der mathematischen Fähigkeiten. Unter all den Tieren auf unserem Globus verfügt nur der Mensch über mathematische Kenntnisse. Der Einwand, das sei doch logisch, denn schließlich müßten wir zählen können, um miteinander abzurechnen oder Waren auszutauschen, setzt die Antwort vor die Frage. *Zuerst* muß die Fähigkeit vorhanden sein, und erst *nachher* beginnt das Zählen. Tiere haben schließlich auch Beine und Greifwerkzeuge mit Krallen, und dennoch ist es bislang keinem Hund eingefallen, seine Würste an den Pfoten abzuzählen. Mathematische Fähigkeiten sind aber die Voraussetzung für jede Wissenschaft. Ohne Mathematik ist nichts errechenbar und nichts vergleichbar. Dr. Max Flindt, der sich dieser Frage annahm, erklärt es anhand eines Beispiels: [106]

»Ohne höhere mathematische Fähigkeiten könnten wir auf keinem Himmelskörper landen. Der Alltagsmensch ist sich darüber nicht im klaren, daß es unmöglich ist, ein Raumschiff zum Mond oder Mars und wieder zurück zu fliegen, ohne höchste mathematische Präzision. Dasselbe gilt für die Shuttleflüge und jeden hochgeschossenen Satelliten. Die Berechnung des präzisen Winkels für den Wiedereintritt des Shuttles in die Erdatmosphäre ist eines der auserlesensten Beispiele dafür, denn schließlich hängt menschliches Leben von dieser Winkelberechnung ab. Ist der Winkel des Wiedereintrittes zu steil, und zwar nur um den Bruchteil eines Grades, so verglüht das Raumschiff mitsamt der Besatzung. Ist der Winkel zu flach, so prallt das Raumschiff von der Lufthülle ab und wird in den Raum hinauskatapultiert. Wieder wäre die Mannschaft verloren. Das alles hat etwas mit Evolution zu tun, denn es ist ein Grundsatz der Evolution, daß sich keinerlei Fähigkeiten *von selbst* entwickeln, ohne daß diese Fähigkeiten *irgendwann* notwendig waren. Es gibt aber keinen zwingenden Grund dafür, weshalb für das Überleben des Vormenschen Mathematik notwendig sein sollte. Tiere aller Gattungen überleben schließlich auch ohne Mathematik (Geruchssinn ja – Mathematik nein!).

Im Weltraum hingegen ist ein Überleben ohne Mathematik unmöglich. Und was für irdische Raumfahrer zutrifft, gilt gleichermaßen für Außerirdische. Wenn die Erde einst von Außerirdischen besucht wurde, mußten diese Besucher Mathematik beherrschen. Deshalb betrachte ich die in uns wohnende Fähigkeit der Mathematik als Beweis dafür, daß wir nicht *nur* irdisch sind.«

So wird es sein. Die Götter schufen die Menschen nach *ihrem* Ebenbilde. Und plötzlich, ohne die Fragen aufgeworfen zu haben, finden wir die Antworten in unseren Genen.

Die künstliche Intelligenz

Im Frühsommer 1993 versammelte sich in der oberösterreichischen Hauptstadt Linz eine seltsame Gesellschaft. Dort trafen sich ein paar hundert Computerspezialisten zur *Ars Electronica* – und dies war keine normale Computermesse, wie sie Jahr für Jahr allenthalben stattfindet. In Linz ging es um künstliches Leben, abgekürzt KL (im amerikanischen Artificial Intelligence, AI). Da demonstrierte Frau Ulrike Gabriel vom Frankfurter Institut für neue Medien solarbetriebene Kakerlaken. Die von Lichtsensoren gesteuerten künstlichen Viecher tasteten am Boden herum, sammelten sich zu Grüppchen, beschnupperten sich gegenseitig oder vollführten abrupte Rückwärtsbewegungen, wenn sie auf Hindernisse stießen. Wozu das Ganze? Die Elektronik in den Kakerlaken sollte *Erfahrungen sammeln.*

Wie dies funktioniert, demonstrierte Tom Ray mit seinem Computerprogramm *Tierra* (Erde). Aus hundert Befehlen komponierte er einen elektronischen Strang, vergleichbar der DNS, die sich selbst verdoppelt. Nach vierundzwanzig Stunden war eine Art von Bildschirm-Biotop entstanden. »Zunächst hatte sich der Strang rasch vermehrt und explosionsartig im Speicher ausgebreitet. Dann waren die ersten Mutanten aufgetaucht, auch sie fähig, sich zu vermehren und sich gegen ihre Vorfahren zu behaupten.« Schließlich – so berichtet *Der Spiegel* [107] – kamen Computerparasiten dazu, die nur noch die Hälfte der Befehle weiterleiteten. Diese Parasiten sprangen in die Vorgängerprogramme hinein und nutzten deren Reproduktionscode. Jetzt entwickelte die Elektronik gespenstische Abwehrreaktionen, vergleichbar einem Immunsystem, das die Computerviren abzublocken vermochte, bevor sie das ursprüngliche Programm zerstörten. Und wie im richtigen Leben brach die Population der Parasiten zusammen, und das Spiel begann von neuem: diesmal angereichert durch die Erfahrung mit den Parasiten. Der Computer hatte sich selbst geimpft.

Die Versuche belegen, daß künstliche Intelligenz und künstliches Leben möglich sind – doch wo bleibt das Bewußtsein? Das ist wohl denjenigen Lebensformen vorbehalten, die auch mit Gefühlen spielen. Und Gefühle wiederum sind gekoppelt an Körperzustände, die von Hormonen gesteuert werden. Die Hormone ihrerseits werden durch unsere Wahrnehmungen, einer Mixtur aus den Sinnesorganen und der persönlichen Erfahrung, aktiviert. Die künstliche Intelligenz hingegen kennt keine Hormone. Sie kann zwar blitzschnell Informationen (Erfahrungen) austauschen und daraus die richtigen Schlüsse ziehen (lernen), bloß *fühlen* tut sie nicht. Es sei denn, wir verpassen ihr auch noch einen *gefühlvollen Körper*. Und damit landen wir bei der Lebensform schlechthin.

Das *Gehirn* eines Computers mit seinen hochgezüchteten Chips ist derart empfindlich gegen Umwelteinflüsse, gegen Rauch, Feuchtigkeit, Temperaturschwankungen, Schläge, gegen das Eindringen fremder Gegenstände oder Tiere (eine Ameise würde die Schaltkreise durcheinanderbringen), daß dieses Computergehirn durch einen *Körper* geschützt werden muß, durch das Gehäuse. Nicht anders ist es bei den Lebensformen. Das Gehirn liegt eingebettet in den Knochen der Gehirnschale. Durch Informationseingaben und Informationsaustausch vermehrt der Computer sein Wissen, wie die Lebensform. Und zwar über Jahrtausende hinweg.

Einige Zahlen aus der Geschichte belegen dies. Die menschliche Sprache entstand vor schätzungsweise 30 000 Jahren. Sie war das erste Kommunikationsmittel. Etwa 13 000 Jahre alt sind die ältesten Felsbilder, die erste *optische* Kommunikationsform. Knapp 5000 Jahre alt ist die erste Schrift, und vor 3000 Jahren erfanden die Menschen die erste Fernübertragung durch Rauchzeichen, Feuer und Spiegelblitze. 500 Jahre ist es her, seit der Buchdruck erfunden wurde, und erst im letzten Jahrhundert kam der Telegraph dazu. Seit 100 Jahren gibt es die lebenden Bilder des Films und seit 30 Jahren Computer, die für jedermann zugänglich sind.

Ein hoch angesehener Wissenschaftler des achtzehnten Jahrhunderts kannte rund 200 Bücher, und er mußte lediglich ganz wenige Fachzeitschriften durchsehen, um auf dem aktuellen Stand seines Berufes zu sein. Heute erscheinen weltweit mehr als 300 000 Zeitungen und Zeitschriften, dazu kommt eine unübersehbare Zahl von Radio- und Fernsehsendungen, ganz zu schweigen von der jährlichen Flut von Fachzeitschriften, Doktorarbeiten und Büchern. Allein die Kongreßbibliothek in Washington ist mit 100 Millionen Dokumenten bestückt, und alle anderen Bibliotheken der Welt zusammen steuern nochmals eine Milliarde bei.

Es leuchtet jedem ein, daß bei dieser Informationsflut kein Mensch mehr den Überblick haben kann. Und weil sowohl die Lebensdauer des Menschen als auch die Kapazität der hundert Milliarden Gehirnzellen, die jeder von uns mit sich herumschleppt, nicht ausreichen, speichern wir das menschliche Wissen außerhalb des Gehirns ab. Zukünftige Generationen müssen vermutlich weniger lernen – dafür aber wissen, wie und wo sie an die Informationen herankommen.

Das dürfte bei außerirdischen Lebensformen nicht anders funktionieren. Entweder haben sie Gehirnzellen wie wir – und ihre Aufnahmekapazität ist beschränkt –, oder sie sind eine Art von computerisierten Robotern, die jederzeit die gerade benötigten Informationen über einen noch größeren Computer abrufen können. Eine dritte Variante besteht in einer Synthese von beidem. Man läßt ein organisches Wesen heranwachsen und sorgt über den genetischen Weg von Anfang an dafür, daß eine enorme Gehirnkapazität vorhanden ist, die aber nur zum kleinsten Teil ausgenützt wird. Weshalb denn das? Die halb ausgelastete Software eines Computers hat Kapazitäten für neue Informationen frei. Das nur zu 20 Prozent ausgelastete Gehirn eines Menschen kann mit gezieltem Wissen »nachgetankt« werden. Wenn die Götter es wollen.

Sie scheinen es zu wollen, und damit komme ich zum Kern dieser Betrachtungen. In meinem letzten Buch [108] stellte ich einige UFO-Fälle zur Diskussion und schnitt am Rande das Thema »Entführungen« an. Nolens volens muß ich knapp wiederholen, worum es geht.

Nicht klar im Kopf?

Seit gut dreißig Jahren melden sich, laut UFO-Literatur, immer wieder Menschen, die steif und fest behaupten, von Außerirdischen entführt, medizinisch untersucht und im Genitalbereich belästigt worden zu sein. Nicht etwa im Sinne der Lust oder der Vergewaltigung, sondern labormäßig. Männliche Entführungsopfer versicherten, man habe ihnen Spermaproben entnommen, weibliche redeten von durchgeführten Schwangerschaftstest, von »Absaugungen« und sogar von künstlich herbeigeführten Schwangerschaften. Wochen später seien die heranwachsenden Föten operativ herausgenommen worden.

Selbstverständlich nahm kein vernünftiger Mensch diese Berichte ernst, schließlich weiß man, welche Sexualträume, heimlichen Wünsche und Phantasien Menschen durchleben. Zudem kennt der Mediziner das Phänomen der Scheinschwangerschaft. Auch ist menschlich verständlich, daß es immer wieder vereinzelte Frauen gibt, die auf durchaus natürliche Art geschwängert wurden, aber nicht zugeben möchten, wer der Vater ist. Da hilft dann die willkommene Ausrede von den ETs – auch wenn sie kein Mensch glaubt. Man fühlt sich als *Sonderfall*, als *auserwählt* und *unbefleckt Empfangende*. Über all diese Schilderungen habe ich in den vergangenen drei Jahrzehnten müde gelächelt. Schwanger von ETs? Ha! Spermaproben für Außerirdische? Ha, ha! Ich habe an derartigen Unsinn keinen Gedanken verschwendet, habe mich nicht gefragt, was um alles in der Welt Außerirdische mit genetischem Material von Erdenmenschen anfangen sollen. Es erschien einfach zu dumm, als daß ich mich damit hätte auseinandersetzen wollen.

Vermutlich war meine Überheblichkeit falsch. Denn

was so schwachsinnig schien, bekam in den vergangenen Jahren Methode. 1987 legte der amerikanische Autor Budd Hopkins das Resultat einer langjährigen Recherche vor, bei der ihm mehrere Wissenschaftler zur Seite standen. [109] Da schilderten die untersuchten Personen – teilweise unter Hypnose –, wie ihr Erbmaterial »abgezapft« worden sei. Es gibt Fälle, in denen dieselbe Person im Laufe der Jahre gleich dreimal an die Reihe kam: im Pubertätsalter, als junger Mann und als fünfunddreißigjähriger Erwachsener. *Wenn* dies stimmt – und ich schrieb es mit Vorbehalt – würde dies eine *Markierung* der betreffenden Person durch Außerirdische bedeuten. Genauso, wie wir Zugvögel, Delphine und Bären markieren.

Kurz nach Hopkins meldeten sich andere Autoren mit ähnlichen Schauerberichten zu Wort. [110] Danach sollen nicht nur Einzelpersonen, sondern ganze Familien durch »seltsame Lichter« ins Freie gelockt worden sein. Die Opfer schwebten in hell erleuchtete Räume, den Männern wurde etwas »Gummiartiges« über den gesamten Genitalbereich (nicht nur über den Penis) gestülpt, und sie spürten »Saugbewegungen«. In anderen Fällen wurden sie durch eine »sehr hübsche Frau« sexuell stimuliert und sogar »geritten«.

Wann immer ich seither das Thema »Entführungen« im Bekanntenkreis anschnitt, begann das große Gelächter. Unser Intellekt läßt nun mal keine Entführungen durch ETs zu – und Spermaentnahmen und künstliche Befruchtungen noch weniger. Das alles erscheint zu hirnrissig, zu weit hergeholt. Menschen, die von UFOs generell nichts halten, sind durch Argumente ohnehin nicht zu überzeugen. Sie möchten ihre grauen Zellen mit dieser Art von Umweltverschmutzung nicht belasten. Sie kennen die üblichen Argumente *gegen* UFOs und *wissen* mit schlafwandlerischer Sicherheit, daß es keine UFOs gibt – keine geben kann. Die indoktrinierte Abschirmung gegen UFOs ist vollkommen, die Blockade total. Und Menschen, die sich immerhin mit UFOs noch einigermaßen abfinden könnten, halten die Entführungsfälle für grotesk, spintisiert, für völlig daneben. Sie sehen keinen Grund für ein derartiges Verhalten von UFO-Besatzungen, so es sie überhaupt gibt.

Ich befürchte, wir müssen wieder einmal umdenken, und dieses Umdenken hat mit unserem Gehirn, mit der Kapazität der grauen Zellen, mit genetischen Eingriffen sowie mit der Wiederkunft der *Götter* mitsamt ihren *Propheten* eine Menge zu tun.

Dr. Johannes Fiebag, von Haus aus Naturwissenschaftler, untersuchte neuere Entführungsfälle in Deutschland, Österreich und der Schweiz [111], darunter den Fall der Berlinerin Maria Struwe. Eine »hübsche Frau«, schreibt Fiebag, »intelligent, aufmerksam, kritisch. Ohne Scheu, aber immer mit der ihr eigenen Distanz zu all diesen Dingen«. Maria Struwe schilderte einen Traum, von dem sie gleichzeitig wußte, daß es kein Traum sein konnte. Sie lag auf einer Art Operationstisch, und rechts wie links neben ihr standen kleinwüchsige fremde Wesen mit großen Köpfen und großen Augen. Zu diesem Zeitpunkt war Frau Struwe schwanger mit ihrem dritten Kind. Zumindest glaubte sie das. Von ihren früheren Geburten waren ihr alle Schwangerschaftssymptome vertraut, und sie konsultierte auch den Frauenarzt.

Dann ereignete sich jener schreckliche »Traum« mit den fremden Wesen: Die großköpfigen Gestalten entnahmen Frau Struwe den Embryo. Sie erwacht schweißgebadet im eigenen Bett, als ob sie fürchterliche Alpträume durchlitten hätte. Kurz darauf besucht sie ihren Frauenarzt, der verblüfft feststellt, es liege *keine* Schwangerschaft mehr vor. Gleichzeitig hören alle Schwangerschaftssymptome auf. Zwei Wochen später scheidet Frau Struwe zwei »Fleischklumpen« aus. Da sie annimmt, es handle sich um Reste der Plazenta, spült sie die kuriosen Rückstände die Toilette hinunter.

Nach einiger Zeit verspürt das Ehepaar Struwe dennoch den Wunsch nach einem dritten Kind. Weil im Gegensatz zu den früheren Schwangerschaften alle natürlichen Zeugungsversuche scheitern, entschließt sich das Ehepaar zu einer künstlichen Befruchtung. »Diese soll am 22. Februar 1988 vorgenommen werden. Der Eingriff durch den Frauenarzt löst bei Frau Struwe unerklärliche Schmerzen aus. Der Vorgang wird abgebrochen.« Doch zwei Wochen später scheidet Frau Struwe zwei durchsichtige Häutchen aus, deren Ursprung nicht erklärbar ist. Und urplötzlich, wie von Geisterhand, wird Frau Struwe am 12. Mai 1988 trotzdem schwanger. Am 9. Januar 1989 bringt sie ihr drittes Kind Sebastian zur Welt.

Dr. Fiebag bietet im Fall Maria Struwe verschiedene Erklärungen an, unter anderem entwirft er folgendes Szenario:

- Im Sommer 1986 war Frau Struwe schwanger.
- Im dritten Monat wurde das Embryo durch ETs entnommen.
- Die Fremden implantierten eine Haut, welche erneute Befruchtungen verhindern sollte.
- So kam es auch: Weder der normale Geschlechtsakt noch eine künstliche Befruchtung führten zum Erfolg.
- Irgendein »unplanmäßiges Ereignis« führte zum Ausscheiden dieser Barriere.
- Jetzt stand einer erneuten Befruchtung nichts mehr im Wege. Sebastian wurde gezeugt.

Man könnte den Fall unter der Rubrik »Außergewöhnliche Schwangerschaften« ablegen, wäre da nicht Sebastian. Der Junge brabbelt von seltsamen Träumen, in denen Monster mit großen Köpfen und großen Augen vorkommen. Er habe, sagt Sebastian, »kleine Kinder in Kästen gesehen«, zudem sei er »in der Luft gewesen« und die Monster hätten ihm »Flüssigkeiten eingeflößt«. Sie unterhalten sich mit ihm »über die Lunge«; gemeint ist wohl *von innen heraus*. Als Dr. Fiebag dem Jungen einige Zeichnungen vorlegt, die verschiedene Varianten von ETs darstellen, identifiziert Sebastian *die Kleinen mit den großen Köpfen und den großen Augen* sofort. Frau Struwe ihrerseits beteuert, mit ihrem Kind niemals über ihren »Traum« oder über Außerirdische mit großen Köpfen und überdimensionierten Augen gesprochen zu haben.

Was geht hier eigentlich vor? Was Dr. Fiebag im deutschsprachigen Raum analysierte, tat Professor David Jacobs in den USA. Jacobs erkennt in den Spermaentnahmen und künstlichen Befruchtungen die eigentliche Ursache aller Entführungen. Der Zweck sei die Aufzucht einer halbmenschlichen, halbaußerirdischen Lebensform. [112]

Die Fälle häufen sich. Nicht zu Hunderten, sondern zu Tausenden. Die unter den Fußnoten 109 bis 112 aufgeführten Buchtitel sind gerade die Spitze des Eisberges. Ist das alles nur eine Modeerscheinung? Welcher Zeitgeist spukt in den Gehirnen herum? Sind plötzlich Abertausende von Menschen, die sich nicht kennen und Kontinente voneinander entfernt leben, vom selben Virus infiziert? Sind alle diese Fälle psychologisch erklärbar?

Doch klar im Kopf?

Nein – sagt einer, dem wir zuhören müssen. Schließlich können wir uns nicht dahinter verbergen, Entführungsfälle seien »psychologisch erklärbar«, und dann die Augen und Ohren verschließen, wenn sich ausgerechnet ein Toppsychologe zu Wort meldet. Dr. John E. Mack ist Professor für Psychiatrie an der renommiertesten Hochschule Amerikas, der Harvard-Universität in Boston. Professor Mack ist nicht nur Psychologe und Psychiater, sondern auch approbierter Arzt im Cambridge Hospital und Träger des begehrten Pulitzer-Preises der USA. Mit seinen vierundsechzig Lebensjahren gehört er auch nicht zu den jungen Stürmern, die irgendeiner Modeerscheinung nachjagen. Er kennt seinen Beruf und entlarvt auch schnell die Tricks, Lügen oder Phantastereien seiner Probanden. Im Herbst 1989 wurde Professor Mack gefragt, ob er daran interessiert sei, Menschen kennenzulernen, die von UFOs entführt worden seien. Seine Reaktion: »Die müssen verrückt sein.« Irgendwie traf er sich dann trotzdem mit Budd Hopkins, dem bereits genannten Autor des Buches *Eindringlinge*. Die Begegnung sollte sein Leben verändern.

In den darauffolgenden Jahren lernte Professor Mack Hunderte von Menschen kennen, »aus verschiedensten Teilen des Landes, die untereinander nie Kontakt gehabt hatten«. Und weil diese Menschen absolut vernünftig und glaubwürdig waren, erwachte ein berufliches Interesse bei Professor Mack. Schließlich begann er mit achtundsiebzig Personen eine gründliche Studie und durchleuchtete seine Probanden nach allen Regeln seiner Berufskunst. Jetzt liegt das Resultat in einem vierhundertseitigen Wälzer vor. *Abduction* heißt das Buch, und der Untertitel lautet: Menschliche Begegnungen mit Außerirdischen [113].

Professor Macks Antwort an seine Berufskollegen und alle Skeptiker der Welt könnte nicht vernichtender sein: Ja, lautet sein Resultat. Die Außerirdischen sind da, die Entführungsopfer spinnen nicht, Spermaabsaugungen, künstliche Befruchtungen und Embroyentnahmen haben stattgefunden und entspringen keinem psychologisch noch so einleuchtenden Wunschdenken der Opfer. Offensichtlich, so der Harvard-Gelehrte, sind wir »Teilnehmer in einem Universum, das wimmelt von intelligenten Lebensformen, von denen wir uns selbst abgeschnitten haben«.

Die Entführungen laufen stets nach dem gleichen Muster ab. Kleine Wesen mit überdimensionierten, schräg nach oben gestellten schwarzen Augen und einer gräulichen Haut bewegen sich plötzlich im Schlafzimmer, als ob sie durch die Wände gekommen seien. (Es sind auch Entführungsfälle aus dem Auto heraus bekannt.) Die Fremden Wesen haben kleine Nasenlöcher und einen winzigen Mund mit schmalen Lippen. Oft sind draußen kuriose Lichter sichtbar. Die Entführungsopfer empfinden Angst, geraten in Panik, durchleben Horrorvorstellungen. Doch sie werden beruhigt, kaltgestellt, körperlich paralysiert. Dann beginnt ein gespenstischer Flug durch das Fenster oder die Balkontüre, und obschon sich manche Opfer wie »gebeamt« (abgestrahlt) vorkommen, spüren sie den Luftzug und die Frische der Nacht. Die Opfer kommen in ein Raumschiff, das irgendwo parkt: natürlich unsichtbar für unsere technischen Sensoren. Mancher Entführte glaubte, er sei durch die Wände in das fremde Objekt hineingeraten. Drinnen ist es hell, die Entführten werden auf eine Art Operationstisch gelegt und mit undefinierbaren Geräten untersucht. Haar- und Hautproben werden entnommen, feine Nadeln und anderen Gegenstände in die Körperöffnungen geschoben. Um den Operationstisch herum stehen mehrere der kleinen gräulichen Typen, doch scheint im-

Sind die ETs mit den großen Augen Reisende aus der Zukunft? So stellt sich der Graphiker eine Genmischung mit Wesen der Zukunft vor.

mer nur einer die Funktion des Chefarztes zu haben, während ein anderer den Part des »Dolmetschers« übernimmt. Dabei wird im eigentlichen Sprachsinn ganz selten geredet – die Verständigung erfolgt über Telepathie direkt ins Gehirn.

Die Behandlung der Entführungsopfer durch die Entführer kann sehr unangenehm sein und wird als widerlich beschrieben. Körperliche Schmerzen werden im allgemeinen nicht empfunden, denn die Fremden neutralisieren das Schmerzzentrum im Gehirn. Nach der unangenehmen Prozedur findet oft ein Dialog statt, in dessen Verlauf die Entführer zumindest bruchstückweise versuchen, ihren Opfern ihr Tun klarzumachen. Einigen Entführten sind ganze Regale von lebenden Embryos gezeigt worden, die in irgendeiner Flüssigkeit schweben. Auf demselben Weg, wie sie herkamen, gelangen die Entführten wieder nach Hause. Dabei unterliefen auch schon Pannen, indem die Entführungsopfer in einer fremden Umgebung aufwachten oder sogar mitsamt ihrem Auto über eine Distanz von mehreren hundert Kilometern versetzt wurden.

Gespenstisch – ist man versucht zu sagen, und das *können* doch alles nur Träume und Phantasien sein. Aber haben wir uns schon einmal überlegt, was ein halbwegs intelligentes Tier empfinden müßte, das einer ähnlichen Prozedur unterzogen wird – durch uns Menschen? Würden andere Artgenossen diesem Tier glauben, wenn es sein Erlebnis berichten könnte?

Die Schilderungen der Entführten haben tatsächlich etwas Gespenstisches an sich. Wir verkraften sie nicht und ziehen sämtliche Register der Logik und der Vernunft, um sie wegzudiskutieren. Dabei verdrängen wir nur zu gerne, daß jede Logik und jede Vernunft gegenwartsbezogen ist. Ein Überschallflugzeug, ein Radiosender, ein Röntgenapparat, mit dem man durch den Körper sehen kann, eine

Wasserstoffbombe, die ganze Städte auf einen Schlag vernichtet, waren zu Ururgroßvaters Zeiten unlogisch und unvernünftig. Es wäre noch vor fünfzig Jahren sinnlos gewesen, einem Wissenschaftler die Neutronenbombe nahezubringen. Das kann nicht sein, hätte er antworten müssen, denn Waffen setzen immer Energie frei und die unkontrollierte Energie zerstört die Umgebung. Die Neutronenbombe zerstört aber gezielt nur das organische (lebende) Gewebe und läßt anderes Material wie Panzerplatten oder Betonbauten unversehrt. Nein, mit der Gegenwartsvernunft und der Gegenwartslogik kommen wir dem Phänomen der Entführungen nicht auf die Spur.

Die markierten Menschen

Was macht es denn so wahrscheinlich, daß zumindest einige der Entführungsfälle echt sind? Da ist einmal die Vielzahl der Menschen, die ähnliches durchlitten, ohne einander zu kennen, ohne Bücher, Videos oder Filme darüber gelesen respektive gesehen zu haben. Da sind die gleichlautenden Aussagen von Menschen unterschiedlicher Länder und Kontinente, da sind die verletzten Frauen – zu Abertausenden –, denen auf *gespenstische Art* ihr Embryo entnommen wurde; nicht daß er auf natürliche Art abgegangen oder abgetrieben worden wäre. Da sind die Narben von unerklärlichen Eingriffen, die kein irdischer Arzt vornahm, und da sind schließlich die winzigen fremden Implantate, welche diversen Entführungsopfern herausoperiert wurden. Wie bitte?

Professor Dr. Mack erwähnt auf Seite 42 seines Buches (amerikanische Ausgabe) mehrere dieser winzigen metall- oder fiberglasartigen Gegenstände, die den Opfern aus dem Körper entnommen werden mußten: kleine nadelförmige Implantate, lokalisiert bei einem Mann im Penis, bei einer vierundzwanzigjährigen Frau im oberen Nasenbereich direkt beim Gehirnansatz. Obschon die kuriosen Implantate chemisch und physikalisch untersucht wurden, läßt sich damit wenig anfangen, denn wir kennen die *Funktion* der Implantate nicht. Die Analysen der kleinen Gegenstände ergaben höchst seltsame Mischungen oder Legierungen, die aber nichts enthielten, was auf ihre inneren Eigenschaften hinwies. Das ist etwa so, wie wenn wir das Ohrläppchen eines wildlebenden Bären mit einem Ring markieren und andere Tiere diesen Ring zwar sehen, bestaunen und beschnüffeln – aber nicht wissen, wozu er dient. Sie müssen sich mit der Existenz des Ringes abfinden und sind nicht schlauer als zuvor.

Wir auch nicht. Oder doch? Wenn wir die aufkommende Panik abschalten und den Verstand mitsamt der Gegenwartslogik zu Rate ziehen, reicht's immerhin für eine beschränkte Analyse der Vorgänge. Schließlich haben sich die ETs mit einigen Entführungsopfern unterhalten, gaben ihnen zumindest Anhaltspunkte für ihr horribles Tun.

Da wird behauptet, irgendeine Katastrophe komme auf unseren Planeten zu. Die Hinweise auf diese Katastrophe sind widersprüchlich und unklar. Ferner wird behauptet, unser menschliches Verhalten entgleise. (Siehe den vorangegangenen Bericht des außerirdischen Beobachters Yaxlipoo.) Schließlich melden die ETs, in unserer Wissenschaft entwickle sich ein völlig verdrehtes »Kausalitätsprinzip« – ebendas, was wir Normalbürger als »Logik« einstufen. Das Wissenschaftsbild, das uns die Gelehrten vermitteln, soll teilweise verheerend falsch sein. (Das wundert mich nicht, wenn ich nur an die Abstammungslehre oder die Religionswissenschaften denke!) Durch das falsche Wissenschaftsbild entwickeln wir ein verdrehtes Bewußtsein: kleinlich und egozentrisch mit uns und nichts als uns im Zentrum des Universums.

Ein Trojanisches Pferd

Gegen all dies haben die häßlichen Außerirdischen mit den birnenförmigen Köpfen und den schwarzen Kiwiaugen nur ein Rezept: Da der Gegenwartsmensch nichts taugt, muß ein Hybride her! Zwar soll unsere genetische Grundbasis überleben – doch nur als Mixtur mit ihrem eigenen genetischen Material. Eine schauderhafte Vorstellung.

Was die Fremden mit ihrem geschlitzten Mund und der gummiartigen grauen Haut den entführten Menschen antun, ist nach unseren Wertvorstellungen ein Verbrechen. Entführungen sind Kapitalverbrechen, massenhafte sexuelle Vergewaltigungen genauso. Hier werden Menschenrechte brutal verletzt, unerlaubte chirurgische Eingriffe vorgenommen und die betroffenen Menschen einer Gedankenkontrolle und Gehirnwäsche unterzogen. Die grauen ETs kümmern sich einen Dreck um unsere Gefühle und unsere Gesetze, sie behandeln uns wie minderwertige Tiere. Sie markieren uns mit Implantaten, kontrollieren die markierten Personen, geben keine logischen oder gar beweiskräftigen Auskünfte über ihr Treiben, ihre Motive und ihre Herkunft. Der amerikanische Autor John White resümierte: [114]

»Die entführenden Fremden (aliens) kommen stets im Schutz der Dunkelheit zu uns. Sie sagen uns nie präzise, warum sie uns entführen. Die ganze Sache kommt mir so verdächtig vor wie ein Trojanisches Pferd, und so muß ich meiner Besorgnis Ausdruck verleihen. Wenn sich die Fremden ändern, wenn sie sich bei Tageslicht offenbaren, ihre Absichten unzweideutig erklären, um uns von ihrem Wohlwollen zu überzeugen, dann werde ich sie in der menschlichen Gesellschaft willkommen heißen. Geschieht dies nicht, werde ich sie weiterhin als schlaue, räuberische Kreaturen aus einer Unterwelt betrachten, die dem Bösen zuneigen, auch wenn sie sich als Gute verkleiden. Und ob sie sich letztlich als physisch, paraphysisch oder metaphysisch entpuppen, hat keinerlei Auswirkungen auf diesen Schluß.«

Tatsächlich machen es uns die Außerirdischen nicht leicht, an ihre guten Absichten zu glauben. Seit mindestens dreißig Jahren finden dokumentierte Entführungen statt, doch das Zeremoniell und die Art der Untersuchungen haben sich nie geändert. Die Entführungsopfer werden geradezu routinemäßig behandelt, die Spermaproben und Embryoentnahmen verlaufen stereotyp. Keine medizinische Hochschule der Erde hätte es nötig, Abertausende von Menschen auf dieselbe Weise zu untersuchen. Spätestens nach dem hundertsten Exemplar kennen wir das Resultat – es sei denn, wir suchen etwas ganz Spezielles, das bei jedem Menschen *unterschiedlich* vorhanden ist.

Nun besteht die menschliche Spezies wahrhaftig nicht aus Robotern, wir alle *sind* Einzelexemplare, *sind* unterschiedlich. Keiner von uns hat dieselben Erinnerungen oder Gefühle wie sein Nachbar. Sie mögen ähnlich sein – gleich sind sie sowenig wie die individuellen Fingerabdrücke. Jeder Mensch macht andere persönliche Erfahrungen, er leidet anders, liebt anders, begeistert sich für andere Musikarten, liest andere Zeitungen, hört andere Radioprogramme; jeder ist bereit, dieses anzunehmen und jenes abzulehnen, dieses gut zu finden und jenes schlecht. Und all das beziehe ich nicht nur auf die Geschmacksrichtung von Speisen. Obschon der Mensch Massenware ist, bleibt er Individualist.

Ist es das, was die Außerirdischen suchen? Unsere unterschiedlichen Veranlagungen? Benötigen sie deshalb Tausende und Abertausende von Einzelpersonen, Spermavariationen und Embryos, um daraus eine neue *Rasse* zu bilden? Oder suchen sie aus einem immensen Vergleichsmaterial das aus ihrer Sicht *Beste* herauszufiltern? Ich kenne die Antwort sowenig wie andere Forscher, bloß ändert das nichts am verbrecherischen Tun der Fremden. Auf der Erde muß sich jeder Mensch an die Gesetze des Landes halten, in dem er sich aufhält. Gelten ähnliche Regeln im Universum nicht?

Selbst wenn ich unterstelle, die grauen ETs seien eine degenerierte Rasse, die uns zwar in technischen Bereichen und in der Telepathie überlegen ist, aber nun eine genetische Auffrischung benötigt, dürfen wir ihnen nicht gestatten, dies ohne unsere Einwilligung zu tun. Letztlich sind auch wir intelligent, auch wir beherrschen die Mathematik, haben wissenschaftliche Erfolge vorzuweisen, und grandiose kulturelle Leistungen erbracht. Wir sind auch wer, und es paßt mir ganz und gar nicht, wie ein dummes Tier behandelt zu werden. Zwar habe ich Verständnis dafür, daß die ETs sich nicht überfallartig zeigen und Rücksicht auf unsere Entwicklung und unsere Denkschemen nehmen. Ich bedanke mich sogar, wenn sie uns bislang nicht wie wild gewordene Küken aufscheuchten und schockierten – der Götterschock [115] –, bloß sind seit den ersten Entführungen viele Jahrzehnte verstrichen, und es wird allerhöchste Zeit, den Spuk zu beenden und die Menschen aufzuklären. Die Rücksichtnahme auf unsere Eitelkeiten muß aufhören, die Schonfrist ist vorbei.

Wir Menschen wollen nicht jahrzehntelang im Nebel herumgeführt und wie unmündige Kreaturen behandelt werden. Außerdem hat sich unser Bewußtsein seit dreißig Jahren verändert. Damals war es noch unvernünftig, um nicht zu sagen, bescheuert, ETs für real zu halten. Inzwischen glaubt jeder zweite Amerikaner an UFOs und bei den Brasilianern bereits zwei Drittel der Bevölkerung. Im aufgeschlossenen Frankreich anerkannten schon vor drei Jahren 45 Prozent aller Jugendlichen die Existenz von UFOs [116], und selbst im kalten UFO-feindlichen Lager Deutschland, wo die »seriöse« Presse jeden UFO-Fall verschweigt oder lächerlich macht, glaubt jeder fünfte an die Außerirdischen. Nach der neuesten Studie des Allensbacher Instituts für Demoskopie ist der Anteil der Sechzehnbis Zwanzigjährigen, die von der Existenz der UFOs überzeugt sind, sogar noch höher. Jeder Dritte akzeptiert sie. [117]

Das menschliche Denken hat sich erweitert, die Mondlandung und die unzähligen Science-fiction-Serien im Fernsehen sind nicht spurlos an unserem Bewußtsein vorübergegangen. Und auch die unzähligen Bücher, die sich mit Außerirdischen beschäftigen, waren nicht für den Papierkorb geschrieben – zumindest nicht für die Hälfte der Menschheit. Nach unserem Demokratieverständnis, das in der freien Welt so hoch gelobt wird, müßten die Medien eigentlich tagtäglich das Neueste von der ET-Front berichten. Es geschieht nichts, und hier beginne ich das Verhalten der birnenköpfigen Fremden mit den schwarzen Kiwiaugen zu verstehen.

Jeder Mensch hat schon mal versucht, einem Mitmenschen oder einer Gruppe irgend etwas klarzumachen. Doch die anderen hörten nicht hin, es interessierte sie nicht, sie unterbrachen das Gespräch, würgten es unhöflich oder durch unsachliche Argumente ab, oder sie wurden beleidigend. Auch ein zweiter und dritter Anlauf fand kein Gehör, und ein vierter und fünfter Versuch, den anderen eine Sache zu erklären, verlief erfolglos. Wie verhalten wir Menschen uns in dieser Situation? Wir ziehen uns zurück, denken, es sei ohnehin zwecklos, unsere Position vernünftig zur Sprache zu bringen.

Geht es den ETs genauso? Haben sie es satt, mit uns überhaupt einen Dialog zu beginnen, weil wir zu arrogant sind, hinzuhören?

Bei den Entführungsfällen, die Professor Dr. Mack untersuchte, wurde genau dieser Punkt angesprochen. Die Außerirdischen sagten den Entführten, wir Menschen seien nicht bereit, auf sie zuzugehen und ihre Existenz zu akzeptieren. Wenn sie sich offen zeigten, würden wir aggressiv reagieren und sie als Feinde einstufen. Unser Verhalten lasse eine Öffnung ihrerseits gar nicht zu, denn wir Menschen würden immer noch in Panik handeln. Unser von Religion und wissenschaftlichen Irrtümern geprägtes Bewußtsein sei derart verbildet, daß es ihnen *nicht möglich sei*, offen auf uns zuzukommen. Und wenn sie es in Einzelfällen tun, akzeptiere die Gesellschaft die Aussage des einzelnen selbst dann nicht, wenn er in der menschlichen Rangordnung weit oben stehe.

Richtig. Man stelle sich nur mal vor, der Papst oder der Regierungschef XY, beide in der menschlichen Rangordnung weit oben, würde öffentlich verkünden, er habe sich mit Außerirdischen unterhalten. Er wäre auf der Stelle weg vom Fenster. Dasselbe gilt für den Journalisten, Chefredakteur oder Topwissenschaftler. Weder der eine noch der andere könnte sich in seinem Gremium durchsetzen. Außerirdische? Hier? Und ausgerechnet du willst mit ihnen gesprochen haben? Mann, du hast nicht mehr alle Tassen im Schrank! Genau dies ist unsere Reaktion. Wie lange noch?

Die häßlichen außerirdischen Gesetzesbrecher kündigten ihren Entführungsopfern eine Katastrophe an. Sie nannten *diese* als Hauptgrund für ihr Treiben. Das Erfreuliche daran ist immerhin, daß die menschliche Art überleben soll – wenn auch nur als Hybride (Mischung) zwischen ihnen und uns. *Wann* soll dieser Jüngste Tag anbrechen? Die ETs nannten kein Datum – sie scheinen es selbst nicht zu wissen. Kommt uns das nicht bekannt vor? Betonen nicht alle Religionen, niemand kenne den Tag oder die Stunde, *wann* der Jüngste Tag hereinbreche? Verfügen die ETs vielleicht über Indizien, ähnlich wie sie Geologen vor Erdbeben und Vulkanausbrüchen registrieren? Dann erkennen die Wissenschaftler zwar, *daß* der Andreasgraben in Kalifornien aufbrechen wird, bloß über den exakten Zeitpunkt können sie keine verbindlichen Aussagen machen.

Geht es den außerirdischen Zwergen mit den dünnen Nasenschlitzen genauso? Registrieren ihre Meßinstrumente, von deren Wirkungsweise wir keinen blassen Schimmer haben, ein kommendes Unheil, aber die Messungen lassen keine exakte Prognose zu? In diesem Fall gäbe es eine glaubwürdige Entschuldigung für ihr unmoralisches Verhalten:

- Die Menschen lassen sich ohnehin nichts beibringen. Sie sind zu egozentrisch.
- Die verbleibende Zeit ist ungewiß. Deshalb ist ein rasches Handeln notwendig. Für das ungesetzliche Vorgehen werden die späteren Generationen Verständnis zeigen.

Bei allem unmoralischen und – nach unseren Vorstellungen – ungesetzlichen Verhalten der Außerirdischen hat mich etwas Besonderes stets nachdenklich gestimmt: Die Fremden haben ihre Entführungsopfer nie verstümmelt oder gar ermordet. Sie brachten sie stets sorgsam und wohlbehütet in ihr Schlafzimmer oder Auto zurück. Unser Verhalten den Tieren gegenüber ist da viel rücksichtsloser und barbarischer.

In neuester Zeit ist der Gedanke ins Spiel gebracht worden, bei den kleinen Wesen mit den Birnenköpfen handle es sich keineswegs um Außerirdische, sondern um Zeitreisende aus unserer eigenen Zukunft. Zeitreisen sind zwar, wie die physikalische Fachwelt in den vergangenen Jahren erfuhr, *prinzipiell* nicht unmöglich, nur haben wir Gegenwartsmenschen keine Ahnung, wie eine Zeitreise *praktisch* bewerkstelligt werden soll [118]. Trotz aller Faszination bin ich nicht der Meinung, daß Zeitreisen das Phänomen der kleinen ETs mit den übergroßen Mandelaugen lösen. Man stelle sich folgende Situation vor:

Im Jahre 3000 irdischer Zeitrechnung existiert die Zeitmaschine. Die intelligenten Wesen auf der Erde sind von kleinerem Wuchs, sie haben graue Haut, riesige Schädel, und sie beherrschen die Gedankenübertragung. Mit der Zeitmaschine reisen sie in unsere Zeit und stellen fest, daß die Menschheit des Jahres 2000 kurz vor einer Katastrophe steht. Jetzt sammeln sie emsig genetisches Material, das sie *ihrer eigenen Art* – derjenigen aus der Zukunft – einverleiben. Würden sie das nicht tun, so würde ihre eigene Art *in der Zukunft* nicht exisiteren. Denn erst das genetische Grundmuster der Vergangenheitsmenschen macht ihre Existenz in der Zukunft möglich. Toll und bekloppt! Aus welcher Evolutionskiste, welcher Entwicklungslinie, stammen dann aber die kleinen Grauen mit den überdimensionierten Rehaugen?

Nee, mir hilft das Modell der Zeitreisenden nicht weiter. Die ETs sind mir sogar räumlich näher.

Falsch programmiert?

Diverse Entführungsopfer, insbesondere jene, die wiederholt drankamen, fühlen sich nicht mehr als »nur irdisch«. Trotz ihres menschlich normalen und intakten Körpers werden sie den Eindruck eines neuen Bewußtseins nicht los. Es steckt ein latentes Wissen in ihnen, das über die Erde und über die Gegenwart hinausgeht. Diese Gruppe der Entführten bekundet große Mühe, ihr neues Empfinden in unsere Sprache umzusetzen. Es ist einfach plötzlich da, ein Wissen aus Raum und Zeit, das den ganzen Schädel ausfüllt, als ob die freie Gehirnkapazität mit zusätzlichen Daten gefüttert worden wäre. Sie kommen sich vor wie in einem ehrwürdigen Dom, der mit Millionen von Fresken und Bruchstücken vollgestopft ist und durch dessen heilige Hallen auch noch die sanften Melodien von Jahrtausenden schwingen. Unaussprechlich. Es fehlen die menschlichen Worte und Begriffe, um das Geschaute, das Erfühlte in einer verständlichen Abfolge darzulegen. Alles scheint gleichzeitig zu existieren: einerseits real, vernünftig und in der Sicht des Betroffenen glasklar; andererseits zuviel, viel zuviel auf einmal, ineinander verwoben und verschachtelt, über- und untereinander angeordnet und doch wieder durch lichtschnelle Bahnen verbunden.

Ist dies der Zustand vor dem Irrsinn? Das Nicht-mehr-verkraften-Können einer Informationswelle? Oder werden hier absichtlich Daten in die menschlichen grauen Zellen geflutet, damit ein *kosmisches Bewußtsein* entsteht? Soll dieses *kosmische Bewußtsein*, eine andere Sicht der

Dinge, die betreffenden Menschen befähigen, ihren Mitmenschen den *neuen Weg* zu weisen (Stichwort: die angekündigten Propheten)? Soll diese »expandierende Vernunft«, wie ich es einmal nennen möchte, den behandelten Menschen ermöglichen, die Augen für andere Wirklichkeiten zu öffnen? Daß unsere Welt nicht nur aus dem besteht, was wir sehen und mit unseren Sinnen wahrnehmen, ist wohl inzwischen unbestritten.

Der Leser dieses Buches hat längst begriffen, daß jede Zelle seines Körpers die gesamte Information (DNS) zum Aufbau des Körpers enthält. Andererseits befinden sich in der DNS unzählige Bruchstücke – der sogenannte Junk –, weiße Flecken sozusagen, die zu nichts taugen. Sie lassen sich nicht »anstöpseln« (Modell Legobausteine). Allgemein bekannt ist ferner, daß unser Gehirn nur zum kleinsten Teil genutzt wird. Die ominöse Evolution schuf hier etwas, was sie (bislang) nie brauchte. Zu diesen wissenschaftlich fundierten Tatsachen addieren wir die Überlieferungen der alten Religionen:

- Die Götter schufen die Menschen nach ihrem Ebenbild.
- Der Überlebende der Sintflut – ob er Noah, Utnapischtim oder anders hieß, ist unerheblich – war ein Hybride zwischen Mensch und »Wächtern des Himmels« (siehe die an früherer Stelle zitierte Rolle des Lamech).

Ergo *enthält* unser genetisches Material bereits außerirdische Abschnitte. Dies *wissen* die kleinen Grauen mit den Kiwiaugen. Alles, was sie noch tun müssen, ist, unsere »Stöpsel« kompatibel zu machen, den »Junk« zum Leben zu erwecken, das halbleere Gehirn zu überfluten. Alle Voraussetzungen dazu sind bereits in uns enthalten. Das Wesen Mensch war nie *nur* irdisch. Wir haben uns lediglich erdbezogen entwickelt, haben über Generationen hinweg religiöse, politische und wissenschaftliche Rechthaberei gezüchtet, haben das Außerirdische in uns radikal verdrängt und uns in die Mitte des Universums gestellt. Jetzt naht ein *Jüngster Tag*, der *Gongschlag der Bewußtwerdung*.

Mich verwundern die Aussagen vieler Entführungsopfer nicht, die – ohne je Erich von Däniken gelesen zu haben – versichern, die Außerirdischen seien zu Olims Zeiten schon mehrmals hiergewesen, um der menschlichen Evolution einen Schub zu verpassen. Und was den Besuch von ETs aus den Weiten des Universums betrifft, errechnete der Astronom James R. Wertz schon vor zwanzig Jahren, daß Außerirdische unser Sonnensystem problemlos in Abständen von 7,5 mal 105 Jahren besucht haben könnten; das bedeutet in den vergangenen 500 Millionen Jahren durchschnittlich 640mal. [119] Und Dr. Martyn Fogg von der Universität London wies zehn Jahre später darauf hin, die gesamte Galaxis sei vermutlich schon besiedelt gewesen, als unsere Erde gerade zur Welt kam. [120] Doch: »Daß etwas neu ist und daher gesagt werden sollte, merkt man erst, wenn man auf scharfen Widerspruch stößt« (Konrad Lorenz, 1903–1989).

SETI ohne Europa

Unbemerkt von der breiten Öffentlichkeit finden Jahr für Jahr immer größere internationale SETI-Konferenzen statt. Auf dem letzten SETI-Treffen, durchgeführt von der Universität Kalifornien und gesponsert unter anderem von der NASA, wurden über siebzig wissenschaftliche Vorträge gehalten. Da wurden Themen behandelt wie diese:

- »ET, Klingonen und die Galaktische Bibliothek: SETI und die wissenschaftliche Erziehung« (Andrew Fraknoi, Astronom, Foothill College).
- »Die Suche nach Leben auf dem Mars. Eine Bestandsaufnahme.« (Michael Klein, Jet Propulsion Laboratory, und Jack Farmer, Ames Research Center der NASA).
- »SETI beginnt zu Hause. Läßt sich Intelligenzauf *diesem* Planeten messen und definieren?« (Lori Marino, Universität New York).
- »Die Suche nach außerirdischen Technologien in unserem Sonnensystem.« (Michael Papagiannis, Universität Boston).

Die meisten Referenten sprachen über technische Möglichkeiten, wie Lebensspuren mit Hilfe diverser Detektoren aufgespürt werden könnten oder auf welcher Radiofrequenz man die Außerirdischen einfangen müßte. Doch gab es auch kritische Stimmen, die verlangten, die wissenschaftliche SETI-Forschung müsse sich gegen Amateure abschirmen. Nur so könne SETI in der breiten Öffentlichkeit glaubhaft bleiben.

Mit Verlaub, das ist das alte Vorurteil, das elitäre Nur-wir-können-denken, das Nur-wir-sind-Verantwortungsbewußt, das uns immer wieder in die Sackgasse der Engstirnigkeit trieb, sei es auf dem religiösen und politischen Sektor oder dem der wissenschaftlichen Irrtümer. Alle möglichen etablierten Kreise versuchten quer durch die Menschheitsgeschichte, den Mitmenschen unmündig zu behandeln, ihn vom *Wissen*, ob vom echten oder falschen, fernzuhalten. Die Religionen praktizieren dies heute noch, und politische Gruppierungen behalten ihre dummen Geheimnisse so lange, bis sie sie häppchenweise erbrechen müssen. Das Nur-wir-können-Denken, das Nur-wir-sind-Verantwortungsbewußt ist nichts anderes als eine eigennützige Zensur, um die anderen auszugrenzen und eigene Vorteile zu ergattern. *Wie* – bitte – werden denn neue Gedanken verbreitet? Durch *wen* gelangen sie ins Bewußtsein der Öffentlichkeit? *Wer* spricht sie zum ersten Mal aus, hält den Kopf dafür hin und bezieht nicht selten von der elitären Garde Prügel? Von *wem* stammen oft bahnbrechende Ideen? Und letztlich: *Wer* finanziert eigentlich den Wissenschaftsbetrieb von der Archäologie bis zur Astronomie?

Das Abschotten hat noch keine Erkenntnis verhindert, aber viele verzögert. Durch Abschottungen wird das öffentliche Bewußtsein niedergedrückt, frische Gedanken werden im Keim erstickt. Es ist die Öffentlichkeit, welche die Gedanken in den Kreislauf bringt und das Neue ermöglicht. Die Öffentlichkeit ist der Antipode der Geheimniskrämerei und damit der Zensur. »Wer auf seinen Rang pocht, hat ihn schon eingebüßt« (Max Rychner, 1897–1965). Dabei bin ich selbstverständlich der Meinung, die Spezialisten müßten frei von öffentlichem Druck arbeiten, frei vom Pseudowissen der Amateure ihre Diskussionen führen. Nur sollen sie ihre Resultate nicht verstecken, ihre Geistesblüten nicht geheimhalten. »Selbst Militärgerichte können kein Gerücht zum Schweigen bringen« (Johann Nestroy, 1801–1862).

Man stelle sich nur einmal vor, die Menschheit bestünde aus Telepathen, wie dies von den kleinen Außerirdischen behauptet wird. In einer telepathischen Gesellschaft kann es keine Geheimnisse und kein *elitäres Wissen* geben. Offensichtlich hat dies der Gesellschaft der ETs nicht geschadet.

Auf der letzten internationalen SETI-Konferenz wurden zwar dreiundsiebzig intelligente Vorträge gehalten – aber kein einziger über UFOs, Entführungen oder gar die PALÄO-SETI-HYPOTHESE. Diese Themen gelten als unseriös, als nicht zumutbar für »wahre« Wissenschaftler, als ob es auf dem UFO-Sektor nicht auch wissenschaftliche Publikationen gäbe, sachlich und fundiert geschrieben von Topleuten (im deutschsprachigen Raum beispielsweise das Buch *Der Stand der UFO-Forschung* des Physikers Illobrand von Ludwiger [121]). Oder gilt der Harvard-Professor Dr. Mack nicht als Wissenschaftler?

Weshalb werden von Leuten, die sich der Suche nach außerirdischem Leben verschrieben haben, die aktuellsten Themen und Personen ausgeklammert? Wie kann es sich ein inzwischen respektabler Wissenschaftszweig wie die SETI-Gruppe leisten, bestimmte Fachbereiche von vornherein auszugrenzen? Verlangt nicht gerade die Wissenschaft umfassende Information? Ein Wissenschaftszweig wie SETI ist ohne UFOs und ohne PALÄO-SETI nicht abgerundet. Die besprochenen, publizierten und an die Medien weitergereichten Resultate sind unvollständig; halbherzig, um nicht zu sagen, amateurhaft. Gerade dem Amateur wirft doch die Wissenschaft vor, er berücksichtige nicht alle in Frage kommenden Aspekte eines Themas. Er sei einseitig, unausgewogen und im Gegensatz zum Spezialisten nicht im Bilde. Ich bedaure, meine Freunde der SETI-Forschung: *Ihr* seid nicht vollständig im Bilde. *Ihr* seid es, die sich abkapseln und den alten Fehler wiederholen: das elitäre Gehabe.

Mir ist klar, weshalb auf internationalen SETI-Tagungen nicht über UFOs oder PALÄO-SETIs gesprochen werden darf. Ich kann hier persönliche Erfahrungen einbringen. Als 1969 mein erstes Buch *Chariots of the Gods* auf dem amerikanischen Buchmarkt Schlagzeilen machte, rührten sich sehr rasch prominente und weniger prominente Kritiker. Das ist gut so – Kritik gehört nicht nur zur Demokratie, sondern auch in den Wissenschaftsbetrieb. Neben den Kritiken gab es auch widerliche Verrisse und sogar ganze Bücher *gegen* meine Werke. Sie stammten meistens aus der Ecke der Religion oder einer konservativen Wissenschaftsrichtung wie der Archäologie und der Anthropologie. Dazu kamen faustdicke Lügen, erdacht in der Küche der Desinformation und eingeschleust in den Medienbetrieb. Immer mehr entwickelte sich ein negatives Bild, denn Journalisten übernehmen von Journalisten. Die alte Masche. Pingpong. Bald galt es in Wissenschaftskreisen als tabu, über meine Werke etwas Positives anzumerken. Kurioserweise tauchten zwar meine Ideen in allen möglichen Publikationen auf – doch niemals unter Angabe der ursprünglichen Quellen. Die Wissenschaft hatte sich vereinnahmen lassen, sie hatte ihre Unschuld verloren. Für eine Korrektur fehlte es an Zivilcourage.

An der fehlt's heute noch. Über ein Vierteljahrhundert nach *Erinnerungen an die Zukunft* ist die PALÄO-SETI-HYPOTHESE in weiteren neunzehn Büchern und einer fünfundzwanzigteiligen Fernsehserie dokumentiert und erhärtet worden. (Die fünfundzwanzigteilige TV-Serie *Auf den Spuren der All-Mächtigen* kann heute in Videotheken gekauft werden. Direktbezug bei: AAS. CH-3803 Beatenberg.) Eine Fülle von uraltem Schriftmaterial und archäologischen Indizien liegt vor, Lexika und Bücher anderer Autoren aus vielen Ländern kommen hinzu, doch das kümmert die SETI-Forscher nicht. Es darf sie nicht kümmern. Der elitäre Dünkel hat Vorrang.

Steven Beckwith, Direktor des Max-Planck-Institutes für Astronomie in Heidelberg, vertritt heute die Meinung, »daß es in der Galaxie Planeten im Überfluß gibt«, darunter viele mit »günstigen Lebensbedingungen«. Und der britische Astronom David Huges fügt hinzu: »Zumindest dem Modell nach müßten in der Milchstraße sechzig Milliarden Planeten kreisen.« Vier Milliarden davon seien »erdähnlich, feucht und wohltemperiert« [122]. Es wimmelt von Leben dort draußen, auch von menschenähnlichem. Und mindestens eine dieser außerirdischen Zivilisationen hat unserer guten alten Erde schon vor Jahrtausenden einen Besuch abgestattet. Das läßt sich blitzsauber belegen. Warum dürfen es die SETI-Forscher nicht wissen? Übrigens liegt der Unterschied zwischen Wissenschaftlern und Amateuren oft nur in einem Wörtchen: Amateure sind Leute, die viel für nichts tun. Profis sind Leute, die nichts für nichts tun.

Wie sehr sich die SETI-Wissenschaftler bereits in ein Korsett zwängen ließen, zeigt die *Deklaration des Vorgehens nach der Entdeckung außerirdischer Intelligenz* [123]. Dabei handelt es sich um ein Papier, dem alle an der offiziellen SETI-Forschung beteiligten Wissenschaftler unterworfen sind. Es beinhaltet Vorschriften, wie man sich verhalten müsse, wenn eine außerirdische Intelligenz entdeckt würde. Ich möchte dem Leser wenigstens auszugsweise einige dieser Regeln kundtun. Er durchschaut dann besser, wie die Entdeckung von ETs im internationalen Kreis gehandhabt ist.

Vereinbarung zur Zensur

»Wir, die Institutionen und Individuen, die an der Suche nach außerirdischer Intelligenz teilnehmen, anerkennen, daß die Suche nach außerirdischer Intelligenz ein wesentlicher Bestandteil der Weltraumforschung ist und zu friedlichen Zwecken sowie im allgemeinen Interesse der ganzen Menschheit betrieben werden soll. Dabei inspiriert uns die enorme Wichtigkeit, Beweise für außerirdisches Leben zu erbringen, auch wenn die Wahrscheinlichkeit einer derartigen Entdeckung gering sein mag.

Wir erinnern an den Vertrag, welcher die staatlichen Aktivitäten zur Erforschung und Nutzung des Weltraumes regelt ... und dem auch die staatlichen Parteien unterliegen ... (Artikel XI).

Wir bestätigen, nachfolgende Prinzipien zu befolgen, wenn es um die Verbreitung von Informationen über außerirdische Intelligenzen geht:

1. Jede Person und jede staatliche oder private Forschungseinrichtung oder Regierungsstelle, die glaubt, ein Signal *oder einen anderen Beweis* für außerirdisches Leben entdeckt zu haben, sollte versuchen zu prüfen, ob die plausibelste Erklärung tatsächlich ein Beweis für außerirdische Intelligenz ist, und kein anderes, natürliches Phänomen, *bevor er eine öffentliche Bekanntgabe macht.* Kann der Nachweis für die Existenz einer außerirdischen Intelligenz nicht eindeutig erbracht werden, so hat der Entdecker die Möglichkeit, seine Entdeckung als *unbekanntes Phänomen* zu verbreiten.

2. *Bevor der Entdecker öffentlich bekanntgibt*, der Beweis für eine außerirdische Intelligenz sei erbracht, hat er unverzüglich folgende Institutionen zu informieren: Alle anderen Forscher und Forschungseinrichtungen, die Parteien dieser Deklaration sind ... Die Parteien dieser Deklaration *werden keine öffentliche Bekanntgabe über die Entdeckung machen,* bis feststeht, daß die Entdeckung eine außerirdische Intelligenz betrifft. Der Entdecker soll seine zuständige staatliche Behörde informieren ...

8. Auf ein außerirdisches Radiosignal oder einen anderen Beweis für außerirdische Intelligenz *darf keine Antwort gegeben werden*, bevor nicht die notwendigen internationalen Konsultationen stattgefunden haben ...

...

9. Das SETI-Komitee der internationalen Raumfahrtakademie wird in Abstimmung mit der Kommission Nr. 51 der IAU (International Astronomical Union) eine kontinuierliche Überprüfung der Vorgehensweise vornehmen und Vorschläge zur weiteren Behandlung der Daten unterbreiten. Sollte ein glaubhafter Beweis für außerirdische Intelligenz gefunden werden, *wird ein internationales Komitee von Wissenschaftlern und anderen Experten einberufen*, das als zentrale Stelle für die weiteren Analysen und Beobachtungen, die im Nachgang gemacht werden, fungiert. *Dieses Komitee soll auch bei der Freigabe von Informationen für die Öffentlichkeit tätig sein.* Das Komitee soll sich aus Mitgliedern aller oben genannten internationalen Institutionen zusammensetzen; es können auch andere Mitglieder zugezogen werden ... Die internationale Raumfahrtakademie wird als Zentralstelle für diese Deklaration dienen und jährlich allen Parteien eine Liste dieser Deklaration zustellen.«

Was ist von dieser Deklaration zu halten? Für einen Wissenschaftler ist es ohnehin üblich, *nicht* mit Sensationen hausieren zu gehen. Jede große Entdeckung wird geprüft und nochmals überprüft, bevor sie veröffentlicht wird. Schließlich will man sich nicht vor den eigenen Kollegen blamieren, falls eine Entdeckung widerrufen werden müßte. Es ist auch vernünftig, wenn die IAU oder die SETI-Kommission Nr. 51 absolut sicher sein will, daß Beweise für eine außerirdische Intelligenz vorliegen, *bevor* man die Weltöffentlichkeit damit konfrontiert. Bedenklich wird's erst mit den diversen Kommissionen, die informiert werden müssen, *bevor* der Entdecker an die Öffentlichkeit gehen darf. Auf gut deutsch bedeutet dies Zensur, denn selbst wenn ein Entdecker hundertprozentig sicher ist, den Beweis für eine außerirdische Intelligenz erbracht zu haben, darf er damit *nicht* an die Öffentlichkeit. Der Meinungsbildungsprozeß wird gesteuert. Irgendein Informationsmonopol möchte zuerst einmal entscheiden, was häppchenweise herausgegeben wird.

Die Frage muß gestellt werden, wie sich diese gelenkte Öffentlichkeitsarbeit mit der in allen freien Staaten der Welt gesetzlich garantierten Meinungs- und Informationsfreiheit vereinbaren läßt.

Letztlich aber sind alle Passagen in der Deklaration, die sich mit der Behandlung der Öffentlichkeit befassen, ein Schlag ins Wasser. Die breite Masse – wir sind das Volk – weiß über die ETs ohnehin längst Bescheid!

DIE GROSSE VERSCHAUKELUNG

»Je mehr einer weiß,
desto mehr bezweifelt er.«

(Voltaire, 1694–1778)

Vor vier Jahren erschien mein Buch *Die Augen der Sphinx*. Darin behandelte ich ungelöste Rätsel im alten Ägypten und stellte auch einige Theorien zum Bau der Großen Pyramide zur Diskussion.

Seither sind neue Entdeckungen dazugekommen, über die ich nicht schweigen kann. Was haben sie mit dem Thema dieses Buches, mit dem Jüngsten Tag und der Wiederkunft der Außerirdischen zu tun?

Für die alten Ägypter war Henoch der Erbauer der Pyramide. (Henoch, Idris und Saurid sind nach arabischer Überlieferung ein und dieselbe Gestalt.) Henoch verfaßte über dreihundert Bücher. Die vertraute er seinem Sohn Methusalem an, damit er sie »den kommenden Geschlechtern dieser Welt« übergebe. Keines dieser Bücher kam bislang ans Tageslicht. Liegen sie vielleicht seit Jahrtausenden wohlbehütet in luftdichten Kammern der Großen Pyramide? Finden wir dort die Antworten auf unsere Fragen nach dem Jüngsten Tag und der Wiederkunft der Götter?

Und versucht jemand, dieses Geheimnis der Weltöffentlichkeit vorzuenthalten?

Für wie einfältig vereinzelte Wissenschaftler die Öffentlichkeit halten und wie sehr die Medienmeinung manipuliert wird, zeigte sich in den vergangenen zwei Jahren am

Nächste Doppelseite: Die Pyramiden von Gizeh. ▷

Beispiel der Cheopspyramide in Ägypten. Dort kam es am 22. März 1993, exakt um 11.05 Uhr vormittags, zu einer Sensation ersten Ranges. Das Unerwartete, Undenkbare, für alle klassischen Ägyptologen Unfaßbare und Unmögliche war eingetreten. Keine Bombe hätte verheerender ins Weltbild der Ägyptologie einschlagen können. Doch die Erschütterungen wurden abgedämpft, kanalisiert, verharmlost und eine höchstwahrscheinlich noch größere Sensation – das Ereignis der Jahrtausende, vergleichbar der Entdeckung einer außerirdischen Intelligenz – wurde abgeblockt. Was war geschehen?

Dem deutschen Ingenieur Rudolf Gantenbrink, geboren am 24. Dezember 1950 in Menden, war ein Geniestreich gelungen. Ein kleiner, technisch höchst raffinierter Roboter erreichte nach einer 60-Meter-Strecke in einem bislang unbekannten Pyramidenschacht eine Türe mit zwei Metallbeschlägen. Zwei Wochen lang war der Roboter durch den schmalen Schacht gerattert, immer wieder mußten Hindernisse umfahren werden. Mehrmals wurde der Roboter über elektrische Spezialkabel an den Ausgangspunkt zurückbeordert. Dort wurden kleine Veränderungen am technischen Wunderwerk vollbracht, und erneut startete die Minimaschine in den jahrtausendealten Schacht. Gantenbrinks Roboter ist ein 6 Kilogramm schweres Raupenfahrzeug von nur 37 Zentimetern Länge. Angetrieben wird das technische Mirakel von sieben unabhängigen Elektromotoren, deren Mikroprozessoren ferngesteuert werden. An der Vorderseite befinden sich zwei kleine Halogenscheinwerfer sowie eine schwenk- und kippbare Minivideokamera des Typs *Sony CCD*. Trotz der leichten Aluminiumbauweise beträgt die Zuglast des Roboters maximal 40 Kilogramm, dies dank der speziell gefertigten Gummiraupen, die sowohl am Boden wie an der Decke Halt finden.

Der von Rudolf Gantenbrink konstruierte Roboter »UPUAUT«.

Alle entscheidenden Ideen zur Entwicklung dieser einzigartigen Apparatur stammen von Rudolf Gantenbrink. In monatelanger feinmechanischer Präzisionsarbeit hatte er das Spezialfahrzeug eigenhändig gebaut. Unsagbar viel Arbeitszeit, Schweiß und über 400 000 D-Mark sind von ihm in die Konstruktion dieses feinmechanischen Meisterstücks investiert worden. Technische Unterstützung erhielt er von der Schweizer Firma *ESCAP* in Genf (Spezialmotoren), von der HILTI AG in Vaduz (Bohrtechnik) und von der Firma *GORE* in München (Spezialkabel). Gantenbrinks Roboter ist ein Schulbeispiel für die ewig Verzagten, die dauernd herumjammern: »Das geht nie!« Es geht, wenn sich Intelligenz, Technik und ein klarer Wille zusammentun.

Was brachte Rudolf Gantenbrink überhaupt dazu, einen Vorstoß in die Große Pyramide zu wagen? Wußte nicht jedermann, daß es dort nichts mehr zu finden gab? Der Radio- und Fernsehjournalist Torsten Sasse aus Berlin befragte Rudolf Gantenbrink: [124]

»Die ganze Geschichte begann, als ich während des Golfkrieges in Ägypten weilte. Ich hatte Herrn Professor Stadelmann (vom DAI, dem Deutschen Archäologischen Institut in Kairo) vorgeschlagen, ob man sich nicht mal diese Luftschächte – sie hießen ja damals noch *Luftschächte* – näher anschauen sollte, weil wir mittlerweile nämlich eine Technologie besitzen, die derartiges ermöglicht. Und es handelt sich dabei wirklich um die letzten unerforschten Bereiche in der Cheopspyramide.

Wir haben dann 1992 eine Lüftungsanlage in diese Pyramide eingebaut, haben die oberen Schächte mit einer Videokamera untersucht und haben auch nach möglichen Auslässen der unteren Schächte geschaut. Dabei stellten wir bereits 1992 definitiv fest, daß diese Schächten irgendwo rauskommen. Dabei blieb natürlich auch die

Oben: Im Innern der Pyramide. Die Wände sind blank und ohne Schriftzeichen. (Die Metallverstrebungen stammen aus unserer Zeit.)

Links: Am Ende der »großen Galerie« teilen sich die Wege. Der untere, vergitterte Schacht führt zur »Königinnenkammer«.

Frage offen: Wo und wie enden die unteren Schächte? Das war der Ausgangspunkt der ganzen Untersuchung.

Das Folgeprojekt nannten wir *UPUAUT-2*, und diesen Namen muß man natürlich erklären. Wir tauften den Roboter *UPUAUT*, und dies war eine Idee von Professor Stadelmann. Upuaut ist nämlich ein altägyptischer Gott, der heißt übersetzt etwa *Öffner der Wege*.

Die Entwicklung von *UPUAUT-2* diente einzig und allein der Aufgabe, die beiden unteren Schächte zu erforschen.«

Von welchen »unteren« und »oberen« Schächten ist hier die Rede?

Die Große Pyramide enthält drei Kammern, und nach Professor Dr. Rainer Stadelmanns Einschätzung trifft dies auf alle ägyptischen Pyramiden zu. Stadelmann gilt als »Erfinder« der *Dreikammertheorie*. Jeder Tourist, der im Schweiße seines Angesichts in die Cheopspyramide klettert, bekommt zwei dieser Kammern zu Gesicht: Die obere nennt man großzügig »Königskammer«, obschon nie eine Mumie darin gefunden wurde, und die untere, etwas kleinere Kammer, heißt dementsprechend »Königinnenkammer«. Von der oberen Kammer führen zwei Schächte schräg nach oben. In der Literatur heißen sie »Luftschächte«. Genau dort hinein montierte Rudolf Gantenbrink sein Lüftungssystem. Die ahnungslosen Touristen merkten es an der frischen Luft, die endlich in die Königskammer flutete. Leider nur für kurze Zeit. Inzwischen funktioniert das System nicht mehr. Dies liegt nicht an Rudolf Gantenbrink, sondern an den Pyramidenwächtern, die aus unerfindlichen Gründen dauernd vergessen, den Strom einzuschalten.

Die untere Kammer ist etwas kleiner als die Königskammer. Sie weist eine Länge von 5,76 Metern und eine Breite von 5,23 Metern auf. Die Höhe beträgt 6,26 Meter. Auch von dieser Kammer führen zwei Schächte weg: der eine exakt in Richtung Süden, der andere nach Norden. Die Schachtöffnungen liegen sich also gegenüber – dies auf derselben Höhe, auf welcher der Eingangsstollen endet. Rudolf Gantenbrinks Roboter kletterte in den *südlichen* Schacht. Die dritte Kammer liegt im Fels unter der Pyramide. Man nennt sie die »unvollendete Kammer«. Was meinen die Fachleute zu den Schächten in der Königinnenkammer?

Die Gelehrten sind sich nicht einig. Mal erkannte man darin »Seelenschächte«, dann »Modellkorridore«, schließlich »Mündungen von Belüftungsschächten« [125] oder schlichtweg »Luftschächte«. Letzteres war schon deshalb unsinnig, weil die »Luftschächte« erst im letzten Jahrhundert aus den Wänden gebrochen wurden. Im Jahre 1872 klopfte nämlich der Brite W. Dixon die Wände ab. Er hoffte, dadurch versteckte Kammern lokalisieren zu können. Als der Klopfton dunkler wurde, griff Mister Dixon zum Pickel. Nach einigen Zentimetern Gestein traten die Öffnungen der »Luftschächte« hervor. Übrigens sind beide Schächte quadratisch, ihre Seitenlänge beträgt gerade 20 Zentimeter.

Damit sind zwei Dinge sternenklar: Luftschächte kommen nicht in Frage, die hätten schließlich in die Kammer führen müssen, und die Schächte müssen von Anfang an zur Planung der Pyramide gehört haben. Niemand konnte sie während des Pyramidenbaus oder danach herausspitzen, herauskratzen. Messen Sie mal 20 Zentimeter Seitenlänge ab: Da paßt kein Kind hindurch! Und noch etwas: Die beiden Schächte aus der Königinnenkammer verlaufen nicht schräg nach oben, wie dies bei der Königskammer der Fall ist. Zuerst geht es horizontal in die Wand hinein, erst dann beginnt eine Steigung von exakt 39 Grad, 36 Minuten und 28 Sekunden. Die meisten Ägyptologen waren

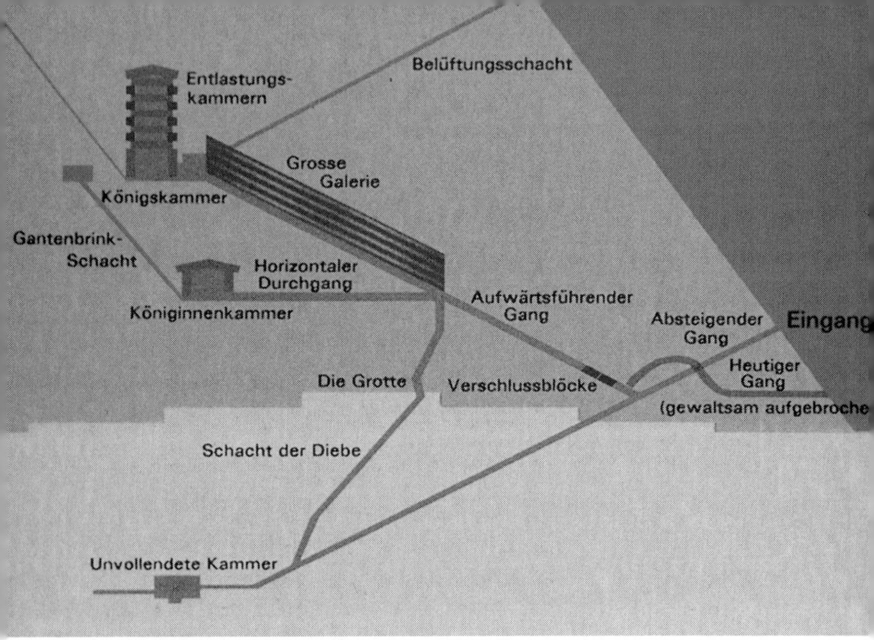

Oben: Ein Pyramidenaufriß mit den drei Kammern. Trotz ihres Volumens wird die »große Galerie« nicht als Kammer gezählt. Der »Gantenbrink-Schacht« ist rot eingezeichnet.

Rechte Seite, oben: »UPUAUT« unterwegs!

Rechte Seite, unten: Die geheimnisvolle Tür am Ende des »Gantenbrink-Schachtes«. Von den beiden Metallverstrebungen ist die linke abgebrochen. Am unteren rechten Rand fehlt ein Dreieck.

sich darin einig, daß die Schächte »nach kurzem Verlauf enden« [126]. Bis Rudolf Gantenbrinks Roboter *UPUAUT* alle Gelehrtenansichten schlagartig zunichte machte.

Der »Öffner der Wege«

Am 22. März 1993 war es auf dem Pyramidenplateau von Gizeh genauso heiß wie üblich, und im Innern der Großen Pyramide herrschte die gleiche Feuchtigkeit wie jeden Tag. Rudolf Gantenbrink hatte in der Königinnenkammer einen Tisch aus zwei Böcken und Brettern improvisiert. Darauf standen seine Bedienungselektronik und ein Monitor, der gestochen scharfe Bilder von der Roboterkamera lieferte. Ein Videogerät hielt die Bildsequenzen auf Band fest. Während ein Mitarbeiter sacht das besonders dünne und leichte Spezialkabel in den Schacht schob und ein Ägyptologe der Ägyptischen Altertumsverwaltung den Bildschirm mit immer größer werdender Verblüffung beobachtete, bediente Rudolf Gantenbrink mit angespannter Konzentration die kleinen Steuerhebel des Roboters. Das ganze Team stand unter Zeitdruck, denn die Ägyptische Altertumsverwaltung beabsichtigte, ausgerechnet heute die Suche abzubrechen. Zu viele Reisebüros reklamierten, weil sie ihre Touristen nicht in die Große Pyramide führen konnten. Zudem entgingen der Altertumsverwaltung Einnahmen: Der Besuch der Cheopspyramide ist nicht gratis.

Meter für Meter kriecht Gantenbrinks Miniaturungeheuer den steilen Gang hoch. Die Scheinwerfer am Bug des Roboters beleuchten Szenen, die seit mindestens viereinhalbtausend Jahren kein Mensch gesehen hat. Cheops, der (angebliche) Erbauer der Pyramide, herrschte von 2551–2528 v. Chr.

Die mühsame Fahrt geht an glattpolierten Wänden vorbei, dann überwindet der Roboter kleinere Sandanhäufungen und manövriert sich kunstvoll über Bruchstücke, die von der Decke gefallen sind. Endlich, nach sechzig Metern quer im Innern der Pyramide die erste Überraschung: Am Boden liegt ein abgebrochenes Metallstück. Kurz darauf die große Sensation: Die Roboterkamera erfaßt ein Verschlußelement, eine Art Schiebetüre, die den gesamten Schacht abriegelt: im oberen Teil der Tür zwei kleine Metallverstrebungen, die linke davon teilweise abgebrochen.

Rudolf Gantenbrink steuert den Roboter auf die Tür zu, zielt mit dem Laserstrahl auf die untere Kante. Der rote Laserstrahl mit einem Durchmesser von fünf Millimetern verschwindet unter der Türkante. Dies beweist, daß die Tür nicht fest am Boden aufliegt. Am rechten unteren Eck der Tür fehlt ein kleines Stück Gestein. Die Roboterkamera erfaßt dunklen Staub, der wohl im Laufe der Jahrtausende aus dieser winzigen Öffnung herausgeweht worden ist. Die Reise des Roboters hingegen ist gestoppt.

Michael Haase, ein Mathematiker aus Berlin, bestimmte den Standort der rätselhaften Tür. [127] Sie liegt in der Südseite der Pyramide, auf einer Höhe von zirka 59 Metern über Grund, zwischen der 74. und 75. Steinlage. Würde der Schacht, den die Tür abblockt, im selben Neigungswinkel weiterlaufen, so müßte er etwa auf 68 Meter Höhe die Außenwand der Pyramide erreichen. Der horizontale Abstand zur Außenwand beträgt rund 18 Meter. Natürlich hat Rudolf Gantenbrink die südliche Außenwand der Pyramide bestiegen und untersucht. Dort ist keinerlei Austrittsöffnung des Schachtes erkennbar.

Die verheimlichte Sensation

Die Entdeckung eines 60-Meter-Schachtes in der Pyramide ist eine Sensation, die der Schachtblockierung eine zweite. Man sollte meinen, Gantenbrinks Einsatz und seine persönliche Leistung würden von den Ägyptologen entsprechend gewürdigt, er würde – wie es sich bei Jahrhundertentdeckungen ziemt – gefeiert. Wenn heutzutage ein Astronom einen neuen Stern oder Kometen entdeckt, erhält der Himmelskörper nicht selten den Namen des Entdeckers. Deshalb werde ich den neuen Schacht künftig »Gantenbrink-Schacht« nennen. Und ich danke meinen Kollegen, die es genauso halten. Die Engstirnigkeit und der Neid der Ägyptologen zeitigen eine ganz andere Sicht. Der Schacht sei schon immer vorhanden gewesen – heißt es –, und auch andere Fachleute hätten seine Existenz vermutet. Das ist nur die Viertelwahrheit. Zwar kannte man die horizontalen Schachtöffnungen, die in nördlicher und südlicher Richtung aus der Königinnenkammer führten, doch kein Ägyptologe wußte etwas von einer 60 Meter langen Strecke im Innern der Pyramide. Im Gegenteil: Man schwafelte von »Seelenschächten, die nach kurzem Verlauf enden« [128]. Zudem sind Vermutungen keine Entdeckungen. Vermutet wird alles mögliche. Entdeckt aber wurde die 60-Meter-Strecke mit der abschließenden Tür durch den deutschen Ingenieur Rudolf Gantenbrink – und sonst durch niemanden.

Gantenbrink selbst ist nicht auf der Jagd nach Sensationen. Sein Hauptanliegen ist die Erhaltung der Altertümer. Zudem möchte er der Archäologie frische Impulse vermitteln, möchte die Altertumsforschung durch neue Technologien wieder attraktiv machen. Er ist ein emsiger und grundehrlicher Tüftler, der seine Erfahrung und seine Genialität in den Dienst einer faszinierenden Wissenschaft stellt. Doch die andere Seite wünscht dies offensichtlich nicht. Gantenbrink wurde kaltgestellt.

Nach der Entdeckung des Gantenbrink-Schachtes geschah zunächst gar nichts. Obschon die Sensation am 22. März 1993 perfekt war und sowohl die Fachlaute in Kairo wie auch die des Deutschen archäologischen Instituts DAI genau Bescheid wußten, herrschte eisernes Schweigen. Keine Meldung ging an die Öffentlichkeit. Niemand durfte etwas verlautbaren. Und die Öffentlichkeit hätte bis heute nichts erfahren – oder bestenfalls eine nichtssagende Mitteilung erhalten –, wenn nicht der Zufall und Rudolf Gantenbrink mitgespielt hätten. Gantenbrink zeigte eine Kopie des phänomenalen Videos, das der Roboter aufgenommen hatte, einigen Fachleuten. Jetzt bekam die britische Presse Wind davon und veröffentlichte zwei Wochen nach der Entdeckung (!) eine winzige Mitteilung unter der Überschrift *Portcullis Blocks Robot in Pyramid* (Roboter in Pyramide blockiert) [129]. Über Fax erreichte die Meldung auch Kairo. Was war die Reaktion?

Das DAI in Kairo dementierte die Meldung. »Das ist vollkommener Quatsch!« sagte die Institutssprecherin Christel Egorov der Nachrichtenagentur Reuter. [130] Und weiter: Es handle sich bei den gefundenen Stollen lediglich um Luftschächte, der Miniroboter sei nur eingesetzt worden, um die Feuchtigkeit zu messen. Es sei bekannt, daß die Große Pyramide keine weiteren Kammern mehr enthalte.

Man fühlt sich nicht nur verschaukelt, man *wird* verschaukelt! Die Archäologen des DAI in Kairo wußten ganz genau, daß die Aussagen falsch waren. Zudem hatte der Roboter bei seiner Reise durch den Gantenbrink-Schacht überhaupt kein Meßgerät zur Messung von Feuchtigkeit an Bord. Es wird noch toller: Professor Dr. Rainer Stadelmann, der große Herr der deutschen Ägyptologie und Direktor des DAI, verneinte die Möglichkeit einer geheimen Kammer hinter der Schachttür rundweg. Vor Journalisten erklärte er: »Es ist allgemein bekannt, daß jeder Schatz in der Pyramide längst ausgeraubt ist.« [131] Sein Mitarbeiter, der Ägyptologe Dr. Günter Dreyer, doppelte nach: »Da ist nichts hinter dieser Türe. Es ist alles Einbildung.« [132]

Bevor ich berichte, wie der erlauchte Kreis der Ägyptologen aus Kairo Rudolf Gantenbrink ausbootete, muß ich die Ansichten über das Pyramideninnere etwas durchleuchten.

Die Behauptung, in der Pyramide sei nichts als die bekannten drei Kammern und hinter der entdeckten Tür könne sich schon gar nichts befinden, ist vollkommen unsinnig. Sicherlich hätten die Ägyptologen des DAI recht, wenn sie sagen würden, *man wisse nicht*, ob sich hinter der geheimnisvollen Türe etwas befinde oder nicht. Jedoch kategorisch zu behaupten, dahinter sei nichts, ist nicht nur dogmatisch und unwissenschaftlich, sondern, um die Worte des DAI zu wiederholen, »vollkommener Quatsch«.

Das Wissen der Alten

Zur Geschichte: Im vierzehnten Jahrhundert lagen in den Kairoer Bibliotheken altarabische und koptische Fragmente herum, die der Geograph und Historiker Taki ad-Din Ahmad ben 'Ali ben 'Abd al-Kadir ben Muhammad al-Makrizi in seinem Werk *Hitat* zusammenstellte. Dort ist nachzulesen: [133]

»Darauf ließ er (der Erbauer der Pyramide; EvD) in der

westlichen Pyramide dreißig Schatzkammern aus farbigem Granit anlegen: Die wurden angefüllt mit reichen Schätzen, mit Geräten und Bildsäulen aus kostbaren Edelsteinen, mit Geräten aus vortrefflichem Eisen, wie Waffen, die nicht rosten, mit Glas, das sich zusammenfalten läßt, ohne zu brechen, mit seltsamen Talismanen, mit den verschiedenen Arten der einfachen und der zusammengesetzten Heilmittel und mit tödlichen Giften. In der östlichen Pyramide ließ er die verschiedenen Himmelsgewölbe und die Planeten darstellen sowie an Bildern anfertigen, was seine Vorfahren hatten schaffen lassen; dazu kamen Weihrauch, den man den Sternen opferte, und *Bücher über diese*. Auch findet man dort die Fixsterne und das, was sich in ihren Perioden von Zeit zu Zeit begibt...

In die farbige Pyramide endlich ließ er die Leichname der Wahrsager in Särgen aus schwarzem Granit bringen; neben jedem Wahrsager lag ein Buch, in dem seine wunderbaren Künste, sein Lebenslauf und seine Werke beschrieben waren...«

Und wer soll das gewaltige Bauwerk errichtet haben? Cheops, wie die Ägyptologen behaupten? Dazu vermerkt das *Hitat*, auf das ich weiter oben schon einmal zurückgegriffen habe:

»...der erste Hermes, welcher der *Dreifache* in seiner Eigenschaft als Prophet, König und Weiser genannt wurde (*es ist der, den die Hebräer Henoch*, den Sohn des Jares, des Sohnes des Mahalalel, des Sohnes des Kenan, des Sohnes des Enos, des Sohnes des Seths, des Sohnes Adams – über ihn sei Heil – nennen, und das ist Idris), der las in den Sternen, daß die Sintflut kommen würde. *Da ließ er die Pyramiden bauen* und in ihnen Schätze, gelehrte Schriften und alles, worum er sich sorgte, daß es verlorengehen und verschwinden könnte, bergen, um die Dinge zu schützen und wohl zu bewahren.«

Nicht nur im *Hitat* wird Henoch als Erbauer der Großen Pyramide genannt, dasselbe tut im vierzehnten Jahrhundert der arabische Forschungsreisende und Schriftsteller Ibn Battuta [134]:

»Henoch hat die Pyramiden vor der Flut errichtet, um in ihnen Bücher der Wissenschaft und der Erkenntnis sowie andere wertvolle Gegenstände aufzubewahren.«

Unnötig zu erwähnen, daß die Ägyptologen gar nichts von diesen arabischen Überlieferungen halten. Für sie heißt der Erbauer der Großen Pyramide unbestritten »Cheops«, auch wenn noch so viele überzeugende Argumente gegen Cheops sprechen. Darüber habe ich mich ausführlich in meinem Buch *Die Augen der Sphinx* ausgelassen. [135]

Doch ausgerechnet die Ägyptologen verhalten sich wie das berühmte Affentrio. Nichts hören, nichts sehen, nichts sagen. Daß sie Überlieferungen aus dem vierzehnten Jahrhundert keinen Glauben schenken, mag ich noch widerwillig verstehen. Doch sie glauben auch der modernen Wissenschaft kein Wort, wenn es gegen ihre heilige Lehrmeinung geht. Die Beispiele aus dem letzten Vierteljahrhundert sprechen für sich:

In den Jahren 1968/69 führte der Physik-Nobelpreisträger Dr. Luis Alvarez an der Chephrenpyramide einen Strahlungsversuch durch. Alvarez und sein Team gingen von der physikalisch bekannten Tatsache aus, daß rund um die Uhr kosmische Strahlen unseren Planeten bombardieren und beim Durchdringen fester Materie einen Bruchteil ihrer Energie verlieren. Durch exakte Messungen läßt sich feststellen, wie viele Protonen beispielsweise eine Gesteinsschicht durchschlagen. Enthält das Gestein irgendwelche Hohlräume, dann werden die Protonen bei ihrem Durchgang durch den Hohlraum etwas weniger gebremst. Alvarez maß mit Hilfe einer Funkenkammer und eines

IBM-Computers die Bahnen von über zweieinhalb Millionen Teilchen. Doch die Oszillographen zeigten ein chaotisches Muster, geradeso als ob die Partikel um die Erde kurven würden. Es war zum Verzweifeln. Das sehr teure Experiment, an dem sich verschiedene amerikanische Institute, die Firma IBM und die Kairoer Ain-Schams-Universität beteiligten, endete ohne klare Resultate. Der damalige Chef der Altertumsforschung, Dr. Amr Gohed, sagte den Journalisten, die Befunde seien »wissenschaftlich unmöglich«, und er fügte hinzu, entweder sei »die Struktur der Pyramide ein Wirrwarr« oder es gebe ein »Mysterium, das sich unserer Erklärung entzieht« [136].

Von archäologischer Seite wurden keinerlei Schlüsse aus den verwirrenden Pyramidenmessungen gezogen.

Meßdaten für die Katze

1986 wurde mit neuen Apparaten und neuen Methoden versucht, nach verborgenen Räumen in der Cheopspyramide zu fahnden. Dabei entdeckten die beiden französischen Architekten Jean-Patrice Dormion und Gilles Goidin mit ihren elektronischen Detektoren diverse Hohlräume in der Pyramide. Nichts änderte sich an der Lehrmeinung der Ägyptologen. Weil unter den Sponsoren auch die staatliche französische Elektrizitätsgesellschaft vertreten war, wurde der Meßversuch als »Werbegag« der Électricité de France abgetan.

Den nächsten Großversuch startete ein japanisches Wissenschaftsteam der Waseda-Universität von Tokio. Ausgerüstet mit dem modernsten elektronischen Gerät, durchleuchteten die japanischen Spezialisten sowohl das Innere der Großen Pyramide als auch das gesamte Umfeld bis hinunter zum Sphinx. Die Japaner fanden eindeutige Hinweise auf ein ganzes Labyrinth von Gängen und Hohlräumen in der Cheopspyramide. In einem blitzsauberen wissenschaftlichen Bericht stellten die verschiedenen Professoren, die an der Arbeit beteiligt waren, ihre Resultate vor. [137] Das Echo der Ägyptologie? Ach! Das war doch nur Werbung für die japanische Elektronikindustrie!

Nichts interessiert die in Kairo versammelte Mannschaft des DAI. Und ihre Kollegen in Europa und anderswo wissen meistens nicht, was auf dem Plateau von Gizeh geschieht. Käme es auf die Ägyptologen an, so hätte überhaupt nichts zu geschehen – man weiß ja schon alles!

1992 führte der Geologe Dr. Robert M. Schoch von der Universität Boston, Abteilung *College of Basic Studies*, gemeinsam mit anderen Wissenschaftlern geologische Messungen und Analysen an der Sphinx durch. Das Resultat: Der Sphinx ist mindestens fünftausend Jahre älter als bisher angenommen. [138] Nach landläufiger Meinung soll der Pharao Chephren (2520–2494 v. Chr.) den Sphinx errichtet haben. Dieser Meinung ist man nicht etwa, weil es dafür hieb- und stichfeste Beweise gibt, sondern weil sich der Name »Chephren« gerade noch auf einer abgebröckelten Kartusche entziffern läßt, so man denn unbedingt »Chephren« herauslesen will. Dabei stammt der abgebröckelte Name nicht etwa von dem Sphinx selbst, sondern von einer Stele des Pharaos Thutmosis IV. Und der regierte über tausend Jahre *nach* Chephren, nämlich von 1401–1391 v. Chr.

Wie aber kam der Geologe Dr. Robert Schoch zu seiner Meinung, der Sphinx sei mindestens fünftausend Jahre älter als Chephren? Schochs Team pflanzte mehrere seismische Bojen in den Boden. Dann wurden Schallwellen erzeugt, was einen Blick unter die Oberfläche ermöglichte, eine Methode, die sich im Alltag der Geowissenschaft be-

Studies in Egyptian Culture

No. 6

Non-Destructive Pyramid Investigation (1)

—By Electromagnetic Wave Method—

by

Sakuji YOSHIMURA

(Egyptian Archaeology)

Shioji TONOUCHI

(Geophigics, Dr.)

Takeshi NAKAGAWA

(Architecture, Dr.)

Kazuaki SEKI

(Egyptian Architecture)

1987

WASEDA UNIVERSITY

TOKYO–JAPAN

Oben: Wissenschaftler der Waseda-Universität aus Tokio durchleuchteten die Pyramide mit modernster Elektronik. Hier das Titelblatt ihrer Studie.

Nächste Doppelseite: Ist der Sphinx siebentausend Jahre alt? ▷

währt hat. Computer verarbeiteten die Meßdaten und spuckten lange Streifen von Zeichnungen aus, die den exakten Grundriß des Sphinx wiedergaben. Ganz klar zeigten sich noch in einer Tiefe von 2,4 Metern Verwitterungsspuren, die an der Rückseite fehlten. An jener Rückseite aber waren lange nach dem Bau des Sphinx Reparaturarbeiten ausgeführt worden. Pharao Thutmosis IV. hatte nämlich zu seiner Zeit den Sphinx aus dem Sand buddeln und reparieren lassen.

Die geologischen Messungen und chemischen Analysen ließen nur den einen zwingenden Schluß zu: Die starken Verwitterungsspuren rührten von einer langen Regenperiode her, die es zur Zeit des Pharaos Chephren gar nicht gab. Ähnlich wie Jahresringe lassen sich die Verwitterungen datieren: auf mindestens 7000 v. Chr.

Die Reaktion der Archäologen auf Schochs Meßdaten? Ein Sturm der Entrüstung. Auf einem Kongreß in Boston bezeichnete der Archäologe Mark Lehner von der Unversität Chicago seinen Kollegen Schoch als »Pseudowissenschaftler«. Lehners Hauptargument: »Wenn der Sphinx tatsächlich so alt sein sollte, müßte es zu jener Zeit auch eine Kultur gegeben haben, die ein derartiges Kunstwerk errichten konnte. Damals aber waren die Menschen nur Jäger und Sammler – also konnten sie auch keinen Sphinx errichten.« Basta!

Und immer wieder, wenn vernünftige Argumente nicht mehr ausreichen, greifen in die Enge getriebene Menschen in die Schmutzkiste. Sie haben Angst, etwas zu verlieren. Genauso ging es in der Debatte des Archäologen Dr. Mark Lehner gegen den Geologen Dr. Robert Schoch zu. Lehner warf seinem Wissenschaftskollegen eine »suspekte Glaubwürdigkeit« vor. Weshalb der unfaire Angriff? Einer der Sponsoren von Schochs geologischen Untersuchungen war ein gewisser John Antony West. Und Mister

West hatte zwei Todsünden begangen: Erstens war er kein Wissenschaftler, und zweitens hatte er bereits Bücher veröffentlicht, in denen er eine Zivilisation, »älter als die bislang bekannte«, für möglich hielt. Ein Sakrileg in den Augen eines »echten« Archäologen.

Es interessierte die Ägyptologen nicht, daß Dr. Robert Schoch keineswegs der einzige Geologe war, der sich an den seismischen Messungen auf dem Plateau von Gizeh beteiligt hatte. Zum Team gehörten auch Dr. Thomas L. Dobecki, zwei weitere Geologen, ein Architekt und ein Ozeanograph. Auch deren Überzeugung, die untersten Teile des Sphinx würden eindeutige »Wasserkanäle« enthalten, wie sie sich nur über einen längeren Zeitraum ins Gestein fressen, beeindruckte niemanden. Besiegelt wurde die Abqualifizierung von Dr. Schochs geologischen Analysen durch den gegenwärtigen Direktor der Antiquitäten von Gizeh, den Ägypter Dr. Zahi Hawass. Er bezeichnete die gesamte Untersuchung und die daraus gezogenen Schlüsse als »amerikanische Halluzinationen«. Für Schochs neue Datierung des Sphinx gebe es »absolut keine wissenschaftlichen Voraussetzungen« [139].

Wie man sieht, ist den Ägyptologen mit wissenschaftlichen Erkenntnissen, erbracht mit wissenschaftlich bewährten Meßmethoden, einfach nicht beizukommen, wenn es ihnen nicht in den Kram paßt. *Sie* bestimmen, was die Welt zu glauben hat. Und sie merken nicht, daß sie eifrig an dem Ast sägen, auf dem sie sitzen. Die öffentliche Meinung ist längst der Wissenschaftsgläubigkeit überdrüssig. Und eine Wissenschaft, welche die Resultate anderer Wissenschaftsbereiche nur dann akzeptiert, wenn sie ihr eigenes Modell bestätigen, verdient wenig Glauben.

Eine andere exakte Wissenschaft ist die Physik, und an der Eidgenössischen Technischen Hochschule (ETH) in Zürich gilt Professor Dr. W. Wölfli als anerkannte Kapazität.

Er hat die lange umstrittene C-14-Datierung, mit der sich organisches Material zeitlich bestimmen läßt, bis zur Perfektion verbessert. Professor Wölfli analysierte gemeinsam mit einigen Kollegen von anderen Hochschulen sechzehn Materialproben, die allesamt aus der Cheopspyramide stammten, darunter Holzkohlenreste, Holzsplitterchen, Stroh- und Grasfragmente. Das Resultat? Im Durchschnitt erwiesen sich sämtliche Proben um rund dreihundertachtzig Jahre älter als die Werte, welche die Ägyptologen anhand der Königsliste ermittelt hatten. Eine Probe aus der Cheopspyramide war sogar achthundertdreiundvierzig Jahre älter, als sie eigentlich sein dürfte. [140]

Insgesamt hatten die Physiker sogar vierundsechzig organische Proben aus dem Alten Reich untersucht und die Datierungen mit unterschiedlichen Methoden, darunter der Massenspektroskopie, durchgeführt. *Ausnahmslos sämtliche Proben* lieferten um Jahrhunderte ältere Daten als die, welche die Ägyptologen gerne hätten. Schlüsse daraus werden keine gezogen – im Gegenteil: Die alten, unhaltbaren Positionen werden mit neuen Ausreden zementiert. Ausreden? Ist das nicht ein hartes Wort?

Es ist fast noch zu nobel für den Unsinn, der uns zugemutet wird.

Ein Mensch wird diskreditiert

Die Ägyptologen des DAI wollen Rudolf Gantenbrink loswerden. Weshalb eigentlich? Hat er mit seinem Roboter nicht eine epochale Entdeckung geliefert? Hat er nicht viel Zeit und 400 000 D-Mark investiert, um der noblen Archäologie einen Dienst zu erweisen, um sie in ihren Erkenntnissen weiterzubringen? Hat er vielleicht unsauber gearbeitet? Nein, Gantenbrink war geradezu perfekt, seine Resultate sind jederzeit nachprüfbar. War er unhöflich? Unfreundlich? Nichts von alledem. Gantenbrink gehört zur netten Sorte von Menschen. Hat er unwissenschaftliche Spekulationen in die Welt gesetzt? Nochmals nein. Ausgerechnet Rudolf Gantenbrink verhielt sich den Medien gegenüber sehr reserviert. Ausgerechnet er, der Projektleiter der UPUAUT-Mission in der Großen Pyramide, vertrat stets die Meinung, man wisse nicht, ob sich hinter der steinernen Blockierung im neu entdeckten Schacht überhaupt etwas befinde. Es gab von Gantenbrinks Seite keinerlei Spekulationen über den Schacht und die Türe. Aber was – um alles in der Welt – hat er denn falsch gemacht? Weshalb wollen ihn die Ägyptologen des DAI weghaben?

Er sprach mit der Presse. Dies nicht etwa, indem er zu Journalisten gelaufen wäre, um seine Entdeckung auszuposaunen. Es war umgekehrt: Die Journalisten rissen sich um Gantenbrink, ausgelöst durch britische Wissenschaftler, die Wind von dieser phänomenalen Entdeckung bekamen. Es ist nun mal die Arbeit und die Pflicht des Journalisten, interessanten Meldungen nachzugehen, sie zu prüfen. Rudolf Gantenbrink verhielt sich souverän, zurückhaltend und anständig. Hätte er die Journalisten anlügen, hinhalten sollen? Gantenbrink ist kein Politiker.

In einer Meldung der Deutschen Presseagentur (dpa) vom 27. Juni 1994 schreibt der Journalist Jörg Fischer [141]:

»Wie seit Jahrhunderten bieten die gigantischen Pyramiden von Gizeh Anlaß für geheimnisumwitterte, mystische Phantasien... Ausgelöst wurde die Debatte vor einem Jahr... Der Roboterexperte Rudolf Gantenbrink aus München gab die Entdeckung eigenmächtig an die Presse und äußerte die Vermutung, hinter der *Türe* befinde sich eine Grabkammer: *Eine deutsche Boulevardzeitung entdeckte bereits die Asche des Pharaos und einen Goldschatz*, erinnert sich DAI-Leiter Professor Rainer Stadelmann an den, wie er sagt, vielen Unsinn, der geschrieben wurde.«

Was hier Herrn Gantenbrink unterstellt wird, geschieht wider besseres Wissen. Gantenbrink äußerte keinerlei Vermutungen, »hinter der *Türe* befinde sich eine Grabkammer«. Hier wird mit Hilfe der Medien, die es nicht anders wissen und gefälligst den Herren Professoren glauben sollen, ein Mensch diskreditiert und seine Leistung ins Abseits gestellt. Gantenbrink gab auch nicht »eigenmächtig« irgendwelche Informationen heraus, denn er war zu keiner Zeit Angestellter des DAI und auch keinerlei informationspolitischen Restriktionen unterworfen. Die dpa-Meldung, die in alle Welt ging und von vielen Zeitungen übernommen wurde, verfolgte den Zweck der Desinformation. Die Menschen sollten glauben, Gantenbrink veröffentliche unwissenschaftliche Vermutungen. Dies wiederum habe die ägyptische Regierung derart verärgert, daß die weitere Erforschung der Pyramidenschächte nun unmöglich geworden sei. Eine abenteuerliche Verdrehung des Sachverhaltes.

Der gelehrte Irrtum

Im weiteren Verlauf der dpa-Meldung wird die Zielrichtung klar:

»Der Archäologe (Professor Dr. Rainer Stadelmann; EvD) schließt die Existenz einer Kammer kategorisch aus: Nach der Ausdeutung der von einer ferngesteuerten Videokamera übermittelten Bilder und einem Vergleich mit den drei anderen Schächten in der Pyramide sieht er sich in seiner Ansicht bestätigt, daß der Schacht ein Modellkorridor sei. Durch die Öffnung, die von der sogenannten Königinnenkammer nach oben führt, sollte nach den religiösen Vorstellungen der alten Ägypter die Seele des Pharaos in den Himmel aufsteigen. Der vor einem Steinblock liegende schwarze Staub stammt nach Stadelmanns Überzeugung von den verwitterten Metallbeschlägen an der Modelltür.

Seine ernüchternde Theorie und sein wiederholter Hinweis, daß Menschen nicht einmal durch den engen Schacht kriechen, geschweige denn einen Sarkophag oder Schatz hätten verstecken können, finden jedoch wenig Gehör ...«

Wer diese Lehrmeinung nicht teilt oder sie aus anderen Gründen nicht annehmen möchte, ist wohl ein Spinner. Ich kann nachfühlen, weshalb der gelehrte Professor »die Existenz einer (weiteren) Kammer kategorisch ausschließt«: Er »erfand« schließlich die *Dreikammertheorie*. Eine vierte oder gar fünfte Kammer hat darin keinen Platz. Es ist schon seltsam. Die bisher bekannten Räume in der Großen Pyramide ergeben ein Volumen von zirka 2000 Kubikmetern. Diese 2000 Kubikmeter Hohlräume bestehen aus den drei Kammern, ihren Zugängen und der *großen Galerie*. Jedoch die *große Galerie* allein macht von diesen 2000 Kubikmetern 1800 Kubikmeter aus. Anders ausgedrückt: Die *große Galerie* umfaßt ein Vielfaches mehr an Hohlraum als alle drei Kammern zusammen. Dennoch wird die *große Galerie* nicht etwa als vierte Kammer gerechnet. Die seligmachende *Dreikammertheorie* gestattet dies nicht.

Ferner soll der Gantenbrink-Schacht ein »Modellkorridor« sein, weil »nach den religiösen Vorstellungen der alten Ägypter die Seele des Pharaos in den Himmel aufsteige«.

Den »Modellkorridor« muß man sich durch die grauen Zellen gehen lassen. Da stellen die alten Ägypter das perfekteste Bauwerk der Weltgeschichte in die Landschaft. Es besteht aus rund 2,5 Millionen Steinblöcken. Die vorausgehende Planung muß phänomenal gewesen sein, alle Quader, alle Verstrebungen passen millimetergenau aufeinander, gebaut für die Ewigkeit. Innerhalb der Pyramide wird ebendieser Gang errichtet, den man heute die »große Galerie« nennt. Sie führt schräg nach oben zur Königskammer, ist 46,61 Meter lang, 2,09 Meter breit und 8,53 Meter hoch. Da sich die Gangwände aufeinander zuneigen, mißt die Decke aus waagrechten Platten nur noch 1,04 Meter. Die sich gegenüberliegenden Granitbalken des 8,5 Meter hohen Gewölbes liegen nicht in der Horizontalen, nein, wie um uns Klugdeutern noch eine zusätzliche Ohrfeige zu verpassen, ziehen sich die Monolithen *mit* dem Neigungswinkel der *großen Galerie* schräg nach oben. Die Bearbeitung von Balken und Steinplatten ist von derartiger Perfektion, daß der Besucher Mühe hat, Ritzen und Fugen auszumachen. Bevor man diese *große Galerie* erreicht, muß der Besucher durch den *aufwärts führenden Gang* kriechen, in der Hocke und mit gebeugtem Rücken.

Wir ahnen bis heute nicht, weshalb die Erbauer zuerst einen niedrigen Gang anlegten, der dann in die *große Galerie* führt. Doch Professor Stadelmann weiß mit schlafwandlerischer Sicherheit, daß es sich beim Gantenbrink-Schacht um einen »Modellkorridor« handelt, und dies aus »einem Vergleich mit den drei anderen Schächten in der Pyramide«. Heiliger Osiris! Wo gibt es denn in der Großen Pyramide noch andere »Modellkorridore«, die man zum »Vergleich« heranziehen könnte? Bislang hießen die anderen Schächte »Luftschächte«!

Weiterhin soll der Gantenbrink-Schacht in seinen Abmessungen viel zu klein sein, als daß man einen Sarkophag,

◁ *Die »große Galerie«.*

»geschweige denn einen... Schatz« dort hindurch hätte transportieren können. Weshalb steht dann in der Königskammer ein Granitsarkophag, dessen Maße *größer* sind als die des *aufwärtsführenden Ganges*? Nach Professor Stadelmanns Logik dürfte sich dieser Sarkophag niemals in der Königskammer befinden, denn – verglichen mit dem Gantenbrink-Schacht – ist er schließlich ebenfalls zu klein, um »einen Sarkophag oder Schatz« hineinzubringen.

In ihr Wunderwerk, das alle Zeiten überdauerte, sollen die Baumeister des alten Ägyptens einen »Modellkorridor« gelegt haben. Doch dieser »Modellkorridor« ist unsichtbar und führte auch keineswegs aus der Königinnenkammer heraus. Die Verbindungslöcher wurden ja erst vor rund einhundertzwanzig Jahren durch Mister W. Dixon aufgebrochen. Durch diesen »Modellkorridor« soll dann die Seele des Pharaos zu den Sternen entfleuchen – bloß lag in der kleinen Königinnenkammer nie ein Pharao, der irgendwohin hätte fliegen können. Und selbst wenn ein Leichnam darin gelegen hätte und die Stollen von Anfang an offen gewesen wären, hätte des Pharaos Seele keine freie Fahrt zum Firmament gehabt. Nach Lehrmeinung soll der Gantenbrink-Schacht ja durch einen Verschlußstein, hinter dem sich gar nichts mehr befindet, abgeriegelt gewesen sein. Armer Pharao!

Die »ernüchternde Theorie» der ehrenwerten Ägyptologen und der »wiederholte Hinweis, daß Menschen nicht einmal durch den engen Schacht (den Gantenbrink-Schacht; EvD) kriechen, geschweige denn einen Sarkophag oder Schatz hätten verstecken können«, sind schon beinahe das Tüpfchen auf dem »i« des Wörtchens »Unsinn«. Versetzen wir uns mal in die andere Position. Nehmen wir an, der Kalif Abdullah Al-Ma'mun – das war derjenige, dem es im Jahre 827 n. Chr. gelang, einen Stollen in die Pyramide zu brechen – hätte eine *andere* Öffnung als die heute bekannte in die Pyramide geschlagen. Er hätte auf der Höhe der 74. Steinreihe einen Eingang gefunden und wäre schließlich auf eine Kammer gestoßen. Und siehe da, von der Kammer aus würde ein kleines quadratisches Loch von gerade 20 Zentimeter Seitenlänge in die Tiefe führen. Spätere Ägyptologen würden diese Kammer »Ma'mun-Kammer« taufen. Auch sie bemerken das quadratische Loch und benennen es »Seelenloch«, »Modellkorridor« oder meinetwegen »Luftschacht«. Und eines Tages taucht ein Rudolf Gantenbrink auf und fährt mit einem kleinen Raupenfahrzeug 60 Meter in die Tiefe. Dort kommt der Roboter zum Stillstand, weil ein Steinblock die Weiterfahrt verhindert. Nach der verbarrikadierten Denkweise der Fachleute kann der neu entdeckte Schacht niemals in eine Kammer führen, weil »Menschen nicht einmal durch den engen Schacht kriechen, geschweige denn einen Sarkophag oder Schatz hätten verstecken können«.

Entschuldigung, verehrte Herren, Tatsache ist doch, *daß* der Schacht – von oben aus betrachtet – in die Königinnenkammer führt. Welche Unvernunft verbietet die umgekehrte Betrachtung? Kein durch Fachwissen Vorbelasteter kam je auf die verschrobene Idee, Schätze oder ein Sarkophag seien durch einen quadratischen Stollen von 20 Zentimeter Seitenlänge bugsiert worden. Hinter der geheimnisvollen Tür des Gantenbrink-Schachtes *kann* (nicht muß) sich sehr wohl eine Kammer befinden, die genauso einen anderen Zugang hat wie die Königinnenkammer. Je nach Betrachtungsart führt der Gantenbrink-Schacht *aus* der Königinnenkammer oder *in* die Königinnenkammer. Und unabhängig davon existiert noch ein anderer Zugang, über den man die Königinnenkammer erreicht. Hinter dem Gantenbrink-Schacht mag sich selbst dann eine Kammer verbergen, wenn die Tür oder der Abschlußstein, der den Gang blockiert, fest zugemauert ist. Pardon, die beiden Schächte, welche aus der Königinnenkammer führen (der südliche davon ist der Gantenbrink-Schacht), waren doch bis ins letzte Jahrhundert *ebenfalls* zugemauert. Hätte Mister Dixon mit seinem Pickel nicht zugeschlagen, wüßten wir heute nichts von den beiden Schächten, und kein Roboter hätte den Gantenbrink-Schacht hinaufrattern können.

Andersherum: Wäre ein Roboter *von oben her* den Gantenbrink-Schacht hinuntergefahren, so wäre er vor der Königinnenkammer genauso zum Stillstand gekommen wie jetzt, da die Roboterfahrt von unten her durchgeführt wurde. Und alle klugen Fachleute wären sich einig gewesen: Hier ist das Ende, es geht nicht weiter. Hinter der Blockierung *kann* sich nichts mehr befinden. Und keiner hätte sich die Mühe gemacht, den angeblich finalen Blokkierungsstein zu durchbohren oder durch Säuren aufzulösen. Ist das noch Wissenschaft? Wo ist die Neugierde, wo ist der Forscherdrang geblieben, wenn a priori und kategorisch behauptet wird, hinter der Türe des Gantenbrink-Schachtes befinde sich nichts mehr? Und jeder, der eine andere Ansicht vertritt, wird augenblicklich als Spinner und unseriöser Phantast verunglimpft.

Am Ende des Schachtes filmte Gantenbrinks Roboter zwei Metallverstrebungen, welche direkt auf der Tür angebracht sind. Daß es sich um Metall handelt, kann schwerlich noch weggeredet werden, denn Gott sei Dank ist ein Metallstück abgebrochen und liegt am Boden. Weil es zu Cheops Zeiten bestenfalls Kupfer gab, wird mit größter Selbstverständlichkeit von »Kupferbeschlägen« gesprochen. Auch das »Kupfer« könnte sich als Windei entpuppen. Doch Professor Stadelmann und seine tapfere Schar hochkarätiger Ägyptologen haben auch hierfür eine »natürliche« und sicherlich »vernünftige« Lösung. Er legte sie dem Radio- und TV-Journalisten Torsten Sasse dar: [142]

Zwei Meter vor der Tür liegt das abgebrochene Metallstück. (Computeranimation).

»Wozu es dient (das Kupferstück; EvD)? Am Anfang hatten wir angenommen, es handle sich um eher technische Appliken. Von der ganzen Dünne her würde ich das heute ausschließen und würde annehmen, es handelt sich um Hieroglyphen. Um Hieroglyphenzeichen, die wie Schmuckstücke dort angebracht worden sind. Und wenn es Hieroglyphen sind, dann haben sie natürlich einen symbolischen Gehalt. Wir müssen also suchen, was kann es bedeuten? Und da bieten sich Zeichen an wie die der Lotosblüte. Die Lotosblüte steht für das Symbol des Südens, des südlichen Landesteiles, das könnte es sein. Oder, vielleicht noch stärker, das Zeichen *Schuut* auf altägyptisch; das ist eine Art Sonnenschirm, der hinter dem König hergetragen wird, wenn dieser feierlich zur Prozession zieht. Und das könnte nun natürlich sein, daß diese Sonnenschirme für die Seele des Königs bereitstanden, damit er sie ergreift, wenn er zum Himmel fliegt.«

Heiliger Himmel! Die Große Pyramide ist eine einzige Anonymität. Weder das Team der Designer und Architekten noch ein Bauführer, Priester oder Pharao verlor auch nur ein Sterbenswörtchen über die Bauarbeiten. Nicht eine einzige Inschrift verkündet, wie's gemacht wurde. Keiner von ihnen hat auch nur die geringste Notiz zurückgelassen, mit der eine einzige Frage des Pyramidenbaues beantwortet werden könnte. In der Pyramide selbst gibt es keine Hieroglyphen. Nirgendwo Wände voller Schriftzeichen, wie sie in anderen altägyptischen Gräbern gefunden wurden. Cheops, der angebliche Erbauer, soll ein Despot gewesen sein, der sich in den Kopf setzte, das größte Bauwerk aller Zeiten in die Welt zu pflanzen. Aber er und seine Diener vergaßen, im Bauwerk selbst den Bauherrn zu loben. Nicht ein müdes Schriftzeichen ehrt den Namen des Pharaos Cheops, nirgendwo ist auch nur eine einzige Heldentat dieses Pharaos vermerkt. Kein Gott und keine

Göttin werden verehrt, keine Vorfahren besungen, keine Gebete an die Decke gepflastert. Alle Wände, Korridore und Kammern der Cheopspyramide sind glattpoliert, sie enthielten auch in der Vergangenheit keine mickrige Glyphe. Anonymität bis zur Perfektion.

Doch halt! Am Ende des Gantenbrink-Schachtes könnten sich die Hieroglyphen »Schuut« befinden, damit der Pharao mit seinem Sonnenschirm ohne Sonnenbrand zu den verstorbenen Vätern entschwinde. Das muß einem einfallen. Mir fällt dazu nichts mehr ein!

Am unteren rechten Rand der Tür im Gantenbrink-Schacht fehlt ein kleines Dreieck. Dort erfaßte das Roboterauge einen schmalen Streifen von schwarzem Staub. Professor Stadelmann sieht darin »den Staub der verwitterten Metallbeschläge an der Modelltür«.

Folgen wir der Deutung des Fachgelehrten, nach welcher der Gantenbrink-Schacht nur ein »Modellkorridor« ist, der zudem durch einen Abschlußstein dicht gemacht wurde, dann darf es in diesem Schacht nicht den geringsten Windhauch geben, da herrscht vollkommene Windstille wie in einem versiegelten Grab. Von den beiden Metallbeschlägen an der Tür ist der *linke* teilweise abgebrochen. Der schwarze Staub hingegen liegt in der *rechten* Ecke. Sind Staubgeister am Werk gewesen? Und wenn die beiden Metallbeschläge gleichzeitig und still über die Jahrtausende vor sich hingerostet hätten, müßte der schwarze Staub am unteren Türrand liegen, direkt unter den Beschlägen. Das tut er aber nicht. Er quillt aus dem kleinen Dreieck hervor, als ob ein ganz schwacher Luftzug ihn hinausgeweht hätte. Ein noch so schwacher Luftzug weist aber auf eine Verlängerung des Gantenbrink-Schachtes hin. Oder auf eine Kammer hinter der Tür, in die ein anderer Eingang führt. Zudem glitt der fünf Millimeter breite Laserstrahl des UPUAUT-Roboters *unter* die Türkante. Ob Tür oder Abschlußstein, der Brocken liegt nicht fest am Boden. Sollte dies nicht zu denken geben? Offenbar nicht, schließlich haben sich die Ägyptologen auf einen »Modellkorridor« geeinigt. Da sind weitere gründliche Forschungen rundweg überflüssig.

Die verspielte Glaubwürdigkeit

Am 5. August 1993 schrieb der Direktor des Ägyptischen Museums Berlin, Herr Dr. Dietrich Wildung, in der *Frankfurter Allgemeinen Zeitung*: [143]

»Grund genug für den Ägyptologen, sich beim Techniker (Rudolf Gantenbrink; EvD) zu bedanken. Der jedoch kann der Versuchung publicityträchtiger Sensationsberichterstattung nicht widerstehen und tappt ahnungslos in den Sumpf der Pyramidenmystik und des Mumienschatzes. Alsbald tritt Erich von Däniken auf den Plan, interpretiert dunklen Staub am unteren Rand der Steinplatte als Hinweis auf die dahinter liegende Mumie des Königs Cheops. Und wo eine unberührte Königsmumie ist, kann der unermeßliche Grabschatz nicht weit sein, der seit Herodot die Phantasie der Nachwelt beschäftigt. Die Automatik der Trivialarchäologie ist in Gang gesetzt, und die zur Vorsicht mahnenden Fachleute werden als die Ewiggestrigen diffamiert, die sich nicht vom verkrusteten Ballast ihrer traditionalistischen Stubengelehrtheit trennen wollen.«

Dies ist das Garn, mit dem ägyptologische Gebilde gesponnen und Andersdenkende diffamiert werden. Es ist mir nie eingefallen, den schwarzen Staub »als Hinweis auf die dahinterliegende Mumie des Königs Cheops« zu deuten. Auf diese Idee kam David Keys, der archäologische

Rudolf Gantenbrink. ▷

Korrespondent der britischen Zeitung *The Independent.* [144] Ich würde in bezug auf die Cheopspyramide schon deshalb nicht über ein Pharaonengrab und angebliche Goldschätze schwafeln, weil ich meine, daß die Cheopspyramide überhaupt nicht zu Cheops gehört, geschweige denn ein Grab enthält. Was könnte sich denn hinter der Blockierung des Gantenbrink-Schachtes befinden?

Vermutlich dasselbe, was sich in allen anderen, noch unentdeckten Kammern befindet: Schriften und Dokumente aller Art, wie es die arabischen Historiker aus dem vierzehnten Jahrhundert überlieferten.

David Keys machte noch auf eine andere Kuriosität aufmerksam: Die Höhendifferenz von der Königinnenkammer bis zur Königskammer beträgt 21,5 Meter, genausoviel wie zwischen der Königskammer und der Tür am Ende des Gantenbrink-Schachtes. Zufall oder klarer Hinweis auf eine Kammer?

Herr Professor Dr. Dietrich Wildung, der obige Unwahrheit über mich in die FAZ setzte, ist auch Präsident des Internationalen Ägyptologen-Verbandes. In einem Interview mit dem SFB-Hörfunk tat er seine Meinung kund: »Wir leben nicht in der Illusion, jeden mit unserem Stoff, mit unserer Ware beglücken zu müssen... Die alle Welt beglückende Vision einer umfassenden Archäologie für jedermann ist Quatsch, ist einfach am Markt vorbeigedacht.« [145]

Weil die Chefs der Ägyptologenzunft so denken, interessiert sie auch die öffentliche Meinung einen alten Hut. Sie wissen ohnehin, daß sich nichts und nochmals nichts in der Cheopspyramide befindet – wozu also die Meinungen von Nichtägyptologen lesen oder anhören? Weshalb finanziert die Öffentlichkeit eigentlich noch diesen gleichbleibenden Kreis der Fürsten? Auch Fürsten haben ihren Untertanen nie Rechenschaft abgelegt.

Die Fachleute des DAI möchten nun den Nordschacht, der von der Königinnenkammer wegführt, erforschen. Daran dachte auch Rudolf Gantenbrink. Ich allerdings möchte fragen, weshalb nicht zuerst die Hausaufgaben beendet werden. Es gibt diverse Vorschläge, wie die Tür geöffnet, durchbohrt oder sogar geätzt werden könnte. Weshalb werden die Meinung, die Mitarbeit und die Fachkenntnisse eines Rudolf Gantenbrink plötzlich abgelehnt? Wie können Akademiker, die doch ansonsten ganz vernünftig und humorvoll sind, derart verschroben und mißgünstig reagieren?

Ich schätze, es geht um mehr als nur Neid. Die Vertreter der hohen Ägyptologie sind beleidigt, in den Tiefen ihrer Psyche verletzt, weil einem Nichtarchäologen eine unerwartete Entdeckung gelang. Man ist stocksauer, weil Gantenbrink mit der Presse sprach. Sind Trotzköpfe erwachsen? Oder will man in Wirklichkeit verschweigen, was hinter der Tür zum Vorschein kommen könnte? Soll die Lehrmeinung vor Lackkratzern bewahrt und zuerst mal in aller Heimlichkeit sortiert werden, was jahrtausendelang verborgen war?

Es hilft nichts, auf einen solchen Vorwurf böse zu reagieren. Tatsache bleibt, daß die zuständigen Wissenschaftler in Ägypten keine Öffentlichkeit wünschen, es sei denn, zensierte Kommentare aus dem eigenen Lager. Kein Journalist, kein neutraler Beobachter soll dabeisein, wenn der Gantenbrink-Schacht weiter erforscht und die geheimnisvolle Tür durchbrochen, durchbohrt wird. Keine Fernsehkamera soll Bilder in die Welt hinaus vermitteln oder die Schachtwände in allen Einzelheiten zeigen. Keine Gruppe aus einer anderen Wissenschaft soll die Metallanalysen der Beschläge an der Tür nachprüfen. Und diese ganze kindische Heimlichtuerei geschieht angeblich nur deshalb, damit die Ägyptologen ruhig und ungestört arbeiten können. Auch ich habe Verständnis für diesen Wunsch, doch diesmal geht es nicht um irgendein unbedeutendes Grab, sondern um die Große Pyramide, welche die Menschheit seit Jahrtausenden fasziniert. Es geht um das gigantischste Bauwerk dieses Planeten, eines der Weltwunder, um ein Monument, um welches sich seit Jahrtausenden Legenden und Berichte ranken. Auch ohne Volksauflauf und Journalistengedränge verpaßt die Ägyptologie hier ihre einzigartige Chance, der Weltöffentlichkeit ihr korrektes und wissenschaftlich blitzsauberes Vorgehen zu demonstrieren. Sie verspielt die Möglichkeit, den Spinnern und Spekulanten, die hinter jeder Ecke Geheimnisse und Verschwörungen wittern, klipp und klar und für alle Zeiten zu demonstrieren, was Tatsachen sind und was nicht.

Oder hat man Schiß davor, es könnte doch etwas hinter dem Gantenbrink-Schacht zum Vorschein kommen? Frühere Archäologen verhielten sich da nicht so pingelig. Zur Öffnung des Grabes von Tutanchamun oder des von Sechemchet waren die Journalisten doch auch zugelassen. Inzwischen gibt es globale Mediennetze, und die Live-Bilder, die Gantenbrinks Roboter aus der Großen Pyramide funken könnte, wären gleichzeitig in allen Stuben und Hörsälen zu sehen. Dazu muß sich weiß Gott keine Journalistenmeute in die Königinnenkammer zwängen, die Fachleute können ihrer Arbeit ruhig und gewissenhaft nachgehen. Aber *Live-Bilder müssen es sein*, aufgenommen, direkt während die Entdeckungen gemacht werden. Nicht Bilder, die Tage, Wochen oder Monate später nachgereicht, geschnitten und mit einer salbungsvollen Legende versehen werden.

Man stelle sich nur einmal vor, die Amerikaner hätten eine Aktion wie die Mondlandung im geheimen durchgezogen. Und Wochen später hätte die NASA der Weltöffentlichkeit zensierte Bilder geliefert. Der Aufschrei der

Entrüstung wäre berechtigt gewesen. Was wollt ihr uns verheimlichen? Warum spielt ihr nicht von Anfang an mit offenen Karten? Wieso soll der Steuerzahler eine Organisation finanzieren, die ihn für unmündig hält?

Doch die Ägyptologen des DAI und der Ägyptischen Altertumsverwaltung scheuen die Transparenz. Wer die Öffentlichkeit scheut und einen Mantel der Verschwiegenheit über sein Treiben legt, hat etwas zu verbergen. Und wer verschweigen will, muß hinterher etwas vorgaukeln. Solange sich die »Informationspolitik« der Ägyptologen in Geheimniskrämerei und Salamitaktik erschöpft, hat die Öffentlichkeit nicht den geringsten Grund, ihren Verlautbarungen Glauben zu schenken. Da mögen sich noch so viele ehrliche Männer hinstellen und mit ernster Miene verkünden, hinter der Tür des Gantenbrink-Schachtes habe sich wie erwartet nichts befunden. Die kritische Öffentlichkeit glaubt es nicht. Die Chance wurde verspielt.

Im übrigen wußte es schon der alte römische Historiker Cornelius Tacitus (55–120 n. Chr.): »Wer sich über Kritik ärgert, gibt zu, daß er sie verdient.«

LITERATURVERZEICHNIS

[1] Delitzsch, Fr.: *Die große Täuschung.* Stuttgart/Berlin 1921.

[2] Kehl, R.: »Die Religion des modernen Menschen«, in: *Stiftung für universelle Religion*, Heft 6a. Zürich o. J.

[3] *Die Heilige Schrift des Alten und des Neuen Testaments.* (Zwingli-Bibel). Zürich 1991.

[4] Schleiermacher, F.: *Platons Werke, Erster Band.* Berlin 1804.

[5] Berdyczewski, M. J. (Bin Gorion): *Die Sagen der Juden von der Urzeit.* Frankfurt a. M. 1913 (auch zum folgenden).

[6] Fuchs, C.: »Das Leben Adam und Evas«, in: *Die Apokryphen und Pseudepigraphen des Alten Testaments, Band II*, hrsg. von E. Kautzsch. Hildesheim 1962 (auch zum folgenden).

[7] Eisenmenger, J.: *Entdecktes Judentum.* Königsberg 1711.

[8] Bergmann, J.: *Die Legenden der Juden.* Berlin 1919 (auch zum folgenden).

[9] Strabon: *Erdbeschreibung,* übersetzt von Dr. A. Forbiger. Berlin o. J.

[10] Däniken, E. von: *Der Götter-Schock.* München 1992.
[11] Däniken, E. von: *Wir alle sind Kinder der Götter.* München 1987.
[12] Kautzsch, E.: *Die Apokryphen und Pseudepigraphen des alten Testaments, Bd. 1 und 2.* Tübingen 1900.
[13] Karst, J.: *Eusebius-Werke, 5. Band: Die Chronik.* Leipzig 1911.
[14] *Das Buch Mormon*, 16. Auflage o. O. 1966.
[15] Tollmann, A. und E.: *Und die Sintflut gab es doch.* München 1993.
[16] Bayraktutan, S., laut *Die Welt*, 17. Januar 1994.
[17] Däniken, E. von: *Auf den Spuren der All-Mächtigen,* gesendet von Jan. bis Dez. 1993 bei SAT-1. Dazu die Buchtitel: *Auf den Spuren der All-Mächtigen* und *Raumfahrt im Altertum.* München 1993.
[18] Agrest, Matest M.: »The historical evidence of Paleocontacts«, in: *Ancient Skies*, Vol. 20, Nr. 6, Highland Park, Illinois 1994.
[19] Däniken, E. von: »Hatten unsere Vorfahren Besuch aus dem Weltraum?«, in: *Der Nordwesten*, 8. Dezember 1964.
[20] Girgensohn, K.: *Die geschichtliche Offenbarung.* Berlin 1910.
[21] Gaster, M.: *The Chronicles of Jerahmeel.* New York 1971.
[22] Böhl, F. M. Th.: *Das Zeitalter Abrahams.* Leipzig 1930.
[23] Albright, W. F.: »The Names Shaddai and Abraham«, in: *Journal of Biblical Literature*, Vol. LIV, 1935.
[24] Seters, J. van: *Abraham in History and Tradition.* New Haven/London 1975.

[25] Blumrich, J. F.: *Da tat sich der Himmel auf. Die Raumschiffe des Propheten Hesekiel und ihre Bestätigung durch modernste Technik.* Düsseldorf 1973; Beier, H. H.: *Kronzeuge Hesekiel*, München 1985.

[26] Lang, B.: *Ezechiel. Der Prophet und das Buch.* Darmstadt 1981.

[27] Torrey, C.: *Pseudo-Ezekiel and the original Prophecy.* New Haven 1930.

[28] Smend, R.: *Der Prophet Ezechiel.* Leipzig 1880.

[29] Kenyon, K. M.: *Die Bibel und das Zeugnis der Archäologie.* Düsseldorf 1980.

[30] *Der Midrasch Bereschit Rabba,* übersetzt von A. Wünsche. Leipzig 1881.

[31] *Der Midrasch Schemot Rabba,* übersetzt von A. Wünsche. Leipzig 1882.

[32] Beer, B.: *Leben Abrahams, nach Auffassung der jüdischen Sage.* Leipzig 1859.

[33] Riessler, P.: *Altjüdisches Schrifttum außerhalb der Bibel. Die Apokalypse des Abraham.* Augsburg 1928. (auch zum folgenden)

[34] Däniken, E. von: *Beweise.* Düsseldorf 1974.

[35] Siehe Fußnote 5.

[36] Al-Makrizi: *Das Pyramidenkapitel in al-Makrizis »Hitat«,* übersetzt von E. Graefe. Leipzig 1911.

[37] Bonwetsch, N. G.: *Die Bücher der Geheimnisse Henochs. Das sogenannte slawische Henochbuch.* Leipzig 1922.

[38] Kautzsch, E.: *Die Apokryphen und Pseudepigraphen des Alten Testaments, Band 2: Das Buch Henoch.* Tübingen 1900.

[39] Riessler, P.: *Altjüdisches Schrifttum außerhalb der Bibel. Das Henochbuch.* Augsburg 1928 (auch zum folgenden).

[40] Siehe hierzu: Berdyczewski, M. J. (Bin Gorion) *Die*

Sagen der Juden von der Urzeit. Frankfurt a. M. 1913; ders.: *Die Erzväter.* Frankfurt a. M. 1914; ders.: *Die zwölf Stämme.* Frankfurt a. M. 1919 (auch zum folgenden).

[41] *Der Koran. Das heilige Buch des Islam.* Übertragung von L. Ullmann. München 1959.

[42] Stearn, J.: *Der schlafende Prophet.* München 1988; ders.: *Die sieben Leben des schlafenden Propheten.* München 1992; Church, H. W.: *Die 17 Leben des Edgar Cayce.* Genf 1988.

[43] Sandweiss, S.: *Sai Baba, der Heilige und der Psychotherapeut.* Bonn 1983.

[44] Ihlan, O.: »Wunder sind mein Wesen«, in: *Der Spiegel*, Nr. 38, 1993.

[45] Eggenstein, K.: *Der unbekannte Prophet Jakob Lorber.* Bietigheim 1973.

[46] Mirza Mubarak Ahmad: *Der verheißene Messias.* o. O. 1977.

[47] Swoboda, H.: *Propheten und Prognosen. Hellseher und Schwarzseher von Delphi bis zum Club of Rome.* München 1979.

[48] Charon, E.: *Der Geist der Materie.* Wien/Hamburg 1979.

[49] *Schriften der Hessischen Hochschulen.* Universität Gießen, Jahrgang 1925.

[50] Wallis, D. W.: *Messias, their role in civilisation.* Washington 1943.

[51] Kellermann, U.: *Messias und Gesetz.* Neunkirchen 1971.

[52] Baumgartner, W.: *Hebräisches Schulbuch.* Basel 1971.

[53] Eissfeldt, O.: *Einleitung in das Alte Testament.* Tübingen 1964.

[54] Siehe Fußnote 39.

[55] Küppers, W.: *Das Messiasbild der spätjüdischen Apokalyptik.* Bern 1933.
[56] Klausner, J.: *Der jüdische und der christliche Messias.* Zürich 1943.
[57] Dürr, L.: *Ursprung und Ausbau der israelitisch-jüdischen Heilandserwartung.* Berlin 1925.
[58] Landman, L.: *Messianism in the Talmudic Era.* New York 1979.
[59] Schomerns, H. W.: *Indische Erlösungslehren.* Leipzig 1919.
[60] Ayoub, M.: *Redemptive Suffering in Islam.* New York/Paris 1978.
[61] Sachedina Abdulaziz Abdulhussein: *Islamic Messianism.* New York 1981 (auch zum folgenden).
[62] Dalberg, F. von: *Scheik Mohammed Fani's Dabistan oder von der Religion der ältesten Parsen.* Aschaffenburg 1809 (auch zum folgenden).
[63] Widengren, G.: *Hochgottglaube im alten Iran.* Uppsala/Leipzig 1938; Reitzenstein, R.: *Das iranische Erlösungsmysterium.* Bonn 1921 (auch zum folgenden).
[64] Abegg, E.: *Der Messiasglaube in Indien und Iran.* Berlin/Leipzig 1928 (auch zum folgenden).
[65] Siehe Fußnote 59.
[66] Roy, D. P.: *The Mahabharata, Drona Parva.* Calcutta 1888.
[67] Siehe Fußnote 10.
[68] Däniken, E. von: *Prophet der Vergangenheit.* Düsseldorf 1979.
[69] Siehe Fußnote 13.
[70] Wahrmund, A.: *Diodor von Sicilien: Geschichts-Bibliothek, 1. Buch.* Stuttgart 1866.
[71] Roth, R.: »Der Mythos von den fünf Menschengeschlechtern bei Hesiod«, in: *Verzeichnis der*

Doktoren, die Philosophische Fakultät. Tübingen 1860.
[72] Glasenapp, H. von: *Der Jainismus. Eine indische Erlösungsreligion.* Berlin 1925 (auch zum folgenden).
[73] Siehe Fußnote 48.
[74] Däniken, E. von: »Embryo-Transfer im alten Indien«, in: *Ancient Skies*, Nr. 3, 1991.
[75] Siehe Fußnote 72.
[76] Schomerus, H. W.: *Indische und christliche Enderwartung und Erlösungshoffnung.* Gütersloh 1941.
[77] Jeremias, A.: *Handbuch der Altorientalischen Geisteskultur.* Berlin/Leipzig 1929 (auch zum folgenden).
[78] Frischauer, P.: *Es steht geschrieben.* Zürich 1967.
[79] Siehe Fußnote 77.
[80] Siehe Fußnote 70.
[81] Burrows, M.: *Mehr Klarheit über die Schriftrollen.* München 1958.
[82] Hermanns, M.: *Schamanen, Pseudoschamanen, Erlöser und Heilbringer.* Wiesbaden 1970 (auch zum folgenden).
[83] Grünwedel, A.: *Mythologie des Buddhismus in Tibet und in der Mongolei.* Leipzig 1900.
[84] Feer, L.: *Annales du Musée Guimet. Extraits du Kandjour.* Paris 1883.
[85] Breysig, K.: *Die Entstehung des Gottesgedankens und der Heilbringer.* Berlin 1905.
[86] Däniken, E. von: *Der Tag, an dem die Götter kamen. 11. August 3114 v. Chr.* München 1984.
[87] Siehe Fußnote 85.
[88] König, E.: *Die messianischen Weissagungen des Alten Testaments, vergleichend behandelt.* Stuttgart 1923.

[89] Guariglia, G.: *Prophetismus und Heilserwartungbewegungen als völkerkundliches und religionsgeschichtliches Problem.* Horn/Wien 1959.
[90] Siehe Fußnote 85.
[91] Makemson, M.: *The Book of the Jaguar Priest. A translation of the book of Chilam Balam of Tizimin with commentary.* New York 1951.
[92] Gressmann, H.: *Der Messias.* Göttingen 1929.
[93] Siehe Fußnote 38.
[94] Schön, G.: »Die kleinsten elektronischen Schalter – Cluster aus 55 Goldatomen«, in: *Spektrum der Wissenschaft*, April 1994.
[95] »Können wir noch Christen sein?«, in: *Der Spiegel*, Nr. 13, 1994.
[96] Siehe Fußnote 10.
[97] Siehe Fußnoten 10, 11 und 34.
[98] »Welcher Kontinent ist die Heimat des modernen Menschen?«, in: *Welt am Sonntag*, 20. März 1994.
[99] »Hat der Exodus früher begonnen?«, in: *Focus*, Nr. 11, 1994.
[100] Sanides, S./Gottschiling, C.: »Goldader im Erbgut«, in: *Focus*, Nr. 15, 1994.
[101] Zimmerli, W.: »Alte Ethik und neue Technologie – der Fall ›Gentechnologie‹«, in: *Neue Zürcher Zeitung*, Nr. 141, vom 21./22. Juni 1986.
[102] Halstead, L. B.: *Die Welt der Dinosaurier.* Hamburg 1975.
[103] »Jurassic Spatz. Vögel stammen von Dinosauriern ab und nicht von Reptilien. Münchner Paläontologe beendet Expertenstreit«, in: *Focus*, Nr. 3, 1994.
[104] Jaynes, J.: *The Origins of Consciousness in the Breakdown of the Bicameral Mind.* New York 1978.

[105] Jaynes, J.: Interview in *Psychologie heute*, März 1978.
[106] Flindt, M. / Munn, V.: »Is Mathematical Ability Extraterrestrial?«, in: *Ancient Skies*, Vol. 20, Nr. 3, 1993.
[107] »Sind Radrenner lebendig?«, in: *Der Spiegel*, Nr. 25, 1993.
[108] Siehe Fußnote 11.
[109] Hopkins, B.: *Eindringlinge*. Hamburg 1991.
[110] Strieber, W.: *Communion*. New York 1987; ders.: *Transformation – The Breakthrough*. New York 1988.
[111] Fiebag, J.: *Kontakt – UFO-Entführungen in Deutschland, Österreich und der Schweiz*. München 1994 (auch zum folgenden).
[112] Jacobs, D.: *Secret Lives – Firsthand Documented Accounts of UFO Abductions*. New York 1992.
[113] Mack, E.: *Abduction – Human Encounters with Aliens*. New York/Toronto 1994 (auch zum folgenden).
[114] White, W. J.: »Aliens Among Us – A UFO Conspiracy Hypothesis in an Religious Mode«, in: *MUFON UFO Journal*, Nr. 286, Februar 1992, S. 7–13.
[115] Siehe Fußnote 10.
[116] *Science & Vie Junior*. Januar 1991.
[117] »Jeder fünfte Deutsche glaubt an Ufos«, in: *Die Welt*, 28. Februar 1994.
[118] Meckelburg, E.: *Zeittunnel – Reisen an den Rand der Ewigkeit*. München 1991; ders.: *Transwelt – Erfahrungen jenseits von Raum und Zeit*. München 1992.
[119] Wertz, J. R.: »The Human Analogy and the Evolution of Extraterrestrial Civilisations«, in: *Journal of*

the British Interplanetary Society, Vol. 29, Nr. 7–8, 1976.

[120] Fogg, M. J.: »Temporal Aspects of the Interaction among the First Galactic Civilisation. The Interdict Hypothesis«, in: *Icarus*, Vol. 69, 1987.

[121] Ludwiger, J. von: *Der Stand der UFO-Forschung.* Frankfurt 1992.

[122] »Planeten-Brut aus dem Urnebel«, in: *Der Spiegel,* Nr. 22, 1993.

[123] *Declaration of Principles Concerning Activities Following the Detection on Extraterrestrial Intelligence.* Angenommen im April 1989 durch den Board of Trustees of the Academy, und den Board of Directors of the international Institute of Space Law. (Die deutschsprachige Übersetzung und Veröffentlichung erfolgte im *Magazin 2000*, Nr. 100, September 1994.)

[124] Sasse, T.: »Der Schacht des Cheops«, in: *Gral,* Nr. 5, 1993.

[125] Goyon, G.: *Die Cheops-Pyramide.* Bergisch Gladbach 1979.

[126] Schüssler, K.: *Die ägyptischen Pyramiden.* Köln 1983.

[127] Haase, M.: »Wp-w3wt. Der, der die Wege öffnet«, in: *Gral,* Nr. 5, 1993.

[128] Siehe Fußnote 126.

[129] »Portcullis blocks robot in Pyramid«, in: *The Daily Telegraph*, 7. April 1993.

[130] Telex Reuter und sda vom 16. April 1993.

[131] »The great Pyramid mystery«, in: *Mail on Saturday*, 17. April 1993.

[132] »Secret chamber may solve pyramid riddle«, in: *The Times,* 17. April 1993.

[133] Siehe Fußnote 36 (auch zum folgenden).

[134] Tompkins, P.: *Cheops.* Bern 1975.
[135] Däniken, E. von: *Die Augen der Sphinx.* München 1991.
[136] »Chephren-Pyramide – Fluch des Pharaos«, in: *Der Spiegel,* Nr. 33, 1969.
[137] Yoshimura, S. u.a.: *Non-Destructive Pyramid Investigation by Electromagnetic Wave Method.* Waseda-Universität. Tokio 1987.
[138] »Sphinx, Riddle Put to Rest?«, in: *Science,* Vol. 255, Nr. 5046, 14. Februar 1992.
[139] West, J. A.: *Serpent in the Sky.* Eheatin (Ill.) 1993.
[140] Wölfli, W. u.a.: *Radiocarbon Chronology and the historical Calendar in Egypt.* Reprinted from: *Chronologies du Proche Orient.* BAR International Seried 379, Paris 1987.
[141] Fischer, J.: »Noch immer Spekulationen um eine Geheimkammer in der Cheops-Pyramide.« Meldung 515 dpa 0185 vom 27. Juni 1994 aus Kairo (auch zum folgenden).
[142] Sasse, T.: Interview mit Professor Dr. R. Stadelmann vom 15. Juni 1993 in Berlin.
[143] Wildung, D.: »PHARAOMARKT, Technik der Pyramidenmystik«, in: *Frankfurter Allgemeine Zeitung*, 5. August 1993, S. 23.
[144] Keys, D.: »Discovery at pyramid was accidental«, in: *The Independent*, 16. April 1993 (auch zum folgenden).
[145] Sasse, T.: Interview mit Professor Dr. D. Wildung vom 11. November 1993 im SFB-Hörfunk.

BILDQUELLEN

Erich von Däniken, Feldbrunnen: Seite 52, 53, 57 unten, 150, 156, 157, 160, 161, 172, 173, 256/257, 261, 276/277
Rudolf Eckardt, Berlin: Seite 56, 57 oben
Rudolf Gantenbrink, München: Seite 259, 265, 293
Martin Lüthi, Balm: Seite 233, 264, 289
NASA, Washington D.C.: Seite 68
Bernd Poser, Schwäbisch-Hall: Seite 168
Bruno Senger, Möhlin: Seite 284

REGISTER

Liebe Leserin,
lieber Leser,

sind Sie an der Thematik, die ich behandle, interessiert? Dann möchte ich Ihnen die ANCIENT ASTRONAUT SOCIETY (AAS) vorstellen. Die AAS ist eine gemeinnützige Gesellschaft, die 1973 in den USA gegründet wurde. Die AAS strebt keinerlei Gewinn an.

Zweck dieser Gesellschaft ist das Sammeln, Austauschen und Publizieren von Indizien, die geeignet sind, folgende Ideen zu unterstützen:

- In vorgeschichtlichen Zeiten erhielt die Erde Besuch aus dem Weltall...
- Die gegenwärtige technische Zivilisation ist nicht die erste... (oder)
- Beide Theorien kombiniert.

Die Mitgliedschaft in der AAS steht jedermann offen. Die AAS gibt im Zweimonatsrhythmus ein Mitteilungsblatt in deutsch und englisch heraus. Wir organisieren Studienreisen zu archäologisch interessanten Fundplätzen. Derartige Reisen leite ich meistens selbst. Periodisch finden internationale Kongresse und nationale Tagungen statt.

Der Jahresbeitrag beträgt DM 55,–/öS 500,–/sFr 52,– (Stand 1998). Im deutschsprachigen Raum sind wir zur Zeit rund 7000 Mitglieder.

Schicken Sie eine Postkarte mit Ihrem Absender an folgende Anschrift: *AAS, CH-3803 Beatenberg,* und Sie erhalten umgehend einen Gratisprospekt der ANCIENT ASTRONAUT SOCIETY.

Informationen auch über Internet: http://www.access.ch/aas
E-Mail: aasworldwide@access.ch

Mit freundlichen Grüßen
Erich von Däniken